北京师范大学
课程思政优秀案例集

汪 明 主编

李 昕 周 亚 马东瑶 副主编

北京师范大学出版集团
BEIJING NORMAL UNIVERSITY PUBLISHING GROUP
北京师范大学出版社

序　言

　　立德树人是教育的根本任务，培养什么人、怎样培养人、为谁培养人是教育的根本问题，立德树人的成效是检验高校一切工作的根本标准。2014 年 9 月 9 日，习近平总书记在北京师范大学考察时指出："全国广大教师要做有理想信念、有道德情操、有扎实知识、有仁爱之心的好老师，为发展具有中国特色、世界水平的现代教育，培养社会主义事业建设者和接班人作出更大贡献。"2018 年 9 月，在全国教育大会上，习近平总书记强调，要坚持把立德树人作为根本任务，坚持把教师队伍建设作为基础工作。要把立德树人融入思想道德教育、文化知识教育、社会实践教育各环节。2019 年 3 月，在学校思想政治理论课教师座谈会上，习近平总书记发表重要讲话，强调"要坚持显性教育和隐性教育相统一，挖掘其他课程和教学方式中蕴含的思想政治教育资源，实现全员全程全方位育人"。2019 年 8 月，中共中央办公厅、国务院办公厅印发《关于深化新时代学校思想政治理论课改革创新的若干意见》，明确提出要解决好各类课程与思政课相互配合的问题，推动各类课程与思政课建设形成协同效应。2019 年 11 月，教育部等七部门印发的《关于加强和改进新时代师德师风建设的意见》中提出，把立德树人的成效作为检验学校一切工作的根本标准，把师德师风作为评价教师队伍素质的第一标准。2020 年 6 月，教育部印发《高等学校课程思政指导纲要》，对高校课程思政建设工作进行顶层设计和具体部署。

北京师范大学作为中国教师教育的排头兵、未来教育家的摇篮和拔尖创新人才培养的重镇，在创建世界一流大学的进程中，始终坚守"为党育人、为国育才"的初心使命，全面贯彻党的教育方针，深入落实立德树人根本任务，将培养"四有"好老师作为重要目标，加强师德师风建设。学校教师坚持教书和育人相统一、言传和身教相统一、潜心问道和关注社会相统一、学术自由和学术规范相统一，做到以德立身、以德立学、以德施教，争做"四有"好老师，全心全意做学生锤炼品格、学习知识、创新思维、奉献祖国的引路人，将全面推进课程思政建设作为深化新时代教育教学改革的重要任务，在课程思政建设上进行了改革与探索，形成了一系列重要的教改成果。

一、建立统筹推进课程思政建设的工作机制

学校通过强化组织保障，创新工作方式，建立了"党委统一领导、党政部门齐抓共管、各学部院系主导推进，专任教师具体落实"的课程思政建设工作机制。注重多部门联动，教务部以校级教改立项为牵引，引导教师创新课程思政建设的理念和方法；党委教师工作部与教师发展中心合署办公，开展教师思政，加强师德研究和教育，重点解决专业课教师的思政素养和思政教育能力提升问题；党委宣传部和学工部主要侧重在典型挖掘和宣传引领；职能部门和学部院系多渠道推动，强化了组织保障，形成了有效合力。注重多渠道投入，校级课程思政教改立项、研究立项和院系立项多管齐下加强建设。注重多方式推动，制度建设、课程建设、交流互鉴、典型

引领等多种方式持续发力，整体推进。

学校为加强思想政治理论课建设，全面推进课程思政建设，统筹开展"大思政课"建设，从 2021 年 4 月先后出台了《北京师范大学全面推进课程思政建设的实施意见》《关于进一步加强课程思政建设的实施办法》《关于统筹推进"大思政课"建设的实施方案》等系列管理文件，形成了一套有效课程思政建设制度体系。2022 年 10 月学校成立课程思政教学研究中心，统筹推进全校课程思政建设。

二、开展师德相关理论研究

提升以德育德的能力和水平，是教师开展课程思政建设的一个有效途径与范式。以林崇德教授主持的教育部课题"中小学教师师德修养课程指导标准"研究成果为基础，开展相关研究，构建了师德修养的框架与指标体系，有效指导教师将师德内涵转化为教书育人的行动自觉。每年定期组织师德师风教育培训，先后邀请顾明远教授、林崇德教授、王宁教授 3 位资深教授做相关报告。林崇德教授以《讲师德必须处理好八个关系》为题，分别面向师范专业毕业生和全校在职教师做师德教育培训，引导未来教师和在职教师不断提高立德树人认识高度和师德修养的行动自觉。此外，近年来学校教师发表课程思政相关研究论文近 20 篇，不断深化对课程思政理论和实践的认识。

三、建立全面推进课程思政建设的四项制度

一是加强培训，建立课程思政培训制度。出台《北京师范大学师德师风

教育实施办法》，建立教师月度理论学习制度，坚持教育培训常态化，开展师德专题教育，覆盖全体专业课教师。坚持开展新入职教师培训和新聘任研究生导师、青年教师轮训，将课程思政作为重要内容纳入培训课程体系，引导教师争做"四有"好老师、落实当好"四个引路人"的要求。

二是以研促教，建立教改立项制度。支持教师开展课程思政的教研教改，校级教改立项课程思政建设项目383项，引导各学科教师将课程思政目标与实际教学内容紧密结合，创新在专业课教学中嵌入和融入思政的方法和途径。

三是注重交流，建立教学研讨制度。学校将课程思政作为教学研讨的重要内容，以教学研讨做助推，建立交流互鉴机制，使广大教师在思想碰撞中获得启发，找准不同课程与思政结合的切入点，着力提升课堂教学实施效度。尤其是2020年5月起，开展为期一年的教育教学大讨论。大讨论聚焦五个议题展开研讨：其中"思政课程和课程思政"校级专题调研组由党委书记程建平书记、副书记李晓兵带领，以党委教师工作部、教务部等6个部门组成工作组，联系各培养单位工作组有序开展研讨，组织广大教师学习教育部《高等学校课程思政建设指导纲要》，从思政课程教师队伍建设、思政课程建设、课程思政建设及第二课堂建设四个方面开展工作调研、分析问题，提出可行性解决方案。通过教育教学大讨论，提高了教师立德树人思想认识，提升了育人能力。

四是以评促建，建立课程评优制度。充分调动教师积极性，将责任与激励结合起来，定期评选课程思政建设优秀课程，对入选的优秀课程及教师给予经费、政策等方面的支持，发挥以点带面、示范辐射作用。近年来，通过评选校级课程思政建设优秀课，学校已经建成校级－省部级－国家级三级课程思政建设优秀课程体系，建设了国家级一流本科课程85门、教育部课程思政示范课程 4 门、北京市课程思政示范课程 8 门、北京市教书育人"最美课堂"3 门、校级"课程思政建设优秀课程"143 门。

四、以课程建设为抓手，筑牢"主阵地"

科学设计课程思政教学体系，适应不同专业和不同课程的特点，强化分类指导，既有统一性，又有差异性。学校已构筑起以思政课程为核心，以通识教育中的综合素养类课程、哲学社会科学类专业课程为支撑，以其他专业的专业课程和实践类课程为辐射的课程体系，形成课程思政建设的圈层效应。明确课程思政建设的教学原则，坚持知识传授与价值引领相结合，坚持显性教育与隐性教育相结合，坚持统一要求与鼓励创新相结合。一方面，课程教学必须坚持正确的政治方向；另一方面，引导教师做到思政元素与专业知识、教学设计的有效融合、相互促进，从而增强课程思政的针对性和亲和力。

以培养"四有"标识鲜明的一流学生为核心使命，学校重点建设"教育学""教育心理学""现代教育技术""中国教育改革与发展"4 门共 6 学分的教师素养类通识必修课，全体本科生必修。学校致力于将教师素养类课程建设成为全国师范院校通识标杆课程和学校课程改革的范本，为学生终身发展注入北师大深厚的教育基因。

五、实现了课程思政的三个创新

一是以涵养崇高师德为抓手，实现了课程思政的理念创新。育人的根本在于育德，课程思政的关键在于教师。学校领先完成一套高水平的、有效指导师德教育的理论研究成果，探索了一个师德师风建设的有效模式，创新了课程思政的理论认识，树立了"教育者先受教育"，让优秀的人培养更优秀的人的发展理念，发展了教学相长、师生共进的教育理念，构建了指向育人效果的课程思政方法论。

二是以"以德育德"理念为引领，实现了课程思政的体系创新。学校坚持以"四有"好老师为遵循，坚持把师德师风作为第一标准，率先探索适应时代要求、四位一体、上下联通的课程思政建设与育人体系，建强教师队伍"主力军"，筑牢课程建设"主战场"，坚守课堂教学"主渠道"和落实学生培养"主任务"。通过培养政治素质过硬、业务能力精湛、育人水平高超的教师队伍，以课堂育德为主要载体，最终实现以德育德的培养目标。

三是以提高育人成效为出发点，实现了课程思政建设途径的优化创新。将教师发展规律和学生成长规律充分结合，有效解决教师思想政治素质和业务能力"两张皮"的问题，促进两者有机统一、相互融合，引导教师在课程中将价值引领和知识传授有机融合，真正落实立德树人根本任务。

以上五个方面的经验是我们在课程思政建设实践中的初步探索。在这个探索过程中，我校一大批师德师风优良的教师奋斗在人才培养的第一线，以"四有"好老师为标准，探索以德育德的教学实践，形成了一批优秀的课程思政建设典型案例。为了推广示范课程课程思政的典型经验和做法，提升全校教师课程思政建设的意识和能力，学校课程思政教学研究中心从获评课程思政示范课程和课程思政建设优秀课程中遴选出45门课程，邀请这些课程负责人总结课程思政建设经验，凝练课程思政教学案例，结集出版。

在此，要特别感谢所有提供教学案例和参与本书编写的老师们，因为你们的付出，才有这本案例集的顺利出版。

我们希望这本案例集能为教学一线的教师提供课程思政教学借鉴，同时也欢迎教育界同人和读者提出宝贵意见。课程思政建设永远在路上，我们将继续努力，不断改革创新，为提升人才培育质量，办好人民满意的教育，培养人民满意的教师，培养德智体美劳全面发展的社会主义建设者和接班人贡献一份北师大力量。

北京师范大学课程思政教学研究中心

2024 年 7 月

目　录

理工类(30—45门)

人文社科类(1—29门)

人的哲学

一、课程概况

(一)课程信息

"人的哲学"是哲学学院为哲学专业和政经哲(Philosophy，Politics and Economics，PPE)专业开设的专业选修课，同时面向全校学生开放。本课程授课对象为大一至大四年级学生，共计 32 学时，2 学分。

(二)课程简介

1. 课程内容

本课程围绕人的存在、人的本质、人的价值、人的发展与自我实现等人学基本问题，着重阐述马克思主义(特别是马克思的)人学思想、中国传统人生哲学和西方人性学说。在讲授过程中，注重对经典著作的解读与分析，注重师生和生生之间的交流与探讨，以期共同体察为人之道与处世之理。

2.教学方法

本课程采用讲授与研讨相结合的教学方法。

3.评估方法

(1)平时成绩占40%，含出勤情况，需要围绕生存与死亡、自我与他者、个体与社会、哲学与人生某一主题，撰写一篇不少于3000字的期中论文，或者围绕其中一个主题进行课堂展示。(2)期末论文占60%，题目自拟，可围绕人的存在、人的本质、人的价值或人的发展与自我实现等问题展开论述，内容与本课程相关即可，不少于5000字。

4.课程特色

本课程将马克思主义基本原理讲授与经典作解读有机统一，通过师生对话、学生展示等方法调动学生学习积极性，引导学生思考"如何过有意义的人生"，树立正确的人生观。

(三)课程负责人简介

罗松涛，哲学博士，北京师范大学哲学学院教授，同时担任教育部人文社会科学重点研究基地——价值与文化研究中心教授和博士生导师。他目前担任哲学学院副院长、《思想政治课教学》杂志副主编，兼任中国辩证唯物主义研究会、中国马克思主义哲学史学会常务理事。他的研究领域集中在人的哲学(特别是马克思主义人学思想)、国外马克思主义哲学(特别是法兰克福学派)以及现当代德国哲学(特别是现象学)。在教学方面，罗教授主讲的本科生课程包括"人的哲学""国外马克思主义哲学""20世纪德国哲学：从现象学到批判理论《启蒙辩证法》导读"；主讲的研究生课程包括"马克思主义与社会科学方法论""国外马克思主义专题研究"等。至今，罗教授已出版两部学术专著，并在《哲学研究》《马克思主义与现实》《哲学动态》《教学与研究》《世界哲学》《北京师范大学学报(社会科学版)》及《中国哲学前沿》(*Frontiers of Philosophy in China*)等中英文学术期刊发表了 40 余篇学术论文(含译文)。此外,他还主持一项省部级重点项目,并担任国家社科基金重大项目"阿多诺哲学文献的翻译与研究"的子课题负责人。

二、课程育人目标

本课程旨在通过教师的讲授和指导,引导学生研读相关经典著作,从而掌握马克思主义人学与中西人学主要代表流派或思潮的理论要点和关键概念。在深入研读人学经典著作的基础上,课程还旨在追踪当代人学的研究前沿与学术热点,使学生能够系统地掌握马克思主义人学、中国传统人生哲学和西方人性理论的核心观念及其发展脉络。

通过本课程的系统学习,学生将能够运用人学原理反思现实人生问题,并思考自身的存在意义与生命价值。同时,学生也能够结合中国的实际情况,思考马克思主义人学思想、中国传统人生哲学、西方人道主义思想在现当代的意义和应用。

三、课程思政案例

案例:"人生价值""人格价值"的概念界定与评判标准

1. 结合章节(知识点)

人生价值、人格价值。

2. 案例意义

本课程通过辨析与阐释人生价值与人格价值,旨在帮助学生理解生命的价值既具有手段性也具有目的性。通过学习，学生将认识到现实的人是价值客体与价值主体的有机统一体。

3. 案例描述

课程导入：人生价值、人格价值的概念界定

人生价值体现在人作为价值客体时，能够满足他人、集体和社会的需求，从而对他人、集体和社会产生一定的积极影响。人生价值实际上说的是人的贡献问题。

所谓人格价值，其中"格"指的是资格或标准。人格，即做人的资格，也是人之所以为人的基本格式和标准。换言之，人格体现了一个人的完整性、自足性以及不可替代性，它标志着每个人独特的身份和角色。

人格价值的核心在于对人的尊重和满足，它强调人的权利、地位和尊严。在中国传统文化中，有"不食嗟来之食，不为五斗米折腰"的典故，而在西方哲学中，康德提出"人是目的本身，而不仅仅是手段"，马克思则批判了资本主义生产方式对工人的"非人"待遇。与人生价值相对，人格价值关注的是对人的满足，即目的、权利的问题。

课堂提问：在东西方思想文化传统中，对人格价值的理解是否存在差异？

在西方，人格通常在法律(尤其是罗马法)的框架内被确立，重视人的生命权、财产权及追求个人幸福的权利。而在中国，人格价值往往与德性联系在一起，强调在与他人和社会群体的相处中获得自身存在的价值和意义。

事实上，人格价值是普遍平等的，每个人都享有自己的人格尊严和做人的权利，因此都希望得到他人、社会和国家的尊重，而不是被轻视。然而，在现实生活中，人生价值因个体差异而异，因为每个人的身体素质、教育背景、文化素养和精神修养都不尽相同，这导致他们创造的价值以及对社会和他人所作的贡献也各不相同。

播放短视频："新时代青春之歌"

在讲解完人生价值的评判标准后，我们通过短视频引入时代楷模黄文秀同志的先进事迹：黄文秀同志是北京师范大学哲学学院 2016 届硕士毕业生。毕业后，她放弃了大城市的工作机会，选择担任广西百色乐业县百坭村的驻村第一书记。不幸的是，2019 年 6 月 17 日凌晨，黄文秀在从百色返回乐业的途中遭遇山洪，英勇牺牲，年仅 30 岁。

专题讨论："时代楷模就在身边"

视频播放结束后，教师结合自己与黄文秀同志在学院的接触经历、黄文秀同志 2017 年 11 月作为广西壮族自治区选调生代表回校宣讲的情况，以及黄文秀同志牺牲后学院师生的悼念与纪念活动，向学生讲述时代楷模如何将青春奉献给党和国家的脱贫攻坚事业，实现自己的人生价值。

引导学生讨论

我们鼓励学生讨论：什么样的生活是值得追求的？人生价值的创造与个人道路选择之间有何联系？

结语："在新时代的长征路上作出新的更大贡献"

课程以习近平总书记对黄文秀同志先进事迹的重要指示作为结尾，鼓励学生以黄文秀同志为榜样，用所学知识践行自己的初心使命，勇于担当、甘于奉献，通过实际行动创造自己的人生价值。

4. 教学效果

从课堂的完成情况来看，学生对黄文秀学长的先进事迹深感敬佩，许多学生在观看完短视频后感动得热泪盈眶。教师抓住这一时机，组织了专题讨论，通过师生之间以及学生之间的互动，将之前讲解的理论知识与学生的生活体验紧密结合，有效地在专业学习中强化了价值引导。这样的教学实践成功实现了专业课程内容与思想政治教育的有机融合。

四、课程评价

"人的哲学"课程在历次学校教务部组织的听课督导和作业考核中获得了一致好评。学校教务管理系统数据显示，在过去三年中，学生对这门课程及其授课教师的总体评价为"优异"，课程平均分为 4.92 分（满分为 5 分）。

作为学院价值观教育特色课程群的一部分，"人的哲学"课程在哲学专业人才培养实践中以"大哲学观"理念发挥着重要的价值引领作用。课程负责人积极探索哲学专业拔尖创新人才的培养机制，其项目"大哲学观视域下哲学专业拔尖创新人才培养改革与实践"已获得国家首批新文科研究与改革实践项目的批准，课程负责人在该项目中担任第三完成人。

五、总结与思考

"人的哲学"课程充分利用了国家级重点学科（马克思主义哲学）、教育部人文社科重点研究基地（北京师范大学价值与文化研究中心、社会主义核心价值观协同创新中心）等资源和平台的优势，将价值观教育有机融入专业教育，强化了专业教育中的价值引领。通过深入挖掘专业课程的思政育人功能，课程在讲授马克思主义人学时，帮助学生树立正确的世界观、人生观、价值观，取得了显著的成效。

未来，"人的哲学"课程将继续坚持将课程思政与专业教育有机结合的建设理念，进一步强化价值引领，并有意识地引导学生在研读经典著作和进行课堂小组展示的过程中思考人生的价值与意义。课程需要解决的关键问题是如何将习近平新时代中国特色社会主义思想融入人学基本问题的阐释中，以及如何在课堂讲授、师生互动和生生互动中挖掘这一思想的深厚价值意蕴和人学内涵。

　　为了实现这一目标，在讲授人学基本问题时，课程负责人将有机地融入习近平总书记系列重要讲话中关于"以人民为中心""生命至上""促进人的全面发展"等与课程紧密相关的论述，以确保习近平新时代中国特色社会主义思想得到深入、透彻和生动的阐释。

老庄哲学与生命智慧

一、课程概况

(一)课程信息

"老庄哲学与生命智慧"是一门通识教育课，开放给全校各年级学生选修，共计 32 学时，2 学分。

(二)课程简介

1. 课程内容

本课程的目标是通过经典阅读来开展道家思想的通识教育，培养学生阅读和吟诵古代经典的能力，课程内容围绕道家思想的基本概念和思想方法，从具体问题出发，引导学生运用哲学分析和批判性思维，有理有据地表达自己的学术见解。

2. 教学方法

本课程采用讲授与研讨相结合的教学方法。

3. 评估方法

本课程通过课堂展示和课程论文两种方式对学生进行考核。每位学生需要在教学期间完成两次课堂展示，这将作为期中成绩的评定依据；同时，还需提交一篇课程论文，作为期末成绩的评定依据。在总成绩中，期中成绩和期末成绩的比重分别为 40％和 60％。

4. 课程特色

本课程通过专题教学的方式进行，涵盖了"身体与心灵""道德与自然""无为与庙堂""道家与语言""无情与有情""西方视野下的老庄""道家与审美"等多个专题。这些专题全面介绍了以老子、庄子为代表的道家思想，揭示了中国人的文化心理和价值反思的途径，并阐述了道家思想在发展过程中的曲折历程及其与社会政治变迁的勾连。在教学过程中，课程内容着重从理性、情感、价值、态度等多个维度引导学生，以增强他们对中华优秀传统文化的认同感。

(三)课程负责人简介

蒋丽梅，哲学博士，北京师范大学哲学学院教授，博士生导师，兼任老子学研究会副秘书长，每年独立负责一门本科生课程（"老庄哲学与生命智慧"）和一门硕士研究生课程（"道家原著选读"），同时与其他教师合作承担一门本科生课程、一门硕士研究生课程和一门博士研究生课程（"中国哲学 I""中国哲学专题""中国哲学前沿"）。蒋教授负责的"老庄哲学与生命智慧"课程是学校首批开设的新生研讨课程之一，该课程于 2020 年获得大成国学奖教金，并被纳入通识教育核心课程。她承担的"道家哲学原著研读"课程于 2017 至 2018 学年获评学校优质研究生课程。此外，蒋教授本人也被评为 2018—2019 学年校优秀新生导师。

二、课程育人目标

　　课程考虑到不同专业学生的基础差异，采取了将经典阅读、课程讲授和学生讨论和展示相结合的教学方式。通过精心设计的专题，课程旨在培养学生阅读古代典籍的基本能力，并鼓励学生通过查阅文献和助教的帮助，主动对中华优秀传统文化与现代生活，以及与个体精神进行深入反思。课程还鼓励学生从个人经历和专业背景出发，个性化地将课程内容与个人认知相结合，将知行合一的态度融入学习生活的各个方面。

三、课程思政案例

案例1：《庄子》中的身心问题

　　1. 结合章节(知识点)

　　《庄子》中《养生主》《达生》《逍遥游》《大宗师》等篇。

　　2. 案例意义

　　在道家哲学中，身体与心灵的觉醒被视为个人意识的重要体现。本课程通过深入研读和讨论庄子的相关论述，旨在帮助学生理解庄子关于形如槁木、堕肢体、支离其形、忘形、养形、形全等主张，并分析这些观点之间的内在联系。例如，尽管养形与贱形在表面上看似矛盾，但实际上它们都是道家强调养心、养气，以及对自我价值肯定的表达。课程将引导学生探索如何超越自我，发现更深层次的自我价值。

　　在对比儒家的身心观点与西方的身心二元论时，学生应深刻认识到精神生活的丰富性和身体健康的重要性。课程鼓励学生在追求身心平衡的过程中，肯定自我价值，并探索超越自我的可能性，以实现个人的精神成长和自我实现。

3. 案例描述

在开篇部分，回顾上节课关于老子"贵身""无身"主张的内容时，我们将重点放在老子身体哲学的政治维度，并引导学生思考这些观点与庄子哲学的对比。

在授新部分，我们将介绍庄子的生平及后世对他的评价，并结合自主研讨的第一个话题："《庄子》反映出了庄子哪些对身体和心灵的看法"，邀请两位同学进行课程展示。通过总结《庄子》书中对庄子本人的记述，我们将勾勒出庄子的个人形象，包括他安于贫困、拒绝同流合污、与惠施的友情辩论，以及他对生命自由的追求。这些内容将引导学生思考庄子的哲学思想与他个人心灵主张之间的一致性，并强调庄子在战乱、贫困和不得志的状态下，仍然坚持追求精神的丰盈与独立。

我们将阅读和讲解《大宗师》《至乐》《知北游》中的原典，以理解庄子对死亡的基本态度。庄子以气的聚散来解释生死之理，用理性的态度来消解对死亡的恐惧和对形体的现实意义。同时，庄子也特别珍视现实生命的情感体验，通过方内和方外的概念来划分世俗生活和趣味生活，并阐述得道之人的生死哲学。

在课程讲授后，我们将补充自主研讨的第二个话题："老庄贵身思想的论述及其异同"，并通过课堂讨论，引导学生分析老子、庄子是否主张贵身，以及重视身体的观念是否与无身观念相抵触，从而思考精神生命的价值与意义。

我们将阅读和讲解《人间世》中的"心斋"和《大宗师》中的"坐忘"段，并结合"庄周梦蝶"的"物化"思想，要求学生反思心灵活动的内容、功用。重点讲解"无听之以耳，而听之以心；无听之以心，而听之以气"的段落，帮助学生理解道家从精神专一、凝神聚气到体验万物一体的思想脉络。

讲授知识后，我们将补充自主研讨的第三个话题："比较《庄子》中的颜回与儒门颜回"，并请2～3名同学进行课程展示。我们将总结展示内容：儒门颜回以好学善思闻名，而《庄子》中的颜回则作为提问者，通过提问引出道家对心灵问题的重要讨论。庄子试图借颜回这一代表性儒家弟子形象，引导人们思考儒家思想在心灵问题上的局限性。

在探讨道家的艺术精神时，我们将精读庖丁解牛的故事，阐释人格作为观念的最高形式，如何通过时间和实践的历程得以实现，并阐述在中国哲学中"天人合一"的理想状态。我们还将对比说明"天人合一"观念在文学、艺术和审美中的体现，以及其对当代生活的重要意义。

在庄子的身体与心灵观念中，他特别强调了"心"在精神生活和身体养护上的核心作用。庄子认为，个体生命中精神的充实能带来巨大的能量，他鼓励人们忘却个人苦难、挫折，以主体精神的挺立来突破个人当下的情境和视野局限，追求一种恬淡平和却又逍遥自在的精神境界。庄子的思想虽然延续了老子的主题，但在与儒家的对话中形成了一种更为内向性的精神哲学。他的哲学强调主体的自我超越与自我反省，对我们今天的生活也具有很重要的启迪作用。

4. 教学效果

在课前准备阶段，学生应阅读相关文献，提炼出庄子思想中养形与贱形这两种看似矛盾的观点。在课堂上，通过讲授、展示和讨论，学生将学会如何在对比分析这两种观点的过程中，正确理解身体在生命中的价值与作用。学生将在学会重视身体的同时，认识到心灵涵养的重要性，并进一步理解舍生取义、忘形忘我等中国传统价值观念的深刻含义。

案例 2：老庄与生态伦理的关系

1. 结合章节(知识点)

老子《道德经》、庄子《齐物论》。

2. 案例意义

在深入理解老庄哲学中"自然"概念的基础上，课程要求学生结合中国当代的生态案例，从道家的视角出发，思考道家对生态的关怀。学生需要对比农业文明与工业文明对"自然"的不同理解，分析现代环保主义与老庄思想之间的相似之处与差异，并探讨在当代中国生态建设中，道家思想所能发挥的价值。

在与西方生态伦理进行对比的过程中，学生应以新的视角来审视道家智慧，肯定中华优秀传统文化在文明发展中的批判性作用。同时，学生应结合对现代性的反思，理解当代生态建设的重要性和必要性。

3. 案例描述

(1)课程讲授：本课程将重点讲解老子《道德经》第 25 章中"道法自然"的观点，第 2 章、第 40 章关于节制个人欲望的内容，以及庄子《齐物论》的重点章节。同时，我们将探讨西方生态伦理，这是工业化浪潮和生态危机之后的产物，其哲学核心在于处理"普遍共生"与"自我实现"之间的关系，这一理念催生了环境保护主义、动物保护主义等思潮。

(2)课程讨论：我们将以城市土地红线、用水红线等政策制定为案例，讨论其中涉及的生态伦理问题。通过这些讨论，学生将理解"金山银山"与"绿水青山"之间的关系，并探讨如何运用道家思想来看待和解决生态环境问题。

(3)学生展示：课程中将邀请两位学生进行展示发言，之后教师将对展示内容进行点评。

4. 教学效果

通过案例教学和课程讨论，学生将能够结合个人生活经验，对国家生态政策有一个更全面的理解。他们将从中华传统智慧和现代社会思潮两个维度，思考国家战略和文明发展的路径，并对工业化进程及现代性进行深入反思。学生将从古今对比和中西视角融合两个不同的视角，探讨道家思想在现代社会的价值。

此外，学生也将学习如何在日常生活中实践环保行为，如克制个人欲望、反思消费主义、遵守法律法规、参与社会志愿服务和选择低碳出行方式，从而为建设美丽中国贡献自己的力量。

四、课程评价

自 2014 年开设以来，本课程采用小班授课和研讨教学的方法，取得了显著的教学效果，并受到学生的广泛欢迎，形成了良好的校园口碑。在过去九年中，全校共有 280 多名学生选修了该课程，一些学生在完成课程学习以后，决定修读哲学双学位或辅修哲学学位。同时，也有部分学生因对课程内容产生浓厚兴趣而参加了"老庄读书会"。此外，有 5 名学生以其他专业考研，攻读中国哲学硕士学位。

在疫情期间的线上教学中，学生通过本课程的学习，能够以更积极和稳定的心态面对压力，并在教师的指导下，有计划地从原典阅读开始，开展研究性学习。在与其他院校进行通识课程研讨时，本课程在道家思想与现代生活结合方面的教学改革经验被作为典型案例进行了介绍。

五、总结与思考

未来，本课程将致力于加强思想政治教育的融入，通过不断更新教材和学术资源，促进教学成果与科研成果的深度融合。

首先，课程负责人将把思想政治教育作为教学改革的核心方向，进一步丰富和深化相关教学内容及设计，确保思想政治教育的精神能够自然地渗透到教学的每个环节。

其次，负责人计划将教学实践中积累的经验进行总结，并出版一本《庄子》的通识读本。这本读本已经被列入商务印书馆的出版计划，目前正处于修订和撰写阶段。

最后，课程将继续扩大教学的时间和空间范围，确保教育目标在教学过程和课堂之外得到实现。通过建立电子资源和课程讨论微信群，我们将营造一个师生互动讨论的良好环境。同时，"老庄读书会"及其会刊将为学生提供更深入学习和讨论的机会。这些措施将共同推动课程的持续发展和教育质量的提升。

经济全球化与当代中国经济

一、课程概况

(一)课程信息

"经济全球化与当代中国经济"是学校通识教育核心课程，授课对象为本科一年级学生，同时面向全校本科学生开放，共计 32 学时，2 学分。

(二)课程简介

1. 课程内容

课程内容涵盖了经济全球化的多个方面，包括经济全球化概述、经济全球化对中国对外贸易高质量发展的影响、经济全球化与中国对外直接投资的深入发展、经济全球化与中国金融体制改革、中国在全球价值链中的参与、国际经贸规则的新趋势、经济全球化对国家经济安全的挑战，以及经济全球化与双循环新发展格局的关系。

2. 教学方法

(1)充分利用数字化平台和信息技术，创建丰富的优质教学资源，并开展线上线下相结合的全过程教学活动；（2）采用研讨式和探究式教学方法，组织学生分组，针对关键理论和现实问题进行资料搜集、小组讨论，并在课堂上展示小组讨论的成果；（3）通过案例教学法，培养学生的问题发现、分析和解决能力，同时发展他们的创新思维、合作精神和团队协作能力。

3. 评估方法

评估方法侧重于过程性评价，主要包括以下环节：线上学习、撰写读书笔记、提交案例报告、参与小组讨论、进行课堂展示以及期末考核。

4. 课程特色

本课程强化课程思政内容的整合，将价值观塑造、知识传授和能力培养紧密结合。具体措施包括：（1）利用专业知识帮助学生正确理解世界，提高全局意识，培养政治素养。例如，通过学习国际贸易的基础理论、最新发展以及世界经济格局的变化，拓宽学生的国际视野和全球观念。（2）通过专业知识教育，培养学生正确的世界观、人生观和价值观。例如，通过学习"一带一路"倡议、人类命运共同体理念、双循环新发展格局以及更高水平的开放政策，帮助学生形成全面且符合时代需求的世界观、人生观和价值观。（3）通过专业知识提升学生的时代意识和责任感。例如，通过学习中国在国际贸易争端、逆经济全球化趋势、全球经济治理体系变化以及 WTO 内部矛盾与改革等方面的知识，激发学生的时代责任感和历史使命感，培养他们的爱国情怀和奋斗精神，实现精神层面的塑造。

在教学过程中，我们重视现代信息技术的应用，充分利用主讲教师提供的国家级线上一流课程、国家级精品资源共享课和国家级精品视频公开课，为学生构建一个无缝、便捷且灵活的自主学习环境。

此外，本课程注重采用研讨汇报、案例探究、讨论合作等教学方法，以激发和鼓励学生的学习热情和创造性思维。

(三)课程负责人简介

赵春明,北京师范大学的京师特聘教授、博士生导师,同时担任学校教学指导委员会主任、课程思政教学研究中心专家委员会委员、经济与工商管理学院学术委员会主任。赵教授是国家高层次人才特殊支持计划的领军人才,享受国务院政府特殊津贴,同时也是国家社会科学基金重大项目首席专家。他兼任教育部经济与贸易类专业教学指导委员会副主任委员、中国美国经济学会副会长、全国高校国际贸易学科协作组副秘书长等职。

赵春明教授在科研和教学领域均取得了卓越成就,共获得 40 多项科研类奖励和 60 多项教学类奖励。在教学方面,他荣获了包括国家"万人计划"教学名师、教育部高等院校课程思政教学名师、全国宝钢优秀教师特等奖、国家级线上一流课程、国家级线下一流课程、教育部课程思政示范课程、北京市教学名师、北京市优秀教师、北京市师德先锋、北京高校优秀党员、北京市优秀研究生指导教师、北京市教育教学成果一等奖等荣誉。他还获得了北京师范大学首届"四有"好老师金质奖章,被评为最受本科生和研究生欢迎的"十佳教师"。2019 年,赵春明教授作为全国优秀教师代表,受到了习近平总书记等党和国家领导人的亲切接见。

二、课程育人目标

本课程是学校社会发展与公民责任模块的核心通识课程,面向全校本科生开放。课程旨在将经济全球化的最新动态、国家政策调整和党中央精神融入教学,实现教学内容的及时更新,同时强调立德树人,通过知识传授塑造学生的品格、品行和品位。

课程内容优化聚焦价值塑造、知识传授和能力培养的结合。在理论素养上，引导学生掌握经济全球化的最新理论；在专业知识和分析能力上，提升学生运用马克思主义经济学理论分析经济全球化和中国经济问题的能力，包括理性分析逆经济全球化思潮、中美经贸摩擦等；在国际视野上，加强学生从全球化视角观察中国经济的改革开放历程，思考中国在世界经济变局中的定位和发展，增强其历史使命感和责任感。

三、课程思政案例

案例1：关于逆经济全球化思潮的讨论与辩论

1. 结合章节(知识点)

经济全球化与逆经济全球化。

2. 案例意义

本课程旨在培养学生的科学素养，民族自豪感和责任担当。

(1)科学素养：鼓励学生关注经济全球化的最新趋势，通过自主研究和课堂讨论，掌握包括空间扩散理论、规模经济理论、全球价值链理论等在内的关键理论，并将这些知识应用于对现实情境的深入理解。

(2)民族自豪：通过阐释习近平总书记的"新型全球化"重要思想和党的十九大、二十大报告精神，潜移默化地增强学生的民族自豪感。

(3)责任担当：通过分析逆经济全球化思潮的根源和影响，激发学生对经济全球化未来发展方向的探索，培养他们对构建人类命运共同体的责任感和历史使命感。

3. 案例描述

在完成经济全球化导论课程后，学生将参与以下思考与辩论活动。

分组讨论：学生分为两组，通过课下资料研究和小组讨论，准备辩论材料。

辩论题目：探讨 21 世纪以来逆经济全球化思潮的出现及其可持续性，以及经济全球化的未来方向。

辩论准备：

正方：分析逆经济全球化思潮的不可持续性及其理论基础。

反方：探讨逆经济全球化思潮的持续性及其实践意义。

课堂辩论：每组选出代表进行 20 分钟的辩论。

全班讨论：辩论后，全体学生参与 15 分钟的课堂讨论。

教师总结：辩论和讨论结束后，教师进行 10 分钟的总结点评，并结合习近平总书记的"新型全球化"思想及党的十九大、二十大报告精神，阐释传统经济全球化与新型经济全球化的差异。新型经济全球化强调开放、包容、普惠、平衡和共赢，旨在培养学生的民族自豪感和历史责任感。

4. 教学效果

学生通过参与文献查阅、小组讨论和课堂辩论，不仅提升了分析问题和深化理论理解的能力，还增强了自信心和民族自豪感。此外，团队合作的实践促进了团队意识的形成。教师的总结点评进一步强化了价值观念的塑造，确保了党和国家的重大决策与精神及时传达给学生，从而培养了学生的民族自豪感和历史责任感。

案例 2：经济全球化与当代中国经济主题读物

1. 结合章节（知识点）

课程所有章节。

2. 案例意义

当前,学生普遍依赖手机和电脑,而纸质阅读较少,这在一定程度上影响了他们对理论的深入、系统思考。因此,本案例旨在通过增强纸质阅读和深度阅读,培育学生的科学精神、独立思考和家国情怀。同时,考虑到许多选课学生来自理科专业,撰写读书笔记的方式也有助于提升他们的人文素养。

3. 案例描述

(1)学生结合课程内容,选取自己感兴趣的一本著作,进行全面阅读和深度阅读。

(2)撰写一篇不少于2000字的读书笔记。

(3)部分学生代表在课堂上展示和分享读书体会。

(4)教师进行总结和点评,引导学生培养和树立科学精神、独立思考精神、家国情怀和人文素养。

(5)教师批改读书笔记,根据学生所选著作的专业性、时代性与社会性,以及对著作内容的理解与思考深度等方面进行综合评价和判分。

4. 教学效果

以2020级学生为例,他们选取的阅读书籍涵盖了《〈资本论〉选读与简论》《国富论》《经济全球化与社会风险》《世界经济新格局研究》《经济全球化与经济转轨互动研究》《全球村落:一体化进程中的世界经济》《世界经济与中国》《流行的国际主义》《胡椒的全球史:财富、冒险与殖民》《超级版图——全球供应链、超级城市与新商业文明的崛起》《货币战争》《当代中国经济改革教程》《新兴大国的自主创新道路:金砖四国比较研究》《结构性改革:中国经济的问题与对策》《中流击水:经济全球化大潮与中国之命运》《当代中国经济改革:战略与实施》等重要著作。

通过阅读和撰写笔记的方式，学生的科学精神、独立思考能力、家国情怀与人文素养得到了提升。例如，有同学在阅读《资本论》后感慨："在大学选择阅读《资本论》是自己的幸运，不可否认《资本论》是一部具有划时代意义的伟大巨著，马克思的精妙思想在一百年前解救中国于水深火热之中，一百年后也同样指导着中国向着更光明的未来发展。对于这样的一部经典著作，我更多的是怀着敬畏在读，对于里面谈到的很多问题，我深知是无法依靠个人的力量去解决的，但我们需要认识到现实世界背后所隐藏的种种玄机，以更具有穿透力的眼光来看待社会，即使我们仍然是沧海之一粟，但是只要年轻的一代有理想，社会发展就永远会充满活力，充满希望。"

有学生在阅读《当代中国经济改革教程》一书后的体会是："在吴敬琏先生的身上可以看到一种严谨治学的匠人精神，他认真雕琢、打磨每一件作品，使其紧跟时代的变化，阐发新的思想。我想，这也是在本书学术范畴之外我们应该学到的东西。作为一名北师人，'学为人师，行为世范'，我们也应使自己的思想紧跟时代，并且不断地辩证思考，将学术思想不断阐发。在今后的道路上，不断地扩充和提升自己，并且力争做一名如同吴教授一样怀揣匠心的大家。"

四、课程评价

自 2012 年开设以来，本课程经历了多次荣誉评选和升级。2013 年，课程以《走进经济全球化》为名在"爱课程"网站上线。随后，它在 2014 年被认定为国家级精品视频公开课，2016 年成为北京师范大学本科教学改革示范课程，2019 年被确定为首批核心通识课程，2021 年入选教育部课程思政示范课程，2023 年被选为国家级线下一流课程。课程主讲人也多次受邀向全国高校教师分享教学和课程思政的经验，产生了广泛的社会影响。

课程的思政教学同样受到学生的高度评价。例如，信息科学与技术学院（现人工智能学院）的赵子云同学表示，通过这门课程，他不仅学习到了新的理论和知识，更重要的是，他获得了一种全球化视角的思维模式，一种在经济关系中寻找解决方案的乐趣，一种面对生活挑战的积极态度，以及一种对国家利益和民生福祉的深切关怀。对他而言，这门课程不仅是经济类通识教育，更是一个以人类福祉为出发点，运用经济学理论和方法进行深刻思考的学术殿堂。

五、总结与思考

本课程在思政方面进行了积极探索，主要体会如下：一是对教育事业要有热爱之心，树立和践行教育家精神，才能取得好的教学效果和立德树人成效。二是言传身教，关爱学生。教师本身就是最好的课程思政，就像习近平总书记所强调的：教师应以模范行为影响和带动学生，做学生为学、为事、为人的大先生。三是以研促教，以教带研。主讲人先后主持国家级和省部级研究课题 20 余项，各类横向课题 50 余项，出版学术著作 20 余部，在中外核心期刊发表学术论文 300 余篇，为教学和思政教育提供了深厚基础和丰富资源。四是注重从教学的各个环节中深度挖掘课程思政的元素，以实现立德树人的目标。

未来，本课程在课程思政方面持续建设的重点如下：第一，实施面向不同专业的有效思政教育，考虑到学生背景的多样性，进一步努力确保课程内容对所有学生都适宜。第二，进一步寻求专业知识与思政教育的结合点，发挥课程思政的作用。

金融市场学前沿：市场微观结构与高频交易

一、课程概况

(一)课程信息

"金融市场学前沿：市场微观结构与高频交易"是北京师范大学通识教育课程，2017 年入选学校本科新生研讨课系列。授课对象为本科一年级学生，共计 32 学时，2 学分。

(二)课程简介

1. 课程内容

教学内容包括三个部分：首先，深入讲解金融市场学的经典原理和基础知识；其次，指导学生运用市场微观结构分析的方法和模式，并使用 Excel 等分析工具来解决实际问题；最后，引领学生观察思考当代中国金融领域的新发展、新动态、新案例，将金融学原理与文化思想相结合，作为课程的前沿研究主题。

2. 教学方法

本课程采用混合式教学模式，融合线上学习和线下实践，旨在传授金融学知识并培养学生的金融分析技能。线上部分，教师制作的"金融与投资分析"慕课在学堂在线和中国大学 MOOC 平台提供，涵盖金融知识、投资理论和中国金融三大板块，包括视频、习题、案例和期末试卷，构建了多媒体、综合化的在线学习体系，增加了学习的灵活性。线下部分，教师引导学生深化线上所学，专注于金融实战分析，通过使用专业数据库和工具，分析中国金融前沿问题，提升解决实际问题的能力。

3. 评估方法

为适应本课程特色，主讲教师设计了一种创新的考核评价体系，全程监控学生的学习进展，并将学生在课程学习中的综合表现作为评价的依据。评价体系通过多样化的考评方式，旨在考查学生的金融案例分析能力、金融基础知识掌握情况以及实际操作技能。

课程考核由以下几部分组成：慕课成绩（包括视频观看、案例讨论、单元练习和期末考试，占比 30％）；线下课程中的小组实战分析和演讲报告（占比 40％）；限时的即时分析能力测试（占比 30％）。

4. 课程特色

第一，本课程实现了金融学的通识教育和金融学专业教育的有机融合。我们鼓励学生将日常生活中的金融行为与金融学理论框架相结合，由表及里，利用金融学原理深化对金融行为的理解，进而掌握金融学的专业方法。

第二，课程注重培养学生的国际视野和实际操作能力。通过实战分析模块，我们引导学生运用专业的金融数据库和分析工具进行金融建模，锻炼他们解决实际问题的能力。同时，课程还教授规范的金融专业英文，确保学生能够清晰准确地表达金融学概念。

第三，课程增强了教学内容中的中国元素。我们引入当代中国金融领域的新案例和新现象，将中国金融实践融入西方的金融学理论的教学中，帮助学生更深地理解中国金融市场的特点和发展趋势。

第四，课程尝试创设了"中国文化与金融"板块，将中国历史文化典故与金融学知识相融合，对当代中国金融进行新视角的解读，内容包括管仲如何运用金融管理手段化解金融危机、贾谊《论积贮流》思想对现代股票指数的启示、"黑天鹅事件"与宋代纸币"交子"的诞生，"商圣"范蠡的经商思想与高频交易的创新应用等。这样的教学尝试，让学生在学习金融学的同时，也更好地感受到中国历史文化历久弥新的强大生命力，从而增强文化自信。

(三)课程负责人简介

李堃，北京师范大学经济与工商管理学院副教授，研究领域包括高频金融、金融市场微观结构和能源经济等。在教学方面，负责人担任北京师范大学多门金融学专业课程的主讲教师，如金融学、投资学和商业统计学等。他还设计制作了金融学专业慕课，包括"金融与投资分析"和全英文慕课"金融学与当代中国"(Finance & Contemporary China)，这些课程已在国家级慕课平台上发布。

二、课程育人目标

习近平新时代中国特色社会主义思想强调了"新质生产力"的重要性。在经济学中，生产力的提高离不开人，更高素质的劳动者是新质生产力的第一要素。因此，培养新型劳动者是加速新质生产力发展的关键，而这正是教育工作者的责任。新质生产力的发展是经济社会高质量发展的核心动力，其基础在于教育、科技和人才之间的良性互动。

在教学领域，新质生产力的概念对创新教学模式、改进教学内容和探索课程思政具有重要指导作用。本课程旨在通过提升人才培养的"新质生产力"，适应社会对金融专业人才的需求，从而完善课程内容和教学方法，并创新课程思政建设的模式。

本课程的教学目标聚焦于三个方面。

(1)专业知识讲授：教授金融市场学的核心原理和基础知识，帮助学生理解金融学的学科构架和范式。

(2)实践分析能力培养：通过金融行业实际问题的分析，培养学生运用专业理论解决问题的能力，并训练他们使用金融学资源和工具。

(3)价值塑造：结合中国金融的最新发展，引导学生深入理解当代中国金融国情，并融合中国传统文化思想，为金融学这一西方学科提供新的解读视角。

课程自开设以来，始终坚持立德树人的教育理念，将课程思政建设作为教学目标的一部分。通过探索金融学的前沿问题，课程旨在从知识传授、能力培养和价值塑造三个方面，完成教学任务，实现教学目标。

三、课程思政案例

案例：证券发行

1. 结合章节(知识点)

证券发行、中国文化与金融。

2. 案例意义

本课程的主要任务可以概括为三个方面：首先，帮助学生积累金融领域的知识；其次，使学生深刻理解金融学的专业原理；最后，锻炼学生的实际操作能力。在教学过程中，本课程采用问题导向法，每节线下课程都围绕一个实际问题，引导学生学习相关知识点并进行深入思考和拓展。此外，课程还将思政元素融入教学中，旨在帮助学生从政治认同、国家意识和文化自信等多个维度，更全面地理解金融学及其在中国的发展。

3. 案例描述

"证券发行"是金融市场学前沿课程中的一个专题。在这个专题里，学生要了解一个金融市场中的常见现象——企业在金融市场上发行证券，并思考一个问题：企业为什么要发行证券？

围绕这个问题，本节课程将教学内容划分为三个部分：金融市场知识、金融学原理和中国金融案例。

"金融市场知识"部分主要介绍研究问题所涉及的相关知识点和概念。例如，针对证券发行，我们需要介绍一级市场(证券发行的市场环境)、投资银行(协助企业完成新证券发行的专业性金融机构)，首次公开募股(IPO)和承销机制等知识点和概念。这些内容构成了本次专题课程的基础元素。这些基础元素往往与生活常识密切相关。学生可以结合自身的知识和经验，对这些内容形成较为完善的认知和理解。

在"金融学原理"部分，主讲人在学生充分了解上一部分的知识点和概念的基础上，引入金融学专业原理，建立联系这些知识点和概念的纽带，进而形成完整的逻辑。和上一部分的内容相比，引入金融学原理，是学生实现跨越式发展的重要阶段。学生逐步从非专业人群转向金融学专业人群，形成金融学的专业思维范式。例如，在本专题中，课程主讲人要引导学生思索一系列专业问题：企业为什么要选择证券发行的渠道(而不是其他渠道)来完成融资？在发行新证券的过程中，如何为新发行证券定价？发行证券是否对企业的长远发展具有积极的影响？等等。要回答这些问题，需要学生将上一部分的知识点和概念进行串联，形成逻辑思路，进而逐渐提升金融学专业认知。

"中国金融案例"这部分内容能够帮助学生完成从基础知识（"金融市场知识"部分）到金融学逻辑思维（"金融学原理"部分）的跨越。很多时候，仅仅凭借理论知识的讲解和传授，难以引起学生的共鸣。因此，在金融学课程中，引入现实金融场景中的真实案例，能够更好地让学生感同身受，并增进其对金融学专业的理解。而在这部分内容里，本课程引进中国金融案例，帮助学生完成从知识点到逻辑体系的提升过程，并利用案例帮助学生了解当代中国金融。这部分内容也是课程思政实践的一个重要的应用环节。

在"证券发行"专题中，课程引入案例"中国电信 1997 年赴香港上市"。学生观看中央电视台经典纪录片《资本市场》，并阅读相关文献资料，进而较为深入地了解中国电信作为中国大陆首家央企，在 1997 年到海外上市所需要克服的种种困难。案例学习使书本上的知识和原理不再生硬和古板，而是变得生动和灵活。学生能够自然而然地了解到证券发行过程中各项任务，以及在执行这些任务过程中所需要的知识和技能，并理解金融学科对社会产生的价值。同时，在案例教学中，学生也能深刻感受到中国金融发展历程中的艰辛与辉煌，增进学生的爱国意识和民族自豪感。

4. 教学效果

金融学，这一源自西方的学科，传统上以西方国家的案例和经验作为教学内容。然而，自 21 世纪以来，中国在金融创新领域已经从追随者转变为全球金融体系的探索者和引领者。本课程通过引入中国金融的个体案例，以小见大地展示了中国金融市场的发展历程，并使学生深刻感受到个人或企业的成长是中国金融进步的缩影。

通过案例教学，本课程旨在拓宽学生的视野，使他们从更宏观的角度理解个体发展与在中国共产党领导下的中国特色社会主义发展道路之间的紧密联系，从而增强学生的政治认同感。

四、课程评价

自开设以来，该课程在教学模式、内容和方法上持续进行探索与优化。它在 2017 年、2021 年和 2022 年三次被学校教务部评为教学督导推荐观摩课程，并在 2020 年被选为北京师范大学首批课程思政建设优秀课程。基于该课程的教学经验编写的案例，荣获 2021 年广东省首批本科高校课程思政优秀案例。此外，为该课程设计的 Prezi 多媒体课件在 2017 年北京师范大学多媒体教学设计比赛中获得三等奖。课程还获得了多项省级和校级科研教学项目的支持，包括教育部产学合作协同育人项目、北京师范大学教学建设与改革项目以及北京师范大学教师发展基金项目等。

依托该课程的教学内容，主讲教师在 2018 年北京师范大学青年教师教学基本功比赛中荣获一等奖和最佳教态奖，并在 2019 年北京市青年教师教学基本功比赛中获得二等奖。学生运用课程所学的知识和技能，参加了 2020 年和 2021 年全国金融与证券投资模拟实训大赛，分别获得了二等奖和三等奖，课程主讲教师也因此被评为全国大赛的优秀指导教师。

五、总结与思考

近年来的教学实践使课程主讲人深刻认识到课程思政建设在实现教学目标、丰富教学内容和教学方法中的关键作用。通过探索与金融学专业特色相契合的课程思政模式，可以更有效地指导学生积累金融知识、理解金融学原理，并锻炼实战技能。展望未来，该课程将持续优化，不断丰富和完善课程思政元素，以提高教学质量和思政建设的水平。同时，主讲人也将继续积累详细阐述中国当代金融发展的材料，为未来教材的编纂打下坚实基础。

习近平总书记教育重要论述

一、课程概况

(一)课程信息

"习近平总书记教育重要论述"是面向北京师范大学教育学科全体学术型、专业型硕士和博士研究生开设的学位基础必修课程。本课程每学期开设 2~3 轮次,供年级研究生学习,共计 16 学时,1 学分。

(二)课程简介

1. 课程内容

阐述习近平总书记关于教育的重要论述、高质量教育的内涵以及教育政策的基础知识体系。采用综合性集成方法,从国家治理的角度出发,依据教育发展的规律,结合主持的教育部哲学社会科学重大课题攻关项目"习近平总书记关于教育的重要论述研究",深入理解和明确习近平总书记在教育领域的主要论断、核心思想、战略方向、思想脉络、逻辑联系、理论基础和规律体系。通过融合理论与实践,使学生能够掌握系统的教育政策理论知识，并提高分析现实问题的能力，从而在思想上认同中国特色社会主义教育理论。

2. 教学方法

采用系统化的教学理念、全面思考、宏观观察和全局性视角，结合具身学习和现象综合分析，创新性地提出一种跨学科、跨年级、跨领域融合的教育教学方法。首先，通过案例教学，深入挖掘和分析教育现象、教育事件和教育舆论。其次，组织不同年级和专业的学生进行分组讨论，以此提升他们的探究能力和团队合作精神。再次，由小组代表在班级中进行展示，以此锻炼学生的观点提炼和陈述表达能力。最后，教师进行讲授，引导小组学习的方向，评价班级展示的效果，并提供基本结论、改进建议及未来研究的方向。

3. 评估方法

综合评价将基于学生课程参与度、课堂发言和期末论文的表现，以评估他们运用习近平总书记关于教育的重要论述和教育政策理论知识来分析现实问题的能力。课程考核分为两个部分：第一部分是平时成绩，包括课程参与和课堂表现，占总成绩的 40％；第二部分是论文成绩，包括问题分析和观点表述，占总成绩的 60％。

4. 课程特色

第一，本课程从历史和现实两个维度梳理习近平总书记关于教育的重要论述、教育公平和教育政策的知识体系，开展理论研讨。第二，通过确定比较的维度，利用统计测量工具、典型案例和思想政治教育实例，学生能够识别教育问题的普遍性和教育政策的特点，进行比较分析。第三，主讲人从教育政策的制定、执行、评估到调整的全过程，系统地讲解法律制度、财政政策和行政管理三个方面，探讨习近平总书记教育重要论述的政治性和专业性。

(三)授课团队简介

教学团队由一名教授、一名副教授和一名讲师组成。具体来说，课程负责人薛二勇教授担任课程主讲，负责设计与推进教育教学研究项目。李健副教授担任"习近平总书记教育重要论述"课程的辅助讲师，设计与评估教育教学研究项目。负责人与相关讲师、助教共同负责构建课程思政教育教学体系，包括教材编写、课程监测及评价追踪、推广试验等工作。

二、课程育人目标

本课程旨在使学生熟练掌握并应用习近平总书记关于教育的重要论述，以及教育的高质量发展理念、战略规划和政策工具。课程内容涵盖教育理论与政策，旨在培养学生的教育创新能力。

北京师范大学依托其师范教育特色，将本课程设计为教育学与思想政治教育的融合，采用宏观与微观、理论与实践相结合的教学方法。课程深入探讨教育政策的历史、继承、实践和创新特性，旨在构建一个客观、科学的教育政策知识体系，以培养未来的高素质专业化教师，并推动教育实践的创新。

课程还将有效整合习近平总书记的教育论述与中小学及高校的思想政治教育，强调教育学科与思想政治教育的融合。通过丰富、系统的教学内容，课程旨在潜移默化地影响学生，促进思想政治教育的实践，推进课程思政工作的深入发展。

三、课程思政案例

案例 1："培养什么人？"

1. 结合章节（知识点）

习近平总书记关于"培养什么人"的重要论述。

2. 案例意义

（1）培养学生的政策意识：通过系统学习党的教育方针及其历史演变、特点和背景规律，让学生理解教育事业的战略原则和行动指南，从而培养他们的政策意识。

（2）培育学生的综合素质：利用具身学习和现象整合的方法，鼓励学生结合个人学习经历和教育体验，客观地认识和评价自身的教育体验，反思个人成长过程中的素质培养。同时，参照国家教育培养的目标和要求，培育学生的全面发展意识和能力。

（3）激发学生的教育自信：运用系统理念和宏观视野分析教育目标，结合案例教学、课堂讨论和合作学习等互动形式，引导学生通过具身学习体验，科学理性地分析教育问题、制度设计和政策制定过程，从而在思想上认同中国特色社会主义教育道路。

3. 案例描述

本课程旨在深入探讨习近平总书记关于教育的重要论述，特别是"培养什么人"这一教育的根本问题。课程目标是让学生理解教育发展的战略方向、政策顶层设计和实践执行之间的逻辑联系，并激发他们对教育论述的兴趣。教学方法包括问题引导、教师讲授和案例分析。

首先，教师将引入"培养什么人"的问题，探讨其在教育政策中的具体体现，以此引出习近平总书记的相关重要论述。

其次，课程将系统讲解"培养什么人"的内涵和外延，包括党的教育方针的历史演变、基本规定和战略路径。

最后，通过案例教学，课程将回应学生关注的问题，使学生认识到"培养什么人"既是宏观战略也是基层实践的问题。学生将围绕这一核心问题，结合个人经历和国家教育战略，进行深入讨论和反思。课程还将组织学生代表就教育政策的实施特点和规律进行发言，对比不同地区素质教育的实施情况，分析背后的教育政策原理，实现教育政策知识与国家教育事业发展的有机结合。

4. 教学效果

学生通过学习知识、反思经验、运用方法，已经掌握了习近平总书记关于教育人才培养的核心论述，包括其体现、要求和战略方向，对我国教育事业的目标和战略任务有了明确的理解。

通过案例教学，学生体验并思考了教育政策研究与实践中的多个结合点，如理论与实践、顶层设计与基层探索、宏观与微观、思想与战略、全局与局部。这些学习经历不仅拓宽了他们的研究视角和思维模式，还激发了他们对习近平总书记教育论述的学习兴趣，以及对我国教育发展方向的关注。这为学生未来的学习、个人发展和教育教学实践打下了坚实的基础。

案例 2："怎样培养人?"

1. 结合章节(知识点)

习近平总书记关于"怎样培养人"的重要论述。

2. 案例意义

(1)培养学生的奋斗精神：通过学习教育体制机制改革的相关任务，鼓励学生以身作则，形成不畏挑战、积极奋斗的精神，同时培养他们坚定的意志、乐观的态度和进取的精神面貌。

(2)培育学生的创新精神：在新形势下，教育改革需要创新的方法。通过案例教学和情景分析，提高学生运用教育政策的原理、方法和技术进行创新研究的能力，激励他们勇于探索和创新。

(3)增强学生的国家安全意识：在新时代背景下，教育体制机制改革面临国内外挑战。课程旨在通过案例教学，让学生了解国家安全的重要性，加强安全教育，树立正确的安全观念，并提高他们对国家安全工作的支持和风险防范意识。

3. 案例描述

本案例深入探讨了习近平总书记关于人才培养的重要论述，特别是能力建设方面，强调了教育途径和手段的创新与教育水平提升的必要性。案例通过设定教育政策的应用场景，为研究生提供了研究性学习的机会，并采用科教融合的模式，培养学生的科研能力和创新精神，同时融入思想政治教育。

首先，案例创新性地设计了科教融合教育内容，强调教育体制机制改革的重要性，并基于习近平总书记的指导，提供了丰富的学习资料，激发学生的思考。

其次，学生被分为三个研究小组，分别针对教育评价、管理和开放的体制机制改革进行深入研究和政策设计。通过结合量化和质化的研究方法，学生在教师的指导下，开展循证研究。

最后，案例通过情景分析，引导学生进行政策设计，并在课堂上进行实时研讨。特别在教育评价体制机制改革方面，学生以《深化新时代教育评价改革总体方案》为基础，深入研讨并分享研究成果。此外，通过组建学习群组，教师在课后继续指导学生的深入研究，以形成学术论文和政策建议等学术成果。

4. 教学效果

本课程将教育体制机制改革的基础知识、创新理论和研究方法与思政元素相结合，不仅巩固了学生的基础知识，还激发了他们的求知欲、创新精神和奋斗精神。这种教学方法有效实施了在"做中学"的研究生教育路径，通过研究性学习培养教育学创新人才。该模式在科教融合培养创新人才方面形成了独特的见解和特色。结果，部分学生选择了学术生涯，毕业生中有 20 余人获得高级职称，30 余人次获得国家和省部级科研项目，发表 30 余篇相关论文，产生了显著影响。

四、课程评价

为深化学生对党领导教育事业的认识，我们建立了一个综合评价体系，即"六评"教育学课程思政监测方式。这一体系包括课堂观察、课堂发言、书面作业、班级讨论、毕业后追踪和实践监测，旨在全面评价学生的理论认识和实际行为，并将其分为"优秀、良好、中等、合格、需改进"五个等级。评价结果将用于指导教育教学的改进。

此外，我们还建立了 60 多个腾讯和微信群组，对超过两万名毕业生进行了追踪和监测，以评估习近平总书记关于教育重要论述的课程思政效果。学生普遍反映，通过学习，他们深刻地理解了教育的政治性和专业性，掌握了教育强国建设的指导思想和战略部署，这为他们的教育实践提供了明确指导，增强了他们在中国本土办教育的决心。

该课程因其卓越表现，被评为全国优秀课程，并在国家开放大学开设专题课程，吸引了数百万人选学，产生了广泛而积极的影响。同时，我们还创建了"教育学课程思政"学习组，吸引了 1000 余名研究生和 2000 余名本科生参与，通过线上线下相结合的方式，促进了教学相长，推动了课程思政的深入发展。

五、总结与思考

为了提升学生的教育理论素养，我们将采用以下教学策略：

第一，系统性地讲授习近平总书记的教育重要论述，使学生掌握教育思想的系统知识、教育政策的相互关联以及多维的教育实践知识。

第二，从宏观和全局的视角讲授，强调治国理政的大局观、教育规律观和教育实践的科学观，以客观、科学的方式呈现习近平总书记的教育论述，提高学生的思维能力。

第三，通过具身学习和现象统合，让学生在复杂情境中运用习近平总书记的教育理论、政策和方法，以增强教育自信。

第四，采用综合集成法，结合质性和量化研究，系统讲授习近平总书记关于教育的重要论断、核心思想、战略思路等，以坚定学生对中国特色社会主义教育发展道路的认同。

未来，我们将继续深化"习近平总书记关于教育的重要论述"的研究与传播，引领教育改革。我们将开设学位基础性必修课，培养教育人才，并建设具有"家国情怀、儒师风范"的创新团队。同时，我们也将提供优质的公益课程，以营造良好的教育氛围。

教育心理学

一、课程概况

(一)课程信息

"教育心理学"是心理学与教育学的交叉学科，属于应用心理学的分支之一，是心理学专业的专业必修课，也是教师教育的核心素养课程，共计48学时，3学分。

(二)课程简介

1. 课程内容

教育心理学是有关学习与教学规律的一门综合性科学，涵盖学习心理、学生心理、教学心理和教师心理四大领域。学习心理专注于揭示学习过程的机制和规律，包括各种学习理论（如行为主义、认知主义、建构主义、人本主义）、学习动机理论，以及不同类型的学习（如知识获取、技能培养、社会规范、问题解决、创造性思维和学习策略）。学生心理则帮助理解学生在学习过程中的心理发展特征，涵盖认知、情感、社会性和道德发展的理论，以及学生的智力和学习风格等个体差异。教学心理部分教授各种教学技巧，包括教学设计、教学策略、教学评估和课堂管理。教师心理部分探讨教师的职业发展，包括教师的专业素质、成长轨迹和心理健康状况。

2. 教学方法

通过线上线下混合式翻转课堂，本课程旨在提升课程的高阶性、创新性和挑战度。利用 SPOC 平台的优势，结合表决器、电子白板和线上论坛等技术工具，课程设计了三个环节（课前自学、课中实训、课后整理）的活动程序。通过大单元、大概念和大任务的教学设计，高效实施案例分析和项目式学习等方法，扩展学生的学习时空，增强学习自主性，确保课堂教学紧密围绕高级知识获取和高阶思维发展等高层次教学目标。

3. 评估方法

本课程的教学评价体系综合考虑了线上学习（包括课前预习、练习、参与论坛讨论和提问等）、课堂表现（如随堂作业、课堂活动成果、讨论发言）以及期末考试等多个方面。在评分构成中，线上学习部分占 30%，其中观看视频占 20%，视频后的练习占 10%。课堂表现占总分的 10%。期末考试则占总分的 60%。

4. 课程特色

本课程运用教育心理学原理来指导教学，采用建构主义理论，实施以学生为中心的教学模式，如基于问题的学习、案例教学和合作学习等，以激发学生的自主性和情境性学习。

本课程率先将教育心理规律和教学设计程序应用于课程思政的建设，使之科学化。在教育心理学的学习和教学规律指导下，遵循教学设计程序，设定课程思政目标框架，建立思政目标与专业内容的结合点矩阵。从目标、内容与资源三个方面进行整合，开发相应素材，并以间接、自然、内隐的方式融入专业教学中，实现知识传授、能力培养和价值塑造的有机统一，达到立德树人、铸魂育人的教育目标。

(三)课程负责人简介

刘儒德教授，作为课程负责人，自 1993 年起便一直致力于心理学专业本科必修课程"教育心理学"的教学工作，并且持续推动课程建设和教学改革。他主持了北京师范大学的重大教学改革项目"教师素养通识课'教育心理学'课程建设与改革"，在此期间，他领导了一个由 15 位教师组成的团队，共同编写了《教育心理学》教材，开发了 MOOC 课程、题库以及其他教学资源。

二、课程育人目标

北京师范大学致力于建设成为具有中国特色的世界一流大学，心理学是该校的双一流学科。本科生教育分为励耘班(培养拔尖创新人才)、综合班和师范班，目标是培育具有国际视野的学术型和教育教学创新人才。

"教育心理学"是心理学专业的必修课，也是教师教育的核心课程。根据学校的定位、学生需求和人才培养目标，课程旨在实现知识传授、能力培养和价值塑造。具体目标如下。

(1)知识目标：理解教育心理学的核心概念和理论，包括学生的认知、情感和社会性发展，以及不同的学习理论和教学模式；构建教育心理学的知识体系，科学理解学生心理、学习心理和教学心理的相互关系；掌握教育心理学的高级知识，能够灵活运用学习理论和教学策略解决实际问题。

（2）能力目标：运用学习规律分析和改进个人及他人的学习过程，培养自主学习能力；运用教育心理学知识和技能，设计和实施有效教学，解决学习和教学问题；运用教学心理学知识，批判性地分析教学过程，提升教学效果。

（3）育人目标：树立坚定的教育信念和情怀；培养责任感和社会担当意识；具备"四有"好老师的核心素养。

三、课程思政案例

案例1：学习动机激发

1. 结合章节（知识点）

学习动机理论。

2. 案例意义

学生应培养强烈的家国情怀，树立远大理想，不仅为自己而学习，避免成为纯粹的利己主义者。同时，他们应增强社会责任感，利用所学专业知识解决社会问题，服务社会，实现个人价值。此外，学生还应塑造健全的人格，认识到学习不仅是实现目标的手段，其本身也是追求内在满足和人生意义的过程。

3. 案例描述

本课程综合运用行为主义、人本主义和认知派的学习动机理论，分析学生的实际学习案例。通过考虑个体和情境因素，应用包括强化理论、需要层次理论、自我决定理论、自我效能感理论、成就动机理论、控制点理论、归因理论、成就目标定向理论以及自我价值理论等，探讨学生学习动力下降的复杂原因，并据此制定综合性干预方案。

课程采用基于问题的学习(PBL)和案例教学相结合的策略，结合线上线下混合式学习模式，引导学生围绕大概念、大单元、大主题进行学习。通过 SPOC 平台上的录播视频，学生将经历两次问题分析和知识学习的循环，以及案例分析讨论，旨在培养学生的知识应用能力、解决实际问题的能力以及自我导向的学习技能，并融入科学家精神、社会价值实现和社会责任等态度和价值观。教学流程包含两个课时和五个环节。

(1)课前准备：学生需在上课前阅读《任性的班长》案例，并观看《学习动机》章节的录播视频，分析学生缺乏学习动力的原因，并提出建议。

(2)第一课时：学生带着自己的分析和建议，参加教师对学习动机理论及问题分析框架的讲解。

(3)课后作业：学生需根据课堂内容，复习并完善自己的案例分析和建议。

(4)第二课时：在教师的引导下，学生就案例进行讨论和交流。

(5)课后总结：学生回顾案例，反思学习要点，并将所学应用于另一个案例《开始逃离学习的优等生》的分析中。

4. 教学效果

学生通过分析案例，系统地整合了学习动机理论知识，并构建了一个框架来应用这些理论分析实际问题，将所学知识迁移至其他情境。他们以问题为导向学习理论，并将其应用于实际问题的解决中。这一过程使学生们认识到了知识的价值，不仅在于个人发展，更在于利用专业知识解决社会问题，服务社会，实现个人价值，从而增强了他们的社会责任感。通过案例分析，学生也意识到学习不仅是达成目标的手段，其本身也是追求满足和实现内在价值的过程。

案例2：建构主义学习理论

1. 结合章节(知识点)

个人建构主义和社会建构主义。

2. 案例意义

(1)加强政治认同感。通过对比皮亚杰、维果茨基、马克思的理论和毛泽东的实践论，深化对马克思主义认识论的理解和认同。

(2)培养社会责任感。学生通过理解皮亚杰关于个人认知发展中同化与顺应的关系，能够将这一理解应用于社会发展，学会在稳定与改革之间寻求动态平衡。

3. 案例描述

在建构主义学习理论的教学中，学生被引导比较皮亚杰的个人建构主义理论与维果茨基的社会建构主义理论，并探讨它们与马克思的辩证唯物主义、历史唯物主义，以及毛泽东的实践论的联系。

经过讨论，学生逐渐明白皮亚杰的理论强调知识源自个体的动作，而非外部客体；而马克思主义认识论则认为知识产生于社会实践，即人们认识和改造世界的活动，其中实践是检验真理的根本标准。马克思主义的实践概念包含了丰富的社会文化内容，超越了皮亚杰理论中个体动作的范畴。

学生还了解到，维果茨基的社会文化理论，包括活动论、符号中介论和内化论，深受马克思主义认识论的影响，被视为辩证唯物主义和历史唯物主义在心理学领域的体现。毛泽东在《实践论》中强调的正确知识来源于实践的观点，也被一些国外学者视为社会建构主义的体现。

此外，学生认识到皮亚杰关于儿童认知发展中同化与顺应的动态平衡，可以类比于国家社会稳定与改革发展之间的平衡关系。通过这些讨论，学生深化了对不同理论间联系和差异的理解。

4．教学效果

在学期结束时，我们对学生进行了课程思政效果的调查。结果显示，学生们从教育心理学的角度对马克思主义认识论和毛泽东思想实践论表示了高度认同。两位学生的自我报告如下："维果茨基理论与马克思主义心理学的联系给我留下了深刻印象。""当老师讲解建构主义知识观时，我们重新审视了马克思主义和毛泽东思想。这种理论与政治思想的结合，不仅帮助我们更好地理解课堂知识，也深化了政治思想在教育实践中的应用，使其在实际生活中得到理性实践，为学习注入了活力。"

这些反馈表明，学生对课程中融入的思政元素有着积极的反应和深刻的记忆。

四、课程评价

在本课程的两轮课程思政建设中，我们通过焦点小组访谈、个体学生访谈和问卷调查等方式，定期收集学生对课程思政的反馈。期末时，我们通过开放性问卷调查了解学生对课程思政的整体印象，并征求他们的建议，以优化后续的课程思政实践，确保其有效性。学生对课程思政给予了高度评价，并提供了有益的教学建议。一位同学的评价如下："刘老师的深厚学识和儒雅魅力给我留下了深刻印象。在教学中，他巧妙地将家国情怀融入课程，特别是在讲解维果茨基理论时联系到马克思主义，以及分享与中小学合作研究的经历，让我体会到了知识在教育实践中的应用。这种课程思政的形式比传统思政课程更具启发性。"

五、总结与思考

未来，我们将从课程内容、传播方式、评价机制等方面深化课程改革，邀请思政专家与专业教师合作研究，确保思政教育自然融入专业教学，具体措施如下。

第一，进一步挖掘教育心理学课程的思政元素，从目标、内容和资源三个维度，持续探索与思想政治教育的融合点，并丰富融合点矩阵。

第二，持续开发教育心理学课程思政的多媒体网络资源，利用新媒体(如短视频)传播教育心理学理论，解读教育政策、分析时事新闻和社会热点，以引导学习者形成正确认识，发挥新媒体在课程思政中的作用。

第三，探索在教育心理学实践教学中实施课程思政的有效途径和策略，作为课堂思政的补充。通过增强学生的专业和教师认同，促进学生对思政内容的理解和认同，实现思政内容在专业教学中的内化。

第四，强化教育心理学课程思政的评价机制，通过形成性评价持续改进课程思政实践。结合正式评价(如问卷调查)和非正式评价(如学生作品、课堂表现、典型事迹记录)，全面收集学生在学习和毕业论文、社会实践、科研创新、职业选择及志愿服务等方面的表现信息，综合评估思政教育的效果。

幼儿教师专业规范与行为礼仪

一、课程概况

(一)课程信息

"幼儿教师专业规范与行为礼仪"是学前教育专业的一门专业核心课程，面向学前教育专业继续教育本科二年级开设。该课程与学前教育专业全日制本科专业课程"托幼机构教师专业伦理"相同，共计 32 学时，2 学分。

(二)课程简介

1. 课程内容

自 2013 年起，本课程在北京师范大学开设，并由高等教育出版社出版了配套教材。该课程旨在培养学前教育专业学生的职业道德和塑造良好的职业形象。课程目标围绕价值引领、知识传授和能力培养三个核心要素展开，内容上结合了国家政策、教育理论和实践需求。课程共包含五个讲座，第一讲介绍幼儿教师职业道德的基本概念和学习方法，后续讲座则分别探讨幼儿教师在与幼儿、家长、同事以及自我、专业和社会的关系中应持有的态度和行为。每个讲座都从职业道德原则出发，详细阐述教育实践中的行为要求，并通过分析教育实践中的案例，帮助学习者理解职业道德原则的应用。课程设计旨在引导学生从理解要求到实践操作，再到灵活运用和形成习惯，同时培养他们识别和批判不恰当教育行为的能力，从而逐步塑造师德。

2. 教学方法

在教学过程中，我们综合运用了多种方法，包括理论讲解、案例分析、情境任务、角色扮演、价值澄清、个人叙事以及前沿讲座等，同时结合了个体学习、小组合作和团体氛围的教育模式。特别是在案例分析方面，我们不仅深入剖析了优秀教师的案例，为学生树立了榜样，还批判性地分析了教师失范行为的案例，以此警示学生坚守职业底线。此外，我们还设计了多层次的案例，以引导学生从师德合格逐步提升至师德优秀，并在教育情境中培养自主判断和决策的能力。

我们精心挑选的案例既注重时代性，也强调典型性，紧密联系学前教育领域的发展新趋势和新挑战。在案例分析中，我们将国家的教育愿景与个人的日常行动相结合，有意识地培养学生对国家教育事业的责任感。我们鼓励学生将对家庭、教育和儿童的情感与责任结合起来，以此切实提高他们实践师德的能力。

3. 评估方法

通过结合过程评估和结果评估，我们将全面评价学生在师德认知、情感和能力方面的表现。在教学过程中，我们特别关注学生在价值澄清、个人叙事等课堂互动和个人作业中的表现，以此来诊断他们的师德认知和情感状态。同时，我们通过观察学生在案例分析和情境任务中的学习进展，来评估他们在师德认知和能力上的成长。

在期末考试中，我们设计了多种类型的题目，以全面考查学生的师德认知、情感和能力。题目类型包括判断题、简答题、论述题以及案例分析题等。

4. 课程特色

本课程致力于为幼儿教师的师德培养提供全面、专业的支持，成功地实现了课程思政目标与专业学习目标的统一。在课程教学内容上，我们确保了理论性与实践性的紧密结合，同时采用多样化的教学方法，这些方法都专门对师德学习进行了设计。

(三)课程负责人简介

冯婉桢，教育学博士，北京师范大学教育学部学前教育研究所(系)副教授，硕士生导师。她连续多年任教"幼儿教师专业规范与行为礼仪""学前教育学""中外学前论著导读""学前儿童美术教育"等本科与硕士课程，目前，她担任北京师范大学教育学部教学指导委员会委员与学前教育研究所副所长。她曾获评北京市优秀指导教师、北京市课程思政教学名师、北京师范大学彭年杰出青年教师奖等多项荣誉，出版了《幼儿教师专业规范与行为礼仪》《学前教育基础知识》《幼儿园教师职业道德》《中外学前论著导读》等教材，以及《完整的呵护：学前教师专业伦理研究》《与诤友对话——幼儿园教师师德案例读本》等专著。

二、课程育人目标

师德是幼儿教师专业素养的核心。本课程旨在通过全面融入课程思政，提升学习者的师德修养，以培养卓越的幼儿教师。课程目标明确，旨在提高幼儿教师的专业伦理敏感性、情绪调节能力、道德意志，并丰富其伦理实践策略。课程内容紧密结合国家政策、教育理论和实践需求，强调培养学生的责任感和"为国执教"的意识。

在教学方法上，课程实现了内容的渗透、主体的互动和载体的多元化，全面关注学生的师德表现。这不仅激发了学生的职业理想和信念，还将他们对家国、教育和儿童的情感与责任融合，有效提升了他们实践师德的能力，取得了显著的教学成效。

三、课程思政案例

案例1：幼儿教师专业规范的内涵与价值

1. 结合章节(知识点)

幼儿教师专业规范的内涵与价值。

2. 案例意义

该案例旨在探讨幼儿教师专业规范的双重价值。一方面，通过引导学生了解我国职业发展现状，课程旨在让学生思考职业专业化的意义、专业标准的要求，并认识到专业规范在提升专业质量中的关键作用。同时，课程鼓励学生主动遵守法律法规，积极实践社会主义核心价值观和公共道德准则。另一方面，课程通过让学生理解幼儿教育与社会的联系，以及幼儿教师职业的特点，来增强学生对幼儿教师工作专业性及其社会价值的认识，从而提升他们的专业认同感和奋斗精神，激发他们成为有理想信念、有道德情操、有扎实学识、有仁爱之心的"四有"好老师。

3. 案例描述

首先，课程通过问题引导学生探讨社会认可度高的职业，以及这些职业为何被视为专业。问题包括：哪些职业在社会中享有较高的认可度？这些职业满足哪些标准才被认定为专业？接着，课程理论讲解专业的四个标准、专业规范与职业道德规范的含义，强调专业规范包括服务理念、专业伦理、道德规范、知识与能力要求，以及程序和技术规范等。

其次，课程通过案例分析，以教师、医生和快递员等职业为例，探讨不同行业的职业规范及其对职业声誉的影响。理论讲解进一步阐述专业规范的价值，指出其在规范从业者行为、提升服务质量、维护专业权利和形象方面的作用，最终目的是增强从业者的职业幸福感。

最后，课程结合幼儿教师职业的现状，讨论幼儿教师专业规范的价值。通过材料分析，介绍幼儿教师职业的优势和劣势，并运用价值澄清法引导学生讨论个人职业选择和对职业道德的理解。

4. 教学效果

在课堂讨论中，学生普遍认同幼儿教师职业的专业性及其职业道德规范，并表现出坚守这些规范和维护幼儿教育专业价值的决心。起初，少数学生对幼儿教师的社会待遇表示担忧，但在理解到专业社会地位需要通过从业者的专业自律来维护后，这些学生变得更加积极。他们不仅承诺个人将遵守教师职业道德规范，还表示愿意发挥示范作用，鼓励同行自觉遵守职业道德规范。

案例 2：幼儿教师的社会责任

1. 结合章节(知识点)

幼儿教师的社会责任。

2. 案例意义

该案例专注于幼儿教师的社会责任，旨在提升学习者的责任意识，并教导他们如何从多方面承担社会责任。课程首先引导学生在了解国家社会发展的基础上，思考幼儿教育与社会发展的联系，并在幼儿园教育中积极实践社会主义核心价值观，致力于培养德才兼备的下一代。同时，鼓励学生将个人发展与幼儿及国家的未来紧密联系起来，主动承担起推动社会文化发展和创新的责任。此外，课程还强调法制教育的重要性，指导学生依法参与社会公共事务，确保专业工作与社会事务的合理合法结合。

3. 案例描述

本课程通过介绍《中国儿童发展报告》中的调查结果，分享儿童权利与福祉保障的社会现状，以此激发学生对儿童发展事业的关注，并增强他们承担社会责任的意识。通过讨论儿童在生存和生活中遇到的问题，课程引导学生全面关照儿童福祉。

通过理论分析，课程帮助学生理解教师的专业活动与社会发展之间的相互影响关系。教师在专业活动中应关心社会发展，主动解决社会问题，引领社会进步，这是专业人员应承担的社会责任。同时，教师应致力于不负习近平总书记对"四有"好老师的期待，激励学生树立积极的社会责任意识。

通过案例分析，课程教授学生如何在专业活动中关注和回应社会发展，并结合幼儿教育实践，指出教师在专业活动中承担社会责任的途径，提供幼儿园公民教育和传统文化教育的案例示范。

结合儿童福祉保护工作，课程引导学生认识到专业人员应在专业工作范围以外积极承担社会责任。对于幼儿教师而言，这意味着不仅要关心儿童在幼教机构中的生活与发展，还要关心他们在家庭和社会中的状况。

在面对幼教机构利益、专业利益与社会整体利益或长远利益的冲突时，幼儿教师应站在社会长远发展的立场上，正确处理利益矛盾，对社会负责。课程引导学生从社会整体利益出发，平衡专业活动与社会利益之间的关系，学会多角度、多途径地承担社会责任。

4. 教学效果

在学习过程中，学生展现出了强烈的社会责任感，并通过对多种案例的分析，进行了对自身责任履行方式的理性思考。他们掌握了在专业工作内外承担社会责任的方法和策略。结合当前幼儿教育实践中的传统文化教育和社会生活中的儿童福利保护，学生深刻理解了专业活动与社会发展之间的联系。许多学生还提出了具有创新性的社会参与计划和教育方案。

四、课程评价

本课程通过过程性考核与终结性考核相结合的方式进行评估。过程性考核侧重于学习者的参与度，包括学习时长、资源使用、教学互动、任务完成情况，以及对幼儿园教师职业道德的认同。终结性考核则在课程结束时通过考试、案例分析和论述等形式，评价学习者对职业道德的理解和应用，全面考查其道德知识和能力。

学生对课程给予了积极评价，许多学生反映课程坚定了他们的职业理想，并提高了他们的师德实践能力。课程也获得了教育界的广泛认可。2013年，教材被评为北京师范大学"十二五"规划建设教材。2022年，课程被评为课程思政示范项目，课程主讲人也被评为课程思政教学名师。2023年，课程被评为北京高校优质本科教案。

五、总结与思考

　　本课程依据师范生师德养成的规律，探索并构建了一个系统的课程思政模式，并围绕幼儿教师职业道德，形成了有影响力的教学和科研成果。未来，课程负责人将继续深化研究，在职前职后教师教育一体化和本硕教师教育一体化的背景下，进一步探索师德教育与课程思政的规律。

无体育，不教育——体育学类课程思政

一、课程概况

(一)课程信息

体育学类课程，包括"体育运动心理学""篮球""武术与强身避险"，分为体育专业教育课程类和全校通识必修课程两大类。

(二)课程简介

"体育运动心理学"课程

1. 课程内容

课程内容涵盖七个部分：绪论、体育活动中的目标定向与设置、体育活动的动力系统、体育活动与心理健康的关系、体育活动中的心理咨询与辅导、心理技能训练及体育比赛心理。

2. 教学方法

我们根据课程目标和章节内容，线上和线下联动，采用讲授、案例与视频分析、分组调研与讨论、主题分享等多种策略与方法。

3. 评估方法

评估方法包括考试成绩、作业完成情况、小组主题讨论与展示的表现以及课堂参与度。

4. 课程特色

本课程的特色体现在以下几个方面：首先，课程理念先进，实现了课程建设、人才培养和服务实践的"三位一体，互融互促"。其次，课程内容丰富，将理论与实践紧密结合，确保了内容的适用性、应用性和可操作性。最后，教学方法多样化，我们注重情境创设、协作学习、自主学习、讨论学习、问题导向学习、案例导向学习以及服务实践学习，以促进学生的全面发展。

"篮球"课程

1. 课程内容

本课程采用"线上＋线下"混合式教学模式。线上部分通过慕课课程提供七章教学内容，包括准备姿势与移动技术、接传球技术、运球技术、投篮技术、持球突破技术、篮板球技术以及身体素质练习。线下课程分为理论教学和实践教学两部分。理论部分涵盖篮球运动概述、技战术原理、教学和训练理论与方法、竞赛规则与裁判法。实践部分则包括专项体能、技术、战术和比赛四个模块。

2. 教学方法

我们根据课程目标和教学内容，线上、线下联运，以线上讲授线下实践为主，采用多种探究启发式教学策略与方法，如分组讨论、讲解示范、模仿体验、动作纠错、游戏竞赛、榜样示范、案例教学、分组教学、互评互教及第二课堂实践等，以实现课程目标和教学内容的深入理解。

3. 评估方法

本课程的考核将综合考虑考勤、课堂表现、作业、线上慕课考试、理论考试、教学素养考核、技能测评和比赛展示等多个方面。

4. 课程特色

本课程的特色体现在三个方面：首先，我们构建了篮球课程思政元素体系，展现了篮球课程育人的新视角。其次，内容全面，我们结合项目特点，将思政元素融入理论知识与技术、技能学习的具体教学环节，体现了思政元素的多元性和内容的丰富性。最后，我们通过建立多时空、多主体、多形式、多维度的"四位一体"评价体系，全面提升课程思政的育人效果。

"武术与强身避险"课程

1. 课程内容

本课程主要围绕中国武术的实用动作、散打、摔跤和擒拿技术，分为"中国武术之生活十用""中国武术之近身十战""中国武术之远身十战"三个部分，深入讲解中国武术的"远踢、近打、贴身摔"等技术。

2. 教学方法

我们结合线上慕课讲解和线下课堂指导，以及分组互动等多种方式。通过"线上预修带问题"和"线下实战促提高"的混合式教学策略，激发学生的学习主动性。

3. 评估方法

评估方法包括课堂表现的平时成绩和模拟情境下的技术能力展示。采用小组考核方式（2～6人一组），要求小组成员协作完成遇险情境的问题处理，解决争端，保护自己，同时帮助同伴。

4. 课程特色

本课程将文化教学全程融入，培养学生的礼仪规范。课程结合生活中的危困情景，教授避险策略和技术，培养学生临危不乱的策略思维、勇于担当和爱国尚武的精神。通过踢打摔拿的身体知觉体验，学生能够克服畏难和不安情绪。

(三)课程负责人简介

课程主要负责人

殷恒婵教授，体育与运动学院院长，博士生导师，享受国务院政府特殊津贴，是北京市高等学校教学名师、课程思政教学名师，国家级精品课程、国家级精品资源共享课"体育运动心理学"负责人、第一主讲人。她率先提出"无体育，不教育"育人理念，并率先开展"无体育，不教育——体育学类课程思政"项目建设等，受邀在全国体育领域最高层次会议、多所院校进行专题报告。

团队成员

李笋南，教授，博士生导师，北京市高等学校教学名师、课程思政教学名师，协助课程负责人组织开展学院体育课程思政建设研讨会，参与课程思政系列专家讲座培训及集体教研活动，负责"篮球"课程总体策划、设计与教学等。

屈国锋，教授，博士生导师，北京市高等学校教学名师、课程思政教学名师，"武术与强身避险"课程主创者及主讲教师，参与体育课程思政建设研讨会、系列专家讲座培训及集体教研活动。

宋湘勤，副教授，博士生导师，北京市课程思政教学名师，"体育运动心理学"课程的第二主讲人，参与体育运动心理学课程思政建设研讨，负责国家级精品资源共享课的线上维护与管理等。

胡惕，副教授，博士生导师，北京市高等学校青年教学名师、课程思政教学名师，参与"篮球"课程思政建设研讨，负责"篮球"课程教学设计、课程教学等。

杨献南，副教授，博士生导师，北京市课程思政教学名师，协助课程负责人开展体育课程思政建设研讨会、系列专家讲座培训及集体教研活动等，负责"篮球"课程思政案例建设等。

崔蕾，副教授，博士生导师，北京市课程思政教学名师，协助课程负责人开展体育课程思政建设研讨会、系列专家讲座培训及集体教研活动等，参与体育运动心理学课程思政建设研讨，负责国家级精品资源共享课的线上维护与管理等。

陈新萌，副教授，硕士生导师，北京市课程思政教学名师。参加"武术与强身避险"课程思政建设研讨，承担"武术与强身避险"课程的课堂教学。

二、课程育人目标

为了贯彻立德树人的根本任务，全面推进"三全育人"，并结合学校建设"综合性、研究型、教师教育领先的中国特色世界一流大学"的定位，我们率先提出了"无体育，不教育"的育人新理念，以体育精神引领人才培养，为学生强健体魄、完善人格、全面发展筑基，构建了"无体育，不教育——体育学类课程思政"建设体系。

我们结合体育专业本科人才培养的目标，深入挖掘课程中的体育文化、体育精神、体育品德和健康行为等思政元素。通过课上课下全方位的联动，我们将这些元素恰当地融入理论学习、实验操作、实践应用和实战演练的整个教育教学过程中。我们的目标是引导学生建立正确的健康观和科学的运动观，培养他们顽强拼搏、积极奋斗的精神，同时厚植他们的教育情怀和家国情怀，激励他们为提升全民健康而承担责任。

三、课程思政案例

我们以立德树人为根本任务，全面推进"三全育人"，结合新时代对人才的需求，充分发挥体育学科的功能，率先构建了体育学类课程思政建设体系。下面以理论学科课程"体育运动心理学"、技术学科课程"篮球"和"武术与强身避险"为例，进行详细介绍。

（一）教学团队以不同类型的体育课程为载体，深入挖掘课程中的思政元素，并将其适时融入理论、实验、实践、实战的各个环节。我们的目标是培养学生树立正确的健康观念和科学的运动观念，弘扬民族体育文化，促进学生掌握必要的知识和技能，养成良好的体育品德。

1. "体育运动心理学"课程

在《体育活动中的目标定向和目标设置》章节中，教师通过展示健康与不健康的行为习惯，引导学生将自己的不良习惯记录于健康评估卡片上。接着，教师指导学生思考如何改正这些习惯，以培养正确的健康观念和健康生活方式。此外，教师还引导学生使用健康目标卡片，通过"健康习惯评估－设置目标－目标达成评估－设置新目标"的循环过程，帮助他们逐步摆脱不良习惯，并在课后运用所学知识带动同伴和家人形成健康习惯。

在《体育比赛心理》章节中，教师通过分析经典案例，让学生理解不同心理状态对比赛表现的影响。在此基础上，教师鼓励学生以小组为单位，根据组员的参赛项目，制定应对各种比赛情况的心理对策库，并进行分享。教师对学生的汇报进行深入点评，引导学生形成"办法总比问题多"的积极思维，鼓励学生面对复杂比赛环境时能够沉着冷静、胸有成竹、敢打敢拼。

通过这些教学活动，教师不仅帮助学生树立健康观念，还培养了他们对提升全民健康责任感的认识，以及在体育比赛中的科学应对能力和积极心态。

2."篮球"课程

在行进间传接球技术教学中，教师课前指导学生准备器材、清洁地板并为加湿器注水，以维持室内适宜的湿度，预防地板打滑，同时培养学生的劳动意识和安全意识。课上，学生两人一组进行练习，教师指导他们在控制自身身体姿态的同时，观察同伴的技术动作，并及时指出同伴的问题。学生之间通过手势或语言积极沟通，这不仅有助于他们在轻松的氛围中掌握传接球技能，还能培养他们的交流能力、团队合作精神和责任感。

3."武术与强身避险"课程

在课程的开始，师生通过互行"抱拳礼"进行问候。教师随后指导学生观察并讨论"抱拳礼"的正确姿势，同时解释其文化意义：左掌掩右拳象征勇敢而不惹事，两臂屈拢代表谦虚和团结，左掌代表文，右拳代表武，整体意味着文武双全，尊敬师友。在行进间的练习中，教师纠正学生的动作，并强调"抱拳礼"的使用场合。在攻防练习环节，教师要求学生在开始前互施"抱拳礼"，并在击中对方后主动行"鞠躬礼"以示尊重，对方则根据情况回礼。课程结束时，师生再次互行"抱拳礼"，体现"以礼始以礼终"的原则，帮助学生在日常生活中正确运用礼仪，培养文化自信，传承优秀的民族文化。

（二）教学团队以学生的学习目标达成为导向，改革创新教育教学方法，通过问题导向的自主学习、情境模拟、实战实训等多种教学形式，培养学生树立正确的健康观念、科学的运动观念、学科精神和科学思维。同时，我们也注重培养学生的体育精神，包括努力拼搏、团结协作、责任担当、自信自强等品质。

1."体育运动心理学"课程

在《体育活动与心理健康》章节中，教师通过数据和案例分析，向学生阐释体育活动对心理健康的积极影响，并指出公众普遍存在的知行不一现象。接着，教师组织学生进行小组合作，要求他们在课后访谈不同人群，了解他们参与体育活动的现状及其对体育活动健康效益的看法，并撰写调研报告进行分享。通过讨论影响不同群体参与体育活动的因素，学生能够深入分析并归纳出共性和特殊性，进而思考如何鼓励各群体科学地参与体育活动，以提高他们的身心健康水平。

这些活动旨在培养学生正确的健康观和科学的运动观，促进他们的知识、信念和行为的统一，同时激发他们的学科精神和科学思维，鼓励他们为提升国民健康水平作出贡献。

2."篮球"课程

在进行实战教学比赛时，比分落后的一方通常容易情绪急躁，教师会观察学生的行为变化，及时帮助学生进行调节。教师首先引导学生正确看待比赛结果，强调比赛尚未结束，仍有逆转机会。接着，教师协助落后的学生分析原因，并根据学生的特点共同制定战术，使他们发挥自身优势并限制对手。这不仅提升了学生的战术意识和能力，还培养了他们正确对待胜负、情绪管理、团队合作、责任感和追求卓越的品质。

在裁判技能练习中，教师指导学生根据规则公正地执行裁判任务。若裁判出现误判，参赛学生应遵守规则，通过队长在适当时机礼貌地与裁判沟通。教师强调，所有学生都应避免粗鲁的语言和不当的行为，学会控制消极情绪。比赛结束后，无论胜负，双方都应感谢裁判并握手致意。这些做法旨在培养学生的公平竞争、团结友爱和礼仪意识，同时鼓励他们将这些体育道德应用到日常生活和学习中。

3."武术与强身避险"课程

在教授"冲拳"、"弹踢"和"别腿摔"等基础动作时，教师采用多样化的练习方式，如空击、打踢靶、双人配合和情景模拟，以增加训练的趣味性并提升学生的技术和体能，同时磨练他们的意志品质。在"冲拳"教学中，学生首先进行徒手空击练习，掌握基本动作要领，然后通过与对手和靶子的互动，学习如何控制与对手的距离和出击时机，沉浸在目标锁定和打击的乐趣中。教师还通过模拟日常生活中可能遇到的情景，如突然被触碰，引导学生练习躲闪和快速反击，提高他们的实战反应能力。

通过这些多变的练习方式，学生能够全心投入到基础技术动作的练习中，不仅掌握了正确的动作方法、提高了攻防效果，还锻炼了健康的体魄，并培养了吃苦耐劳、坚毅果敢和坚忍不拔的品质。

(三)教学团队创新适合当代大学生的信息化教学模式，结合不同课程的思政元素，研发了各类课程的特色资源集群，不仅使学生圆满地完成学习任务，还实现了优质资源的共享，且受益群体广泛。

1."体育运动心理学"课程

作为国家级精品课程，"体育运动心理学"率先构建了一个立体化、全方位的"虚拟学习环境＋分层资源共享＋个性推送"平台，打破了时间和空间的限制。该平台集成了作业提交、实时与延时交流、测验、问卷调查、互动评价等多种功能。自 2013 年被批准为国家级精品资源共享课以来，2014 年在爱课程平台上线，吸引了约 2 万名注册学习者。

2."篮球"课程

作为首批国家级线上线下混合式一流本科课程，"篮球"通过应用

"MOOC＋翻转课堂"教学模式，实现线上线下、课上课下联动，将团结协作、责任担当、公平竞争、尊重对手等思政元素适切地融入篮球教学全过程，提升篮球知识和技能的学习效果。2018年"篮球——基本技术"在学堂在线与中国大学MOOC平台上线，实现了大规模在线开放和实时互动，使学生不受时空限制，随时随地、有选择、有目的地进行学习。课程通过提问、讨论与答疑、测验与作业、理论与实践考试、课程评价等多个功能板块，实现了教学资源的精品化、教学过程的个性化，充分满足了学生的学习需求。课程自上线至今报名学习人数达15万，育人成效显著，受益群体覆盖面大，社会影响广泛。

3."武术与强身避险"课程

本课程利用网络信息化教育手段，将具有代表性的武术技巧、文化内涵、实用的强身避险技巧，以及贴近生活的礼仪规范等民族传统文化，制作成在线课程。这些内容以视频形式呈现，便于学生随时、随地学习。学生通过观看视频、跟随练习、习题巩固、在线答疑和考题测试，实现了学习模仿、强化训练、反思提高，从而掌握了避险技能，强健了体魄。

自2018年课程在学堂在线和中国大学MOOC平台上线以来，已有超过3万人报名学习。2019年，课程还登上了学习强国平台，播放量超过300万次，获得了10万余次点赞，有效扩大了优质课程资源的覆盖面。

四、课程评价

在"无体育，不教育"的教育理念指导下，我们的体育学类课程采用了过程评价与结果评价相结合的评价体系，强调评价内容与课程思政元素的紧密联系。课程负责人带领团队致力于体育学类课程思政体系的建设，通过举办体育类课程思政研讨会、系列专家讲座以及专题培训等活动，提升了教师的体育意识和能力，激发了学生提升全民族身体素质的责任感和使命感。

我们提出的"无体育，不教育"的育人理念在全国范围内引领体育学类课程思政的建设与发展。课程负责人在全国体育领域的高层次会议上，如"中国高等教育学会体育专业委员会第八届会员代表大会暨2020年高等院校体育专业教学工作研讨会"和"第十八届全国高等院校体育院系院长系主任研讨会"等，作了专题报告，分享了经验和成果。这些成果得到了中共北京市委教育工作委员会、北京市教育委员会的认可，授课团队也被授予教学名师和教学团队(2022)等荣誉。

五、总结与思考

为了进一步加强"无体育，不教育——体育学类课程思政"体系建设，我们将紧密结合体育教育、运动训练专业人才培养的实际需求，落实立德树人根本任务，在现有课程思政建设的基础上，加大力度推动其他体育学类课程思政的建设和完善。

我们计划组织编写适用于体育专业本科、研究生及公共体育课程的系列教学案例，即"无体育，不教育——体育学类课程思政"教学案例集。

唐诗选读

一、课程概况

(一)课程信息

"唐诗选读"是一门面向本科一年级学生开设的通识课,共计 36 学时,2 学分。针对不同群体,教学团队采取了差异化的教学策略以增强课程的思政内涵:(1)面对汉语言文学专业的学生,教学团队以专业基础课程为核心,辅以专业选修课程和第二课堂实践教学。(2)对于非中文专业的学生,教学团队以公共选修课程为主,结合传统文化和古典文学专题讲座,加强公共基础课程的思政元素。(3)对于社会大众,教学团队以教育部的精品视频公开课"唐宋八大家的人生与艺术"为核心,辅以央视《百家讲坛》和《中国诗词大会》等传统文化普及资源,持续提升这些课程和资源的思政价值。

(二)课程简介

1. 课程内容

教学团队紧密围绕"唐诗原典解读"这一核心,致力于引导学生构建完善的唐代文化思想知识体系，并加深对唐代经典诗歌理论的理解。团队成员不仅各有专长，而且团结协作，频繁交流，通过多次课程研讨会确定了唐诗讲解的五个方面：第一，疏通字词，确保学生对诗歌文本的理解；第二，串讲内容，帮助学生把握诗歌的主旨和情感；第三，分析诗歌的形式，包括诗体、声律、句法和修辞技巧；第四，进行价值判断，评估诗歌的艺术成就和在文学史上的地位；第五，进行文化引申，将诗歌与历史资料相互印证，或与其他艺术形式如绘画、音乐进行比较，以拓宽学生的视野。

2. 教学方法

为了提升学生的创新实践能力和自主学习能力，我们采用多种现代教学媒介，提供系统的研修资源。同时，通过开展教学研讨，我们不仅拓宽了学生的视野，还激发了他们的思维灵感，为培养创新能力奠定了基础。此外，我们积极探索"第二课堂"实践教学的重要性，通过创办古代文学实践教学研修社团、组织师生赴唐代文化遗迹遗存开展文化考察、举办唐宋文学读书会、创建"京师文会""章黄国学"等具有影响力的微信学术平台等方式，加强与学生的课后交流互动。

3. 评估方法

(1)期中论文：要求学生以任意一篇唐诗为研究对象，撰写一篇约3000字的论文，论文可以是鉴赏性的，可以是考证性的，可以是论述性的，这项作业占总成绩的40％；(2)期末考试：包括知识题、简答题、论述题，知识题和简答题侧重考查学生对古典诗歌和古代文化的基础知识的掌握，而论述题则侧重考查学生对诗歌鉴赏方法的掌握与运用，期末考试的成绩占总成绩的60％。

4. 课程特色

(1)本课程致力于将"课程思政"与"文化传承"相融合，将社会主义核心价值观和中华优秀传统文化教育贯穿于教学的各个环节。(2)我们构建了一个"一体多面"的教学体系，团队成员虽然各自拥有不同的学术背景和讲授风格，但都遵循统一的教学大纲，确保教学内容的连贯性和一致性。(3)我们采用"知人论世"的研究方法，通过讲解著名诗人的价值追求和家国情怀，旨在培养学生的理想信念和人文关怀。(4)我们强调"语言为本"的讲解策略，引导学生深入理解诗歌的内涵和作者的情感，同时准确感受唐诗的语言魅力。(5)我们探索了"内外结合"的教学模式，教学团队结合课上教学和课下自学，利用线上优质资源进行教学改革，以有效提升学生的文本解读能力和学术思维水平。

(三)课程教学团队简介

康震，主持制订教学计划和课程大纲，统筹教学团队，承担 2015 年、2016 年、2017 年、2020 年、2023 年秋季学期"唐诗选读"课程的教学工作。作为中组部"万人计划"教学名师和教育部"长江学者"特聘教授，康震教授先后获得国家级教学成果奖、北京市教育教学成果奖、北京市宣传思想文化系统"四个一批"人才、霍英东教育基金会高等院校教育教学奖，并组建北京高校优秀本科育人团队(中国古代文学)。

马东瑶，参与制订教学计划、课程大纲，统筹教学人员。马东瑶教授先后获北京市高校教学名师奖、宝钢优秀教师奖、北京市高校优秀本科毕业论文指导教师奖，以及 2018 年和 2021 年的国家教学成果奖和北京市教学成果奖多项。

周剑之，参与制订教学计划、课程大纲，统筹教学人员。周剑之教授先后获得北京市高等教育教学成果奖，以及仲英青年学者、北京师范大学优秀新生导师等荣誉。

谢琰，承担 2018 年、2019 年、2021 年、2022 年秋季学期汉语言文学专业"唐诗选读"课程教师，并组织唐宋文学读书会。谢琰教授先后获得国家教学成果奖、北京市高等教育教学成果奖、北京市高校优秀本科毕业论文指导教师奖，以及北京师范大学"最受本科生欢迎的十佳教师"称号。

颜子楠，在 2018 年、2019 年、2020 年、2021 年、2022 年秋季学期负责文学院留学生、人文大类、辅修"唐诗选读"课程。颜子楠教授先后获得北京市高等教育教学成果奖、北京师范大学高等教育教学成果奖。

吴沂澐，在 2018 年、2020 年、2021 年、2022 年秋季学期负责人文大类、辅修、文学院留学生的课程，曾获北京师范大学高等教育教学成果奖。

余丹，在 2023 年秋季学期负责辅修和全校公选的"唐诗选读"课程，是第五届中华经典诵写讲大赛"诗教中国"诗词讲解大赛一等奖指导教师。

二、课程育人目标

本课程致力于传承中华文脉和弘扬社会主义核心价值观，将价值塑造、知识传授和能力培养紧密结合，积极贯彻"学为人师，行为世范"的校训和"弘文励教、镕古铸今"的院训。唐朝作为中国古代的盛世王朝，其诗歌不仅是中华文明和中国诗歌的典范，也是中华民族现代文明的重要思想和美学资源。通过学习"唐诗选读"，学生将树立正确的人生价值观，增强文化自信和爱国热情，提升阅读、思考、写作和传播等学术能力，并掌握唐诗研究的基础知识、方法和规律，为推动中华优秀传统文化的创造性转化和创新性发展打下坚实基础。

我们强调将思政教育、学术教育和文化教育相结合：通过讲授古代文学专业知识，提升学生的科学素养和学术能力；通过介绍中华优秀传统文化，培养学生的人文素养和家国情怀；将社会主义核心价值观和中华优秀传统文化教育融入专业课程的整个教学过程中。

在人才培养的过程中，我们力图实现家国情怀的培养、道德修养和文化素养的提升，培养出既了解中国又热爱中国的中华文化传承者和创新者。

三、课程思政案例

案例：唐诗的家国情怀、唐诗的史诗意识、唐诗的盛世梦想

1. 案例意义

在深入学习党的二十大精神的基础上，本课程充分挖掘中国古代文学课程的价值内涵，将对古代优秀作家、经典文本的分析阐释与当代青年理想信念、价值理念、道德观念的塑造相结合，旨在引导大学生培育正确的价值观、历史观和文化观，并坚定文化自信。通过理论创新和教学实践，课程旨在推动传统文化的创造性转化与创新性发展，为中国梦的实现提供精神动力，同时使传统文化更深入地融入学生日常生活，从而增强其影响力、吸引力。

2. 案例描述

唐诗中蕴含着丰富的家国情怀，诗人们通过诗歌表达了对国家命运、人文精神和个人情感的深切关怀。在唐代，国家的命运与个人的命运紧密相连。在和平时期，诗人们赞美祖国的壮丽山河和辉煌历史，以及个人的幸福和成功。当国家面临危机时，他们则反思国家的命运和历史的选择，表达自己对国家的忠诚和献身精神，将个人的命运与国家的兴衰紧密相连。唐代诗人还表现出对人民的深切同情，尤其是对贫困人民的关怀。杜甫的《茅屋为秋风所破歌》便是一个典型例子，诗人在风雨交加的夜晚，自己的

茅屋被风吹破，却仍然关心着天下寒士的冷暖，发出了"安得广厦千万间，大庇天下寒士俱欢颜"的呼声。

唐代诗人对家国的热爱也体现在他们对现实生活的积极参与。他们热爱生活，关注生活中的美，创作了许多深情的诗篇。爱情、友情、亲情是唐诗中的重要主题，展现了唐人丰富的情感世界。例如，"得成比目何辞死，愿作鸳鸯不羡仙"表达了对忠贞爱情的赞美；"海内存知己，天涯若比邻"则传达了面对离别的豁达和对未来的勇敢；"慈母手中线，游子身上衣"则以其贴近生活的真实细节，感动了无数读者。

唐诗不仅是文学的瑰宝，也是历史的见证。诗人们全面记录了唐代的历史，特别关注重大时代主题和关键历史时刻。杜甫的诗歌被誉为"诗史"，因为它们能够补充史书的不足，从普通人的视角深入现实生活，提供史书难以触及的细节。同时，这些诗歌充满了情感，使历史中的人物能够表达对时代的真切感受。唐诗成为我们了解和反思历史的重要媒介，帮助我们总结经验教训，更好地理解自己的时代。

唐代诗人在诗歌中对历史的深刻思考也值得学习。咏史题材在唐代得到了发展，产生了如杜甫的《蜀相》、刘禹锡的《西塞山怀古》和《乌衣巷》、李商隐的《随师东》和《北齐二首》、罗隐的《筹笔驿》等优秀作品。诗人们通过回顾、比较、议论和讽刺，对历史的得失进行反思和批评，展现了他们的历史理性精神。

中国是诗的国度，大唐盛世更是诗歌发展的高峰。通过学习唐诗，我们可以窥见那个伟大时代的人文精神和审美特点，以及知识分子的精神品格和时代理想。李白的"大鹏一日同风起，扶摇直上九万里"和杜甫的"致君尧舜上，再使风俗淳"都反映了他们的盛世梦想。今天，实现中华民族的伟大复兴是我们的盛世梦想。阅读和学习唐代诗歌，走进古代诗人的精神世界，对我们反思历史、凝练和汇聚当代精神力量具有重要的启示作用。

3. 教学效果

授课人不断对授课方式进行调整，在不断优化课程结构和内容的同时，积极引入现代教学技术，努力探索更加亲切、更具趣味性的讲课方式，充分发挥了古代文学课程的育人功能，增强了课程思政的吸引力。

4. 课程特色

授课人从古代优秀作家的价值追求、家国情怀，讲到当代青年的理想信念、从文关怀；从古代经典文本的生成，讲到当代文学的创新；既讲专业知识，也讲做人道理；既指导学生精读文字、夯实学科基础，也鼓励学生关注社会、勇于创新，真正将思想道德教育、文化知识教育融入课堂教学全过程。

四、课程评价

自推出以来，本课程获得了校内外师生的高度评价。外校专家认为，课程成功地融合了人文精神与科学实证，培养了学生对中华文化遗产的情感与兴趣，并引导他们以现代视角思考古代文学，挖掘古典作品中的美学与文化价值。学生反馈显示，课程不仅让他们领略到唐诗之美，还帮助他们理解历史发展的脉络，而非单向灌输知识，使他们对唐诗有了系统的认识，并将历史地理与文学创作及其内涵紧密结合。

本课程在 2016 年被认定为"北京师范大学本科教改示范课"，并在 2022 年荣获"北京师范大学课程思政建设优秀课"称号。教学团队编写的《中国古代文学史》《中国古代文学作品选》《唐诗三百首导读及注释》等教材，已被全国多所高校采用。此外，团队还参与制作了央视的《中国诗词大会》《经典咏流传》《诗画中国》等文化节目，并在中华书局、人民文学出版社、中信出版社等出版了多部学术普及作品，在《人民日报》《光明日报》《中国社会科学报》等报刊发表了多篇普及文章，均获得了积极的社会反响。

五、总结与思考

教学团队以唐诗原典解读为核心，致力于引导学生构建完整的唐代文化思想知识体系，并深化对唐代经典诗歌的理解。借助"唐诗选读"课程的建设，团队已开发并开设了 10 余门唐宋文学研究课程。在教学过程中，团队坚持德育为先，培养学生正确的国家观、民族观、历史观和文化观，将社会主义核心价值观与中华优秀传统文化教育融入教学的每一个环节。

团队将继续丰富学科的思政内容，开发和完善高年级本科生及研究生的专业核心课程。同时，深化以原典为核心的多层面、多维度、多媒介的中国古代文学开放式教育教学体系，并探索"第二课堂"的实践教学功能。目前，课程在内容组织、引申发散和 PPT 重点呈现等方面存在一些问题。教学团队将根据学生和同行的反馈，不断优化课程结构与内容，调整授课方式，并积极采用现代教学技术，探索更加生动有趣的教学方法，以更好地实现课程的思政目标，发挥古代文学在育人方面的作用。

民间文学概论

一、课程概况

(一)课程信息

"民间文学概论"是中国语言文学一级学科专业教育课程,面向汉语言文学专业一、二年级学生开设,共计 32 学时,2 学分。

(二)课程简介

1. 课程内容

该课程是北京师范大学文学院的传统优势课程,已有超过五十年的历史。课程内容涵盖民间文学的基本概念、范畴及其在文化中的地位,探讨其与作家文学和其他学科的联系,分析传承人的类型和作用,以及归纳和运用搜集、记录和整理民间文学的方法。此外,课程还涉及主要的民间文学类型,包括神话、史诗、传说、故事、歌谣、谚语、谜语、说唱、小戏等,以及它们的文类特点和经典文本解读。

课程将田野工作视为民间文学教学的重要环节,致力于构建和实施田野教学模式，强调民间文学的人民主体性，践行习近平总书记提倡的"以人民为中心"的文艺精神。课程内容突出本土文化特色，旨在增强同学们的文化自信逐步建立立足于民间的文学立场。

2. 教学方法

本课程将系统的学科理论与民间文学实践紧密结合，采用课堂讲授与实训教学相结合的方式，以民间文学的田野调查为基础，课程的核心目标是提升学生运用规范的民间文学田野范式收集、整理、分析和保护民间口头传统的能力。这为同学们独自进入田野开展调研奠定了坚实的理论和实践基础。

3. 评估方法

本课程创立了生态化的学习评价体系，采取师生自评、学生互评和教师考评相结合的方式。评估的具体方法是撰写调查报告等。在评价过程中，我们不仅关注学生对基本理论的掌握，还重视他们运用民间文学理论分析问题和解决问题的能力，同时，也注重评估学生的兴趣爱好、自信心、学习态度、学习过程中的幸福感等隐性指标。

4. 课程特色

在课堂和田野调查中，采用丰富多样的现代化数字媒体教学工具来展示和解释不同地区、不同民族的民间文学内涵及其社会意义。这样的教学方式将贴近生活、创新性的教学内容与生动的视听语言相结合，从而突出民间文学学科教学的方法和特色。同时，这种教学模式也强化了师生之间的合作与互动，提升了教学效果。

(三)课程教学团队简介

任课教师万建中，北京师范大学文学院教授。授课过程中着重强调民间文学文本所蕴含的社会主义核心价值观，并致力于传承和弘扬民族民间的优秀文化传统，充分展现民间文学的教育价值。已独立培养 38 位博士，42 位硕士，讲授"民间文学概论"20 余学年，积累了丰富的教学经验，教学成果显著。因其杰出的教学贡献，荣获了 2018 年度北京师范大学教学名师称号、2019 年度"宝钢优秀教师奖"以及第二届北京师范大学"四有"好老师金质奖章。

唐璐璐副教授负责指导学生开展田野实习。

二、课程育人目标

北京师范大学的民间文学学科拥有辉煌的历史。1949 年，中国民间文学学科的创始人钟敬文先生在北京师范大学首次将民间文学纳入大学课程。继承这一传统，教学团队致力于创新教学理念，将田野调查作为"民间文学概论"课程的重要部分，强调文学和思想道德教育的结合，突出当地人在田野作业中的主体地位。

民间文学无处不在，同学们对身边的民间文学也颇为熟悉，这为调查研究提供了便利。通过展示各自家乡的民间文学，学生们不仅能够展示演述技能，还能促进交流，丰富知识，增进理解和情感认同。此外，我们利用北京郊区的田野教学资源，将课堂延伸至乡村和社区，让学生深入民间，参与民间文学活动，理解民众的情感和价值观，培养田野调查能力和解决问题的能力。

民间文学蕴含着中华民族丰富的思想道德和传统文化，是人们喜闻乐见的文学形式。在田野教学中，我们强调增强学生的人文情感，激发他们对民众审美生活的兴趣，培养对家乡文化的认同和热爱，从而增强他们的文化自信和爱国情怀。

三、课程思政案例

案例 1：在传说中的女娲故里开展田野教学

1. 结合章节（知识点）

传说是关于历史的叙事。

2. 案例意义

女娲传说深受地方文化的影响，与当地的女娲信仰紧密相连。要真正理解这些传说的传播和记忆方式，必须到传说的发源地进行实地考察。只有如此，才能揭示女娲传说的流传之谜。因此，在女娲的故乡讲授这一课程内容是最合适不过的。河北省涉县不仅是女娲的故里，也是革命的摇篮，当地人继承了女娲补天的精神，勇敢地投身于革命战争。通过调查女娲传说，我们可以将传统教育与革命历史教育相结合，引导学生探索两者之间的联系。

3. 案例描述

田野教学点设在了河北省涉县，这里是传说中的女娲故里，流传着丰富的女娲故事，并保留有许多革命遗迹。同学们调查了沙河村和磨池村两个村落，采用座谈会和自由访谈的方式。在娲皇宫，听取了专业导游的讲解，而在村庄里，则由村委会干部或文化传承人介绍情况。学生也分组行动，就感兴趣的话题采访村民和游客，记录村庄生活，寻找古迹，转录碑文，深入体验民间传说的魅力。

磨池村据说是伏羲和女娲滚磨成亲的地方，因此得名。同学们受到了村书记石麦平等人的热情接待，并了解到村中有多处与女娲有关的传说遗迹，以及影视作品的取景地。在采访老党员石火牛时，得知村名的另一种由来，即村民在凿井时发现了一对石磨。此外，还参观了涉县的八路军一二九师纪念馆，这里安葬着多位革命先辈。通过讲解员的解说，同学们了解到战争背后的根据地建设同样重要，这加深了他们对中国共产党救国信念的认识。

4. 教学效果

在这次调查中，访谈了 70 余人，录制了约 100 小时的女娲传说音像资料。同学们不仅对女娲传说有了深刻的体会，还提升了田野调查技能，增强了协作和集体意识。在感受女娲传说的魅力的同时，也接受了革命思想的洗礼。女娲的创世故事与革命先烈的牺牲精神在这片土地上交织，展现了信仰的力量。这次田野实践不仅增强了同学们的专业知识和技能，也激发了他们的使命感和学习热情。

案例 2：在田野实践中发挥学生的主体作用

1. 结合章节(知识点)

传说的社会功能。

2. 案例意义

本次田野调查的重点是大运河沿线(清河段)的民间文学类非物质文化遗产资源。团队分为五个小组，分别对清河地区的大运河相关故事与传说、武植与武松的故事与传说、滕小圣的故事与信仰、清河乱弹等进行了深入考察。调查旨在锻炼学生在实地中的应变能力，并使他们深刻理解民间文学在当代社会中的生存状态，以及其背后所涉及的复杂社会因素。

3. 案例描述

2023 年 7 月 5 日到 11 日，民间文学田野教学实践团队在河北省清河县进行了为期一周的调查。团队由带队教师唐璐璐、助教陈亚琼和吴佩芸以及 18 名本科生组成。在前往清河县之前，团队已经通过查阅文献资料，对调查对象有了基本的了解。

发现传说是建构出来的

在调查期间，团队先后访问了武植祠、武松公园、黄金庄（"老潘家"所在地）、王什庄（武松故事的讲述地）以及清河县县志办等地。最初，目的是收集民间文学文本，但在实地考察中遇到了一些问题。例如，受访者对武松故事的了解大多局限于《水浒传》的记载，且对于武松的故乡所在地意见不一。同时，对于武植的叙述，几乎所有受访者都与武氏后人的说法高度一致。

同学们不禁疑问：武植祠中武氏后人的叙述是否仅源于民间传说？这些"传说"是如何形成、何时形成，并且为何会有如此大的影响力？带着这些问题，联系了当地县志办，并发现当地流行的"武大郎"传说主要在 20 世纪 90 年代形成，而且与当地的文化产业和城市形象塑造紧密相关。

感受当地人的感受

由四人组成的清河乱弹调研小组在清河县西张宽村的赵立江文化大院及其周边地区进行了田野调查。在这一过程中，同学们体会到了这片土地丰富的历史文化底蕴，以及在现代化影响下所面临的发展挑战。

通过追溯乱弹协会的历史，同学们了解到清河县的乱弹艺术曾因历史的波折而濒临失传。2006 年，退休的赵立江四处寻访能唱乱弹的老艺人，向威县的乱弹老师学习，并培养了新一代的演唱员，这才有了今天的清河乱弹协会。通过与这些老艺人的对话，得知协会不仅保留了乱弹艺术，还融合了河北梆子、豫剧、吕剧、柳琴、扭秧歌等多种民间艺术形式，同时在与官方的互动中参与各类活动，不断发展壮大。

调查就是与当地人交朋友

为了深入了解清河水神滕小圣传说的起源、历史传承和现代传播，小组成员访问了滕蒿林村的元侯祠，并采访了元侯祠管委会会长滕殿卿等人士。聆听了他们心中滕小圣的故事，了解了管委会的组织结构和工作状况，以及滕殿卿祖父搜寻小圣故事和修订家谱的传奇经历。此外，还结识了一位聪明好学的小朋友滕训轩，通过他八岁和九岁时在庙会上讲述故事的经历，探索了小圣传说在当代的传承情况。在与《滕小圣的故事》作者靳志华先生的交流中，同学们感受到了他在搜集和整理民间传说方面的不懈努力，并意识到了民间故事书面化与口头传播逐渐减少的趋势。

4. 教学效果

在短短几天的调查中，清河乱弹在同学们心中从一项被标记为"县级非物质文化遗产"的静态文化，转变为一个由生动人物和事件构成的动态文化景观。在有限的时间内，同学们努力与这片土地和人民建立联系，去感受、理解和思考，探索其中蕴含的深层意义，这正是田野调查的魅力所在。乱弹艺术是当地人生活的一部分，同学们深刻感受到，保护这种民间艺术，就是保护他们的生活方式。

尽管在田野调查中遇到了一些波折和遗憾，但每个成员都收获颇丰，田野调查能力和问题意识得到了显著提升。通过追踪滕小圣从神童到水神的生平事迹，不仅了解了一个神奇而悲壮的传说，而且结识了许多生动的故事讲述者和记录者。在他们的友好帮助和热情支持下，同学们走进了传说的遗迹现场和当前传播场域，共同见证了一个地方传说信仰的形成和扩散过程。

四、课程评价

田野教学因其实践性受到同行的高度评价，并在每次评审中均获得优秀评定。以"民间文学概论"为核心，相关课程和教材在社会上产生了广泛影响。"民俗学"课程荣获国家级精品课程，并在 2016 年被认定为首批"国家级精品资源共享课"。《民间文学引论》教材于 2007 年被评为国家级"十一五"规划教材，2008 年被选为"北京市高等教育精品教材"，并被河南大学、广西师范大学、浙江师范大学、山西大学等多所大学采用。此外，"民间文学课程"建设项目被列为"北京师范大学教学建设与改革项目"（2010.1—2012.12），并在 2010 年被评为学校精品课程。"民间文学教学的田野范式与实践"于 2020 年纳入北京市高等教育"本科教学改革创新项目"。2022 年，该课程被评为北京师范大学"课程思政建设优秀课程"。

田野实践主要在校园内开展，涵盖高校校园内的民间口头文学，如传说、逸事、流行语等，其成果作为课程期中考核的依据，这种做法已持续近 10 年。近年来，田野教学也以专业实习的形式进行，取得了良好的教学效果，部分学生在参与田野实践后选择报考民间文学专业研究生。

在配套成果的应用方面，"民间文学概论"视频教程被列为 YOUKU 精品大学课程，并在北京师范大学网络教育平台及理想视频教程网上提供。这些资源的运用进一步丰富了民间文学的教学内容和形式。

五、总结与思考

民间文学学科的核心学术方法是田野作业，这一方法从始至终贯穿于民间文学的教学之中。提升同学们在田野作业方面的理论和实践能力，是推动民间文学专业教学改革的关键。民间文学课程教学团队总结自身半个多世纪的教学经验，并借鉴其他高校的成功案例，形成了具有特色的田野教学模式和先进的教学理念。田野作业教学不仅促进了课程改革，也给予民间文学属于人民的新时代地位，重新确立了中国式现代化民间文学的发展趋向。

在此基础上，重点推进以下三个方面的建设：第一，在京津冀地区建立更多的民间文学田野教学基地，开辟专业学习与思想教育的双向通道。第二，充分利用民间师资力量，邀请民间文学传承人进入课堂，通过他们的言传身教，让同学们体验到投身民间文学事业的崇高精神。第三，从丰富的民间文学中筛选出具有思想教育意义的素材，编辑成专题课件，如红色故事和体现社会主义核心价值观的文本，进行集中展示，从而展开文学和思想道德两个维度构建分析和讲解的图式。

中国文学海外传播研究

一、课程概况

(一)课程信息

"中国文学海外传播研究"是比较文学与世界文学专业的研究生的必修课程,共计 36 学时,2 学分。

(二)课程简介

1. 课程内容

本课程于 2015 年开设,旨在梳理中国文学海外传播的成果,总结中国文学传播的经验与教训,为中国文学海外传播实践提供咨询和建议,并引导学生在该领域进行初步的学术实践。"青年兴则国家兴,青年强则国家强。"课程核心关注点在于弘扬主旋律,传播正能量,彰显文化自信,培养出有理想、有本领、有担当的青年一代。

中国文学的海外传播跨越了语言、文化、地域和民族界限,彰显了中国文学的独特审美价值、艺术成就和人文精神。同时,作为中国文化的重要组成部分，中国文学在推动人类文明的交流与互鉴、构建人类命运共同体方面，贡献了丰富的中国经验、中国审美观念、中国智慧和中国精神资源。我们通过唤起当代大学生对中国优秀作家和作品在海外的翻译和接受情况的好奇心，激发他们推动中国文学走出去的兴趣，从而深入地了解和热爱自己的国家、民族、历史和文化遗产，建立起强大的文化自信。

2. 教学方法

本课程的教学安排主要包括两个环节：一是"课堂讲授"环节，以讲授知识为主；二是"实践教学"环节，这个环节旨在通过学术调研报告写作训练，提升学生的实践能力。学生将按照学术会议的模式，独立或者分组展示专题调研项目。每一场展示都有两名学生评议人参与，在学生展示和点评之后，主讲教师进行专门的点评和总结。本课程致力于探索创新课程思政的建设模式和方法，经过数年来的总结和反复调整，我们有意识地将课程思政理念融入专业学习、理论探索中，构建了一个成熟的课程体系。

3. 评估方法

考核内容分为课堂展示、读书报告和期末论文三个部分，重点考核学生运用相关理论解决传播实践问题的能力。课程对研究生学术道德和行为规范也有明确的要求。

4. 课程特色

本课程致力于培养既掌握中国文学海外传播研究基本理论和方法，也有从事中国文学海外传播热情的专门人才。课程在内容设置和评估环节均坚持理论性和实践性相统一。在育人目标上，本课程着眼于向世界讲述中国经验和中国故事，在中外文学比较的双向视野中培养学生对中国经典文学作品和优秀作家的认同感。

(三)课程负责人简介

姚建彬,北京师范大学文学院教授,研究领域包括中西比较文学、欧美文学、西方马克思主义、乌托邦文学与乌托邦思想史、中国文学海外传播研究等。在学术界,姚教授担任了多项职务,包括《励耘学刊》(文学卷)、《今日世界文学》、《比较文学和世界文学》(*Comparative Literature and World Literature*)等杂志的编委,中国比较文学学会理事,中国比较文学学会教学研究分会副理事长兼秘书长,中国高等教育学会外国文学专业委员会常务理事,北京市文艺学会副会长,北京市写作学会副会长,以及"中国文学海外发展年度报告"首席专家等。姚教授曾多次赴新加坡新跃大学、香港浸会大学短期讲学,并于 2016—2019 年担任美国塔夫茨大学孔子学院中方院长。自 2010 年至今,姚建彬一直活跃在中国文学海外传播研究与实践领域。

二、课程育人目标

本课程旨在培养学生基于中国文学海外传播实践开展理论探索、进行理论概括的能力,真正实现理论与实际的紧密结合。本课程不仅注重基础理论研究,也强调与时代需求、国家文化战略同频共振。课程鼓励学生从促进人类文明交流互鉴和构建人类命运共同体的高度观察、分析中国文学的海外传播,尤其是中国当代文学的海外传播实践。

此外,本课程致力于培养学生在全球文化交流中的大视野、大格局,使学生具有胸怀天下,自觉向海外世界传播中国文学、文化,讲好中国故事的意识、能力和使命担当。在教学过程中,我们将中外的比较与对照贯穿始终，以增强学生对中国文学海外传播重要性、挑战性、长期性的认识，从而培养他们学以报国、学以济世的责任感和使命感。

三、课程思政案例

案例1：中国当代文学海外传播口述史研究的内容、思路和方法

1. 结合章节(知识点)

第一讲《关于中国文学海外传播研究的几个问题》中的第四个专题《中国文学海外传播研究的方法论》、第五个专题《中国文学海外传播研究的具体方法》，以及第四讲《中国文学海外传播研究的主体研究》。

2. 案例意义

本案例属于"中国文学海外传播研究"这门课程中"理论与方法"模块的一部分，通过分析和探讨中国当代文学海外传播口述史研究的内容、思路和方法，我们将为中国当代文学海外传播口述史确定主要的研究对象、研究方法、研究范围、工作思路和研究方案。这将帮助学生认识到中国当代文学海外传播口述史研究的学术价值和时代意义，激发他们的文化自信，并为推动人类文明交流与互鉴、构建人类命运共同体贡献积极的力量。

3. 案例描述

(1)环节一：创设情境，任务引入。

本环节将明确"口述史""口述史研究""中国当代文学海外传播""中国当代文学海外传播口述史研究"等重要概念，我们将概述中国当代文学海外传播口述史研究的对象、范围和意义，为后续研究提供清晰的框架。

(2)环节二：解决重难点。

本环节将分析中国当代文学海外传播口述史研究的核心内容及策略。

我们以中华人民共和国的成立为起点，聚焦英语世界，梳理 1949 年以来中国当代文学海外传播的历史脉络和发展轨迹。我们将探讨中国当代文学海外传播研究涉及的主体类别，确定研究对象类型，并为中国文学海外传播的实践研究提供理论基础。在阐明研究内容的基础上，我们将总结中国当代文学海外传播口述史的研究策略。

(3)环节三：在教学演示中提高。

在上述讨论和分析的基础上，我们将播放短视频《葛浩文谈中国文学的翻译》，然后探讨具体研究方法，包括：①结合口述史现场操演与文本分析的方法。②结合田野调查与数字人文手段的研究方法。③结合个案研究与整体研究的方法。④文本分析法。⑤跨学科综合研究法。

(4)环节四：结语。

在讲授课程的过程中，我们引入口述史方法，从内、外两个视角观察中国文学海外传播的主体，如作家、翻译家、中外出版机构、版权代理人、书评人、汉学家、中国文学的爱好者等。这将有助于塑造中国积极、正面的国际形象，并向世界展示可亲、可爱、可敬的当代中国形象，让海外受众感受到中国的真实情感和生命力。

4. 教学效果

在界定"口述史""口述史研究""中国当代文学海外传播""中国当代文学海外传播研究""中国当代文学海外传播口述史研究"等重要概念时，我们引导学生思考中国当代文学海外传播口述史研究的核心问题，包括研究对象、范围、策略、方法。通过逐一探究和分析这些问题，学生将从推动文明交流与互鉴、构建人类命运共同体的高度，认识到此项研究的重要价值，从而增强其对中国文化的自信，并为建构中国特色学术话语体系做出有益探索。

在主讲教师的引导下，学生将理解为何要在中国文学海外传播研究中引入口述史方法，并掌握开展口述史研究的理论基础、方法论指引和具体实操技巧。这体现了本课程设计中坚持的"理论从实践中来，理论指导实践，理论与实践相结合"的特点。

案例 2：作为个案的中国文学海外传播工程

1. 结合章节（知识点）

第九讲《作为个案的中国文学海外传播工程》。

2. 案例意义

中国文学海外传播工程是中国推动当代文学"走出去"而设立的重要项目。它通过跨语言、跨文化、跨地域的传播与交流，为中国文学在海外的传播开辟了新的天地，促进了中外文学交流互动良好格局的形成。我们通过介绍相应的内容，让学生理解中国文学海外传播工程的学术价值和时代意义，激发他们自觉讲好中国故事、传播好中国声音，展现可信、可爱、可敬的中国形象。

3. 案例描述

(1)环节一：背景介绍。

本环节将介绍中国文学海外传播工程的起源。该工程得到了国家原汉办和孔子学院总部的立项支持，并以北京师范大学与美国俄克拉荷马大学基于孔子学院的学术合作为基础。我们将通过展示历史现场的图片和视频资料，梳理促成该工程立项的国际和国内背景。

(2)环节二：中国文学海外传播工程的进展。

本环节将介绍中国文学海外传播工程取得的成果，主要包括三个方面：一是在美国创办全英文杂志《今日中国文学》，报道中国文学资讯，介绍当代中国优秀作家，刊发中国当代文学、文化评论，并关注中国文学与世界文学的联系；二是在美国出版由 10 部作品组成的"今日中国文学"英译丛书，以英语世界为主向海外推介当代中国优秀文学作品和作家；三是定期和不定期在中美两国举办"中国文学海外传播"国际学术研讨会。

(3)环节三：中国文学海外传播工程的意义。

本环节将引导学生认识中国文学海外传播工程的学术价值和重要性，包括：①它是通过民间渠道展开的跨语言文学交流活动。②它是以学术研究为基础的中国文学海外传播实践。③它是真正意义上的中外文学交流合作。④它是一个具有广阔发展前景的双向文学交流平台。

(4)环节四：结语。

通过本课程的学习，学生将理解中国文学海外传播工程在讲述中国故事、传播中国声音，展现真实、立体、全面的中国形象方面发挥的关键作用。

4.教学效果

在介绍了中国文学海外传播工程的起源后，我们将引导学生从该工程取得的三项重要成果入手，从构建对外话语体系的角度进行思考、探究和分析。这将帮助学生了解中国文学海外传播工程的重要意义，并激发他们在未来的学习和实践中坚守中国文化立场的信心，增强他们提炼中华文化精髓，自觉讲好中国故事，传播好中国声音，阐释好中国特色，深化文明交流互鉴，推动中华文化更好地走向世界的能力。

四、课程评价

本课程自 2015 年开设以来，得到了校内外同行及学生的高度评价。例如，南宁师范大学的颜小芳副教授在访问北京师范大学期间，旁听了课程，并针对主讲教师主编的《中国当代文学海外传播研究》一书撰写了长篇书评。她在书评中写道:"与实践层面的热闹相比,中国文学海外传播的学科属性并不明确。《中国当代文学海外传播研究》论文集的编选和出版,尽管还有不完善的地方,但对中国文学海外传播研究的诸多问题提出了富有创造性的见解,积极推动中国文学的海外传播走向学术自觉。"学生也对课程给予了很高的评价,有学生表示:"2019 年春季学期,我有幸修读了您的"中国文学海外传播研究"课程,在您的课堂上受益良多。特别要感谢老师的慷慨赠书,它们让我对中国当代文学的海外传播情况有了更深入的了解。"2021年,本课程获评北京师范大学课程思政建设优秀课程。

五、总结与思考

第一,本课程尊重学科特点,将思政元素融入专业知识讲授中。课程内容涵盖自古代至当代的中国文学在海外的传播,引导学生对比分析中国文学在不同国家、不同地区的海外传播情况,并探讨不同文学类型在这些地区的传播差异。这有助于学生客观、准确、理性地认识中国文学海外传播的现状,由此认识其与中国国际形象塑造之间的联系,从而在比较文学与世界文学的广博学术视野中,深刻地理解制度自信、道路自信、理论自信、文化自信的重要性,激发他们推动中国文学海外传播的热情,实现潜移默化的课程思政教学效果。

第二,课程创新实践教学模式,通过课堂展示、模拟学术会议、调研报告写作训练等手段实现育人目标。主讲教师借鉴课题发布制度和学术会议模式,发布调研课题,让学生基于课题调研进行课堂展示;在课堂展示环节,引入双学生评议人机制,并将学生评议同主讲教师点评相结合;在课题调研、课堂展示的基础上，要求学生撰写调研报告，并从已经被翻译、传播到海外世界的中国文学作品中节选经典片段，让学生将其回译成汉语。这种将学术展示、课题调研、理论提升与传播实践训练相结合的机制，不仅锻炼了学生的人文学科研究能力和口头表达能力，而且增强了他们人际沟通的技巧，使他们体会到学术研究的魅力，掌握了以实践为依据撰写调研报告的写作技能，有效实现了课程的育人目标。

语文教育学

一、课程概况

(一)课程信息

"语文教育学"是汉语言文学专业学生的必修课程,这是一门结合理论和实践相结合的课程面向汉语言文学专业大学三年级的学生开设,共计32学时,2学分。

(二)课程简介

1. 课程内容

本课程隶属于教育学课程,是汉语言文学(师范)专业方向的必修课程,其源起于中学语文课程。自2015年修订培养方案后开设,学生通过学习语文教育学、教育学和心理学,参与教育实践活动,有机会获取教师资格认证。

课程内容涵盖语文教育研究的历史、语文教育的性质与目标、语文课程标准的历史演变、语文教育内容与教材、语文课程与教学设计、语文教师的班级管理技巧、汉语作为第二语言的教学方法。

2. 教学方法

本课程采用教师讲授与学生自学相结合的方式，通过畅课平台提供丰富的学习资源，如音视频、课堂实录和文献等。教师讲解关键概念，学生则在课后自学相关内容。

课程强调理论与实践的结合，教师将理论问题与实际案例、情景剧相结合进行讨论，引导学生将理论知识应用于案例分析。

此外，课程还结合实践操练和项目学习，教师指导学生按照教学设计的小步骤进行操练，并在操练后组织项目式学习工作坊，让学生在真实情境中进行项目设计和展示。

3. 评估方法

为了全面评估教学效果，本课程采用以下评价方法。

第一，结合过程性评价与终结性评价：通过线上畅课平台和微格教学等多种形式的平时作业进行过程性评价，占专题内容的 40%；期末考试作为终结性评价，覆盖了专题内容的 60%，试题中融入中华优秀传统文化、革命文化和社会主义先进文化，实现专业与思政评价的有机结合。

第二，结合真实性评价与标准性评价：采用多样化的评价方式，如在班级管理专题中引入情景剧，在期中考试的微格教学中引入虚拟学生，进行基于情境的"真实性评价"，全面衡量学生的专业知识、能力、素养，以及道德认知、情感和行为。

第三，结合自我评价与教师评价：教师和学生共同参与评价过程，通过畅课平台上的互动点评和点赞激发学生的主体性，并通过评价量规引导，全面反映学生的道德发展水平。

4. 课程特色

第一，巧妙融合专业主题与思政主题。课程目标和主题的设计紧扣语文教育学专业，同时融入习近平同志中国特色社会主义理论和社会主义核心价值观，确保每个专题在教学目标、学习资源、学习活动、学习评价中实现专业与思政的全面结合。

第二，形成"思行合一"的教学方法。课堂教学是学生专业学习的主阵地，也是课程思政的生长点。课程采用理论、实践、思考相结合的教学模式，理论教学通过"理论讲解—巧设场景—深化思考—构建体验"的路径，双管齐下，促进学生的思政和专业学习。

第三，构建"过程伴随"的融合评价方式。课程搭建过程性德育评价机制，强调专业评价和思政评价的辩证统一。通过线上线下相结合的方法，收集学生的课堂表现、畅课平台互动和课后作业情况，结合专业和思政目标进行综合评价。在评价过程中，我们结合教师、同学和小组间的互动评价，确保评价的全面性和公正性。

(三)授课团队简介

"语文教育学"课程由文学院语文教育所承担，先后负责此项课程的包括任翔、郑国民、张秋玲、张燕玲和赵宁宁等教师，每位教师负责不同班级。

赵宁宁，北京师范大学文学院教授、博士生导师，先后于比利时根特大学、北京师范大学获得双博士学位，主要研究方向为课程与教学论、教育测量与评价、语言教育心理，曾主持国家哲学社会科学、国家语委、北京市哲学社会科学、北京市教育科学规划等课题，并在《教育研究》《教育学报》《清华大学教育研究》以及国际 SSCI 杂志等公开发表学术论文，其中多篇被中国人民大学复印报刊资料等全文转载。负责人曾获北京市高等教育教学成果奖二等奖、北京市基础教育教学成果奖一等奖等。

二、课程育人目标

北京师范大学秉承"为民族复兴办教育，为国家富强育英才"的使命，致力于培养具有创新精神和引领中学语文教育改革的优秀教师。

课程采用"自上而下"的研究思路，结合国家政策、学校定位、学科特色和学生需求，确立了专业与思政双重目标。课程目标融合了社会主义核心价值观和马克思主义实践观，提炼出"家国情怀"、"实践理念"和"职业素养"等思政目标，与"基础知识"、"关键能力"和"核心价值"等专业目标相结合。

通过本课程，学生将能够：(1)树立立德树人的教育理念，掌握语文教育学专业术语，以专业视角解决问题；(2)形成实事求是的实践理念，学习各种教育实践流派，结合新时代的信息技术和教育理念开展语文教学实践，勇于开展教学改革与创新。(3)培养家国情怀，树立文化自信，深刻理解并解决教育问题，与国家和社会发展的需求相适应。

三、课程思政案例

案例1：语文教育的目的

1. 结合章节(知识点)

语文教育的性质和目的。

2. 案例意义

(1)深入分析语文学科的性质和目的之间的联系；使学生掌握语文性质的历史讨论及其在实践中的体现，同时探究语文教育的目的随时间的演变及其背后的历史脉络。

(2)结合我国语文教育变革的社会历史背景，以润物细无声的方式激发学生的民族自豪感；通过介绍当前我国的国际形势，激发学生承担语文教育的责任感和使命感。

3. 案例描述

(1)课前准备：请同学们在畅课平台上阅读有关语文教育目的历史变革的文献。

(2)课堂教学。教师利用音视频资料，重点阐述语文教育目的的历史演变，特别是 20 世纪 90 年代、21 世纪初期我国经济社会变革对教育目的的影响，以及语文教育目的的变革历程。学生基于课前阅读的文献，结合 21 世纪的国际形势和全球对 21 世纪人才的需求，探讨未来语文教育目的的可能发展方向。

(3)课后练习：请同学们在畅课平台上完成关于未来语文教育目的的思考题目。

4. 教学效果

所有学生都已查询并阅读了相关文献，并在畅课平台上分小组完成了作业，从而对语文教育目的的历史变革有了初步的了解和认识，能够在历史背景下明确语文教育的发展方向。

部分学生不仅查阅了畅课平台上的资料，还主动探索并阅读了其他文献，展现了他们的探索精神和自主学习的热情。

通过教师的讲授和课堂讨论，学生建立了与国家当前发展形势相适应的语文教育目的，并明确了我国语文教育的改革和发展路线，树立了立德树人的教育理念。

案例 2：语文教师的班级管理

1. 结合章节(知识点)

语文教师的班级管理。

2. 案例意义

(1)了解学生的心理特征、班级管理方法，以及班主任的工作任务；了解思想道德与心理健康教育的方式和方法；践行师德，学习综合育人的方式和方法。

(2)通过学习班级管理，培养职业素养，提升爱护学生和思政教学的能力；以情景剧方式深度感受教育实践激发承担语文教育的责任感和使命感。

3. 案例描述

(1)课前准备：请同学们阅读畅课平台上关于班级管理的文献。部分学生需要根据指定任务要求准备情景剧，并思考相关的研讨专题。

(2)课堂教学：教师将重点讲解班级管理的任务、班主任的职责、班级管理心理研究、当前综合育人的方法以及家校共育的原理和实践。学生将通过情景剧的形式展示班级管理的实际情况。此外，学生将基于文献阅读和情景剧内容，讨论如何处理与学生、家长和学校之间的关系，以促进家校共育。

(3)课后练习：请同学们在畅课平台上回答思考题目，以明确家校共育的原则。

4. 教学效果

所有学生都已查阅了相关文献，并在课堂上积极参与班级管理情景剧的讨论，从而对语文教师综合育人的理念有了更深入的理解，并掌握了综合育人的多种方式和方法。

部分学生不仅积极参与了情景剧表演，还认真研读了有关综合育人的文献，创作出了具有价值和意义的情景剧，展现了他们的探索精神和自主学习的热情。

通过情景剧表演和课堂讨论，学生不仅建立了综合育人的理念和方法，还形成了实事求是的实践观念。他们对师德的践行有了新的理解，树立了立德树人的教育理念，并培养了作为教师应有的职业素养。

四、课程评价

第一，本课程获得了学生和同行的高度评价。2018 年，它荣获北京师范大学"本科教学改革"课程的荣誉称号，学生反馈积极，认为课程深化了他们对语文教育学的理解，并激发了他们对未来成为语文教师的深刻反思，培养了家国情怀、职业素养和专业能力。同年，课程在本科教学评估中也获得了专家的好评。

第二，该课程不仅获得了教育教学成果奖，还在社会上产生了示范效应。作为师范类课程的一部分，它体现了师范教育的理念。2021 年，课程负责人荣获北京市高等教育教学成果奖二等奖。此外，课程在汉语言文学专业虚拟教研室平台上的展示和推广，为我国中西部师范院校的发展提供了有力支持。

五、总结与思考

(一)课程建设经验

我们构建了课程目标体系，明确了专业与思政目标的结合点。在语文教育学的课程思政教学中，我们从课程目标到内容，再到评价，进行了自上而下的顶层设计，确保专业与思政目标在每个细节和环节中得到落实，实现了内容的有机融合。

我们专注于学生立场，以思辨为核心，构建了思政教育的渗透方式。学生是学习的主体，思政教育需要通过学生的主动建构和外界环境的辅助，将课堂知识转化为学生的个人能力。

(二)课程未来建设重点

第一，深入学习中国特色教育理论，结合课程特色，提炼语文教育学的课程专业和思政特点。第二，加快语文教育学资源建设，收集和整理最新教育资源，丰富数字化思政资源。第三，提炼人文学科课程思政的教育方式和特点，研制更多教学方法。第四，研究合理的思政理念评价方式，寻找专业与思政相结合的评价方法，合理关注学生知情意行的复杂性。

美国文学史

一、课程概况

(一)课程信息

"美国文学史"为本科生专业必修课程,适合具备一定英语学习基础的外语专业大二至大三的学生,以及其他专业对美国文学、美国文化感兴趣的学生,共计 32 学时,2 学分。

(二)课程简介

1. 课程内容

课程设计遵循新文科和课程思政的理念,旨在培养新时代高素质外语人才,以美国文学史上的重要作家和经典作品为核心内容,采用多样化的教学和评估方法,实现立德树人的教育目标。

课程内容围绕美国文学的历史脉络和时代特色,涵盖从美国建国初期到现代各个时期的文学作品。

课程目标是提升学生对美国文学作品的批判性思维、价值判断和审美鉴赏能力,让学生深入了解美国文学史上的重要作家、不同时期的文学风格和主题,以及文学作品与时代变迁的关系。同时,课程注重培养学生的比较分析能力和文学文本解读技巧,鼓励学生在课程结束后能够独立梳理和阐述美国文学的发展脉络,并引导他们运用历史、文化、传记等多种视角的文献资料来形成和表达自己的观点。

课程的核心在于引导学生对"何为美国性"和"何为美国文学"这两个核心问题进行深入的批判性思考,并在此过程中锻炼他们的论述、展示、文本分析和学术写作技能。

2. 教学方法

本课程运用多种教学方法,如讲座、课堂互动问答、小组讨论和小组汇报,以丰富学生的学习体验。在课程中,教师首先通过讲座形式引导学生进入学习情境,介绍并分析美国文学史的特定阶段、主要思潮、重要作家,并结合具体文本指导学生进行文本分析。教师会就文学思潮和文本解读提出问题,通过课堂问答激发学生的思考和讨论,鼓励他们表达自己的观点。

对于课程的七个子主题,教师会指导学生提前预习、收集资料、形成自己的观点,并在小组内进行汇报。教师会对汇报内容进行点评,并提供后续指导,以帮助学生深化理解和掌握课程内容。

3. 评估方法

本课程采用形成性评价与总结性评价相结合的方式,通过学生的课堂参与、口头汇报、读书报告、随堂测试、期末考试,全面评估学生的学习情况和知识掌握水平。

4. 课程特色

我们精选了美国文学发展史中的经典作家和重要作品,在教学上坚持以马克思主义为指导，围绕人类命运共同体和文明互鉴的理念，帮助学生在提高文本解读、文学鉴赏和文学史梳理等专业技能的同时，从历时和共时的维度深化对中外文化差异及国外意识形态价值观的理解与判断，从而树立正确的思想价值观，并增强文化自信。

(三)课程负责人和教学团队简介

王楠，课程负责人，北京师范大学外国语言文学学院教授、博士生导师，美国哈佛大学比较文学系访问学者(2017—2018 年)，美国加利福尼亚大学伯克利分校访问学者(2011—2012 年)。她的主要研究方向为英语文学、现当代西方文论、文学教学。王教授还担任中国妇女研究学会第五届理事、中国高等教育学会外国文学委员会理事、中国外国文学学会英语文学研究分会理事、中国比较文学学会教学研究分会第七届理事。她曾获北京市高等教育教学成果奖(教材)二等奖、北京师范大学研究生优秀教学成果奖特等奖等，讲授的《美国文学史》获评校级优质共享课程。

吴文霞，教学团队成员，北京师范大学珠海校区文理学院讲师。她的研究方向为英美文学、当代文学理论。

二、课程育人目标

本课程依托北京师范大学在教师教育、教育科学和文理基础学科的深厚底蕴，以及外国语言文学学院在培养具有中国特色的外语和教师教育人才方面的专业优势，旨在培育具有批判性思维和深刻理解美国文学历史与经典作品的高素质外语人才。

课程的思政建设立足于新文科建设和课程思政的发展，以社会主义核心价值观为指导，旨在帮助学生客观理解国外的思想文化和意识形态。课程旨在通过文学教育的德育功能，加强学生的文化自信和家国情怀，实现立德树人的教育目标。

三、课程思政案例

案例1：富兰克林的《致富之路》

1. 结合章节（知识点）

第一讲《美国文学早期作品》。

2. 案例意义

本课程将介绍富兰克林的生平和时代背景，并通过细读其经典作品《致富之路》，引导学生理解作品中"勤劳"、"节俭"和"谨慎"三个核心概念，并梳理其论述逻辑。课程旨在通过文本分析，探讨富兰克林对美国国家精神的影响及其重要性。

教学重点在于帮助学生结合历史背景理解富兰克林的思想，总结早期美国文学的特点，以及美国民族精神的初步形成。同时，通过学习《致富之路》，课程旨在帮助学生客观地认识中美文化的差异与共通之处，吸收两种文化的精髓，增强文化自信和促进文明互鉴。

教学难点在于引导学生从中国学习者的视角出发，强化中华民族的主体意识，辩证地分析《致富之路》中的勤劳致富观念和理性启蒙精神，以及"美国梦"与其所处时代背景和社会政治环境的联系。

3. 案例描述

我们将富兰克林在《致富之路》中提倡的"勤劳"、"节俭"和"谨慎"原则，以及通过勤奋和储蓄实现个人财富自由的观点，与习近平总书记提出的"幸福都是奋斗出来的"理念相结合，旨在帮助学生吸收文章精华，树立正确的劳动观和财富观。

教师将介绍《致富之路》的时代背景，强调富兰克林勤奋好学、勇于尝试和注重实践的精神，并鼓励学生思考如何在个人学习生活中体现习近平总书记所说的"奋斗是青春最亮丽的底色"，以促进中华民族的发展和国家的振兴，培养新时代的实干精神。

同时，教师将引导学生批判性地思考和分析富兰克林的思想及其作品的内涵。学生需要客观地理解富兰克林思想中浓郁的个人主义色彩，认识到个人主义过度膨胀可能损害集体利益，影响社会公平和共同富裕。例如，美国镀金时代的资本主义发展暴露了其黑暗和腐朽的一面。

此外，学生还需认识到富兰克林对"美国梦"的乐观态度并不适用于所有群体，如当时的奴隶和女性等仍面临压迫和缺乏发展机会。通过这些思考，学生可以更深刻地理解新中国成立后，在党的领导下，各民族在社会主义制度下实现的真正平等、团结和进步的重要性。

4. 教学效果

我们使得思想政治教育实现了从单一的显性教育向显性与隐性教育相结合的转变，潜移默化地帮助学生树立正确的思想观念，提升文化自信，并培养文明互鉴的意识和能力。

通过将文学文本与历史事实相结合，对比分析中外文化和意识形态的差异，学生能够客观地理解外国文化思想和意识形态，这有助于培养具有坚定民族立场和广阔国际视野的"博学中西、厚德世范"的中国特色高水平外语人才。本课程旨在为国内外高校和重点基础教育院校输送德才兼备的教师人才。

案例 2：美国精神之父——爱默生

1. 结合章节(知识点)

第四讲《美国文艺复兴时期的文学》。

2. 案例意义

本课程通过讲授美国文艺复兴的发生、发展、主要特点、重要作家及其对美国文学的贡献，帮助学生全面掌握美国文学独立发展的历程，并理解其精神内涵。课程结合文艺复兴的背景，精读代表性作家爱默生的重要作品《论自然》和《美国学者》的片段，梳理两部作品的思想脉络与关键词，深化学生对美国文艺复兴和超验主义精神的理解。学生将思考：以爱默生为代表的超验主义为何成为美国文艺复兴的重要精神，并对美国文学发展产生重大影响。

教学重点在于帮助学生理解美国文艺复兴的特殊表现及其对美国文学发展的关键意义，同时从人类命运共同体和文明互鉴的角度探讨如何传承和发展中华优秀传统文化。教学难点在于如何引导学生以中国学习者的视角认识西方思想文化，辩证分析爱默生的《论自然》和《美国学者》，以及超验主义的理念，深入思考中西方文化的异同。

3. 案例描述

在课程思政建设中，我们将《论自然》中提到的"a transparent eyeball"(一个透明的眼球)意象与超验主义强调的内在感知和人的价值观，与中国传统道家思想的回归自然和天人合一的观点结合，帮助学生对比中外思想的异同，认识到中国传统文化的先进性和重要价值。此外，教师将介绍《论自然》中的生态主义观点，并联系习近平总书记的生态观："绿水青山就是金山银山"，引导学生理解生态建设和保护自然环境的重要性，强调大自然不仅是人类的居所，也是中华民族的精神家园。人与自然的亲密联系是各国人民共同的体验，基于此，学生将深刻体会到推进美丽中国建设和人与自然和谐共生现代化的重要性，以及中国在生态文明建设中的表率作用。

教师还将引导学生批判性地看待《论自然》中的超验主义精神，特别是其唯心主义立场和神秘主义倾向，这些对实践和经济社会发展缺乏指导作用，具有一定的历史局限性。

在《美国学者》中，爱默生呼吁美国文学应与英国文学传统划清界限。爱默生的观点促进了美国文学的独立与发展，使其形成具有民族特色的文学传统，摆脱文化依附地位。教师将爱默生对文化独立性的强调与习近平总书记提出的坚定文化自信相联系，强调文化自信的重要性，指出一味模仿外来文化不利于国家文化的建设和发展。这种分析将帮助学生建立正确的文化观。

4. 教学效果

通过学习，学生将从爱默生的经典作品出发，深刻理解美国文化独立与民族精神的关系，认识到爱默生思想的先进性与历史局限性，树立正确的历史观和文化观。同时，通过在文学课堂上的文明互鉴，学生将体会到不同国家人民对美好事物的共同向往，这将有助于他们进一步理解习近平总书记提出的"构建人类命运共同体"的理念，立志成为具有中国特色人文关怀和国际视野的高素质外语人才。

四、课程评价

本课程采用形成性评价与总结性评价相结合的考核机制。形成性评价涵盖学生的课程参与、课堂汇报、随堂测试和课后作业。教师以多种方式动态跟踪学生的学习进程和状态变化，并根据学生学习情况，适时调整教学进度和重点，实现以教育发展和学生进步为目标的评价，而非仅以结果为导向。

总结性评价则通过期末考试进行，采用闭卷考试形式，检测学生对课程内容的掌握和能力水平，促进学生全面复习和知识框架的完善，提升书面表达能力。教师通过总结性评价回顾课程设计，了解学生的知识水平，指导学生后续学习。

这种评价机制体现了以人为本的教育理念，关注学生素质的全面提升和教育过程的整体质量。

五、总结与思考

本课程以美国文学的发展历程为主线，精选名家名篇进行深入阅读和分析，旨在帮助学生理解美国文学的演变、时代背景和重要文化思潮，深化他们对文学与社会发展之间关系的认识。在新文科背景下，课程教学注重融入思政教育，实现文学课堂的德育功能，培养符合新文科要求的人才。

在未来教学中，我们将通过强化中外文化交流和推广构建人类命运共同体的理念，激发学生的爱国情怀，提升他们的学习动力，提高他们对文学作品思想内容和艺术特色的全面把握能力。

综合英语读写

一、课程概况

(一)课程信息

"综合英语读写"是北京师范大学珠海校区英语专业公费师范生的学科基础课,共计 32 学时,2 学分。

(二)课程简介

1. 课程内容

课程内容主要包括知识和技能两部分。其中,知识部分以词汇、语法、文化为主,技能部分则侧重于阅读和写作。课程的学习资源包括教材和英语文学名著。教材用于课堂学习和讨论,而名著则要求学生在课外阅读。教材内容丰富,涵盖世界奇观、名人名作、价值观念、文化交流、人与自然等主题,共包括七个单元。

文学名著阅读旨在拓宽学生视野,考虑到学生的英语阅读水平,推荐的阅读书目皆为简写本,并要求学生在每读完一本书后提交一篇 300 字左右的读后感。读后感写作应包括作品简介、人物及作品思想内涵分析、自我反思。

2. 教学方法

本课程采用教师引导、学生探索的思政教学模式。教师在课堂上根据话题内容选择适当的思政要点，提出思考问题，组织小组讨论，引导学生深入理解思政内涵。针对讨论话题，学生需在课后完成写作任务，并在下次课上进行同伴互评、汇报，以增强思政教学效果。

3. 评估方法

课程的成绩评定由期末考试(占 60%)和平时作业、课堂参与(占 40%)组成。

4. 课程特色

本课程的思政教育理念以学生能力发展为核心，强调以学生为中心，注重学生能力的培养。在思政教育中，教学的重点不在于教师如何传授知识，而在于如何引导和启发学生，以促进他们的自我发展。

不同于许多课程从社会共识的思政元素出发，本课程从实际出发，针对读写特点，从课堂学习和课外阅读两个方面探索和实施思政资源及教学方法。

鉴于外语学科包含特定的政治、历史、文化、社会和经济背景，教材和文学作品的选择及其解读方式对于实现"立德树人"的教育目标至关重要。因此，教师在激发学生思考和引导学生理解方面的启发和引导作用显得尤为重要。在师生互动和学生间的协作中，本课程旨在全面提升学生的思辨能力、交流表达能力、自主学习能力和思想道德水平。

本课程设计了一系列教学活动，旨在培养学生的思政能力。每个单元都精心设计了思政要点，通过选择优秀的文学作品、布置写作任务、组织讨论和同伴互评等活动，旨在深化学生对文本的理解，挖掘作品中蕴含的丰富思想情感和道德价值。这些教学活动不仅提高了学生的英语知识和读写技能，还促进了他们思政能力的发展和提升。

(三)课程负责人简介

孙迎晖，北京师范大学外文学院英文系教授，博士生导师。她长期从事英语专业基础课程的教学工作，并积累了丰富的读写教学经验。孙教授积极探索课程思政内涵，并致力于寻找促进学生能力发展的路径，其教学成果显著。

二、课程育人目标

在课程思政的指导方针下，本课程针对课程性质及师范生的特点，设定了五个培养目标：(1)掌握课文词汇、语法等基本语言知识；(2)提高对英语语言和文化的兴趣，了解与英语学习相关的中西方文化背景知识；(3)有较强的阅读能力，能够读懂中级语言水平的文章；有一定的篇章分析意识和能力；(4)有较强的写作能力，较为熟练地运用语言描写、表达自己的思想和观点；(5)培养健康的人生观、价值观，以及高品质的道德修养和思想水平，增强思考能力和学习能力。前四个目标主要围绕教学内容，通过学习词汇、语法等基础知识学习及训练来实现读写基本技能，第五个目标旨在培养学生的理想、道德和情操。

三、课程思政案例

案例 1：结合单元话题的思政教学分析

1. 结合章节(知识点)

课堂教学共包括 7 个话题单元，涉及问题及思政要点如下。

(1) What a wonderful world

探讨问题：What do you think are the great wonders in China?

思政要点：强调中国的发展成就及其对文明社会的积极作用。

(2) The writer, the painter and the musician

探讨问题：Who is your favorite writer/painter/musician? Why do you admire him or her?

思政要点：探讨人物及其作品的魅力和影响力。

(3) A world guide to good manners

探讨问题：Do you agree with the saying "When in Rome, do as the Romans do"?

思政要点：培养跨文化视野和对不同文明的欣赏。

(4) On the move

探讨问题：If you get some foreign tourists in your province/city/town, what do you want to introduce to them?

思政要点：向国际社会推广中国文化和景观。

(5) The world of work

探讨问题：What's your attitude towards work?

思政要点：倡导勤奋和努力的劳动价值观。

(6) Who wants to be a millionaire?

卡片游戏：If you won a lot of money in a lottery, how did you use it wisely?

思政要点：培养正确的幸福价值观，以及对弱势群体的体察和帮助。

(7) How well do you know the world?

探讨问题：Which of the questions in the text interests you most? Why?

思政要点：鼓励对科学知识和真理的探索精神。

2. 案例意义

上述 7 个单元提出的开放性问题皆聚焦不同的思政要点，涉及社会生活的各个方面。通过小组讨论，学生对问题的理解更加深入，判断力和分析能力得以提高。

3. 案例描述

在探讨上述问题时，学生们能够从合适的视角出发，进行深入的分析和论证。在第一单元中，问题"你认为当今中国有哪些奇迹？"引发了学生广泛而深入的讨论。他们的回答覆盖了多个领域，包括移动支付、共享单车、农业发展、奥运会的成功举办、医疗保障、脱贫、高铁建设、物联网的快速发展以及中国文化的国际传播等。回答既包括了科技成就，也涵盖了文化软实力的增强。

学生的发言充满了对中国快速发展的自豪感。例如，有学生说道："在21 世纪的中国，二维码无处不在，手机支付极大地方便了我们的生活。"另一名学生说："共享单车不仅方便人们锻炼身体，还缓解了城市拥堵，减轻了环境污染。"还有学生赞扬了袁隆平对中国农业发展的巨大贡献。

学生还提到了 2008 年中国成功举办的奥运会，这是第一次在发展中国家举办的奥运会，体现了中国经济实力和国际地位的整体提升。他们还强调了中国医疗技术的进步，为人民生活提供了更有力的保障。有学生引用了习近平总书记提出的"精准扶贫"理念，讲述了党员群众如何投身于贫困地区的建设，跋山涉水，深入农村，实施扶贫计划。

大家还讨论了中国高铁网络的建设，它为公众带来了极大的便利，并极大地促进了经济发展。有学生指出，高速铁路依靠电力驱动，减少了二氧化碳排放，有助于应对全球性的气候挑战。此外，学生还提到了中国文化元素在国际上的接受度越来越高，许多外国朋友对中国食品和戏剧产生了浓厚的兴趣。

最后，大家讨论了中国提出的"一带一路"倡议，它促进了沿线国家人民之间的文化交流和相互学习，是一条合作共赢和平的友谊之路。

4. 教学效果

学生的思考内容丰富，情感真挚，表现出较高层次的认知水平和道德情操。通过深入探讨课程中的问题，他们丰富了情感，提高了判断力和问题分析能力，道德品质素养也得到了显著提升。

案例 2：文学作品阅读与读后感的写作

1. 结合章节(知识点)

阅读书目包括但不限于以下作品：《雾都孤儿》(*Oliver Twist*)、《大卫·科波菲尔》(*David Copperfield*)、《远大前程》(*Great Expectations*)、《小杜丽》(*Little Dorrit*)、《傲慢与偏见》(*Pride and Prejudice*)、《理智与情感》(*Sense and Sensibility*)、《小妇人》(*Little Women*)、《德伯家的苔丝》(*Tess of the d'Urbervilles*)和《名利场》(*Vanity Fair*)。学生需在本学期内完成 5～6 本简写本的阅读，并在每本书阅读结束后提交一篇约 300 字的读后感。读后感包括：对作者及其作品的简要介绍、对人物和作品思想内涵的分析，以及个人的反思和成长。

2. 案例意义

文学作品的阅读旨在拓宽学生视野，是读写教学的重要组成部分。学生在阅读和写作过程中，深度发掘作品中丰富的情感态度、道德价值，在反思中锤炼品格。

3. 案例描述

以《小妇人》为例，这部作品主要描绘了一个普通家庭中，几位小女孩成长为成熟女性所经历的艰辛过程。学生能够准确把握作品的核心主题，认识到成长过程中既有爱与欢笑，也有泪水与争吵，以及难以承受的痛苦。正是通过这些磨难，她们完成了成长的蜕变。许多学生对作品的深层次原因进行了分析，认为家庭成员间的相互关爱与合作是健康成长的关键因素。同时，他们也关注到了作品中的教育理念，认为开放、自然、充满爱的教育方式更有助于个人成长。

学生们对《小妇人》中的人物给予了高度关注，从不同角度对人物的品格进行了描述和评价。他们认为，书中主要角色对家人的深切关爱、理解、体谅，以及展现的家庭管理能力，给他们留下了深刻的印象。此外，女主角的不懈追求、为理想奋斗的精神、独立思考和不盲从的态度，也赢得了大家的高度赞扬。通过这些分析，学生不仅诠释了姐妹们从少女到小妇人的成长过程，也揭示了作品中关爱、责任、坚强、拼搏、自立和独立思考等思想内涵。

自我反思主要涉及三个层面：个人层面、与他人的关系以及社会层面。在个人层面，许多学生通过反思，意识到了自己存在的问题，如盲目追求潮流和名人，浪费了宝贵的时间。有学生回顾了自己的学习经历，意识到过去为了考试而学习，而非出于兴趣。他们庆幸自己能够进入大学，学习自己感兴趣的知识，明确自己的人生方向。

在与他人的关系上，一些学生意识到自己过去忽视了对周围人，包括对家人和朋友的关心。文学作品使他们重新审视自己的情感，认识到自己在家庭和社会中的责任。他们认为应该尊重他人，以温柔的态度对待家人和朋友，共同营造一个充满温情和友爱的社会。同时，他们认识到在处理周围事务时，需要不断提高沟通能力，保持客观公正，避免自我中心。

不少学生从作品中女性角色的压抑处境，联想到社会中长期存在的性别不平等观念。他们反对将女性仅仅视为家庭主妇和育儿者的传统角色，以及通过婚姻改变命运的观念。许多学生强调，女性不应被视为柔弱和缺陷的代名词，而应自立自强，实现自己的人生价值。这些反思展现了学生在自我成长过程中的个人困惑，对家庭和社会的责任担当，以及对与他人关系和社会问题的深度思考和关注。

4. 教学效果

总体来说，学生对文学作品及其中人物的理解比较透彻，能够准确把握作品的思想内涵；自我反思深入、理性，既解开了个人成长过程中的困惑，也明确了自己在家庭及社会中的责任担当；对社会问题表现出较强的批判性思考能力，展现了积极的情感态度、价值观念及较高的行动力。

四、课程评价

本课程实施了一个学期，取得了较好的教学效果。许多学生反映，他们不仅在英语语言知识和技能方面得到提升，通过课堂的深入讨论，以及课外的大量阅读和写作，他们的思考能力、表达能力和情感态度也得到了显著提升。

五、总结与思考

鉴于本课程的教学特点，我们采用了教师引导、学生探讨的教学方法，并从课内到课外两个维度精心设计了思政教育资源和提升路径。教师首先根据教材内容确定思政教育的关键点，然后通过提出问题引导学生深入探讨，最后利用小组讨论、汇报和写作等多种形式来强化思政教育的效果。在课外，教师为学生推荐了经典文学作品，并制定了读后感写作的指导大纲。

通过对学生的讨论和写作案例进行分析，我们发现这种教师引导、学生探讨的英语课程思政教学模式能够有效激发学生的积极性。在讨论和读写实践中，学生不仅提高了英语能力，还构建了积极的情感态度、价值观念，提升了行动力。

受众分析

一、课程概况

(一)课程信息

"受众分析"为传播学的专业教育必修课程,学生需要前期完成"传播学概论""新闻学概论"两门专业必修课程,共计 32 学时,2 学分。

(二)课程简介

1. 课程内容

本课程依据《北京师范大学新闻传播学院 2015 版人才培养方案》设立,并在 2023 版人才培养方案中继续保留。课程内容涵盖 16 个主要章节和 50 多个子主题,涉及 80 多个关键概念和传播理论。此外,课程的最后三个章节专注于实践技能的讲授,特别是 SPSS 软件的应用。

2. 教学方法

本课程采用"从游式"教学理念,将思政元素融入课堂讲授、小组汇报和文献阅读等教学环节。

第一，课程旨在培养学生的思政敏感性。在第一周，我们会向学生详细介绍课程大纲，明确每周的阅读文献要求。我们精心挑选的文献既具有专业性，又符合思政导向，帮助学生全面了解课程内容，并对网络现象保持敏感。每年，我们都会根据最新情况更新和调整阅读材料。

第二，课程将思政内容融入小组汇报，鼓励每位学生积极参与。作为一门理论与实践相结合的课程，"受众分析"要求学生运用专业技能，对媒体受众和网络用户进行深入的学理分析。

3. 评估方法

课程考核由两部分组成：平时表现占60％，期末考试占40％。我们将思政标准融入平时表现和期末考试的评估中。平时表现的评估包括：对受众分析概念的正确理解、小组合作（包括团队精神、小组汇报和报告完成情况）以及课堂参与度。期末考试则采用闭卷形式，重点考查学生对专业能力的掌握以及对现实网络传播现象的准确理解。

4. 课程特色

课程教学中融入了思政内容。教师在讲授时紧密联系中国的发展现实，将西方受众理论本土化，特别是通过以中国案例为主的讲解，培养学生正确的媒介使用观念。

为了丰富思想政治教育资源，我们不断优化课程内容。我们积极引入中宣部、教育部推荐的《新闻传播大讲堂》内容，将其融入课堂教学。同时，鼓励学生参与课题研究，拓展思政教育资源。例如，将学院在凉山实施的"智慧赋能 乡村振兴"项目作为教学案例，让学生参与教师的发展传播学课题研究，以此深化对马克思主义新闻观的理解，并将思政元素融入学生的思考和研究中。

（三）课程负责人简介

张洪忠教授作为课程负责人，近五年来一直承担本课程的教学任务。他拥有丰富的本科教学经验，并能够紧跟学术发展前沿，不断更新教学内容。张教授参与编写了中宣部组织的《新闻学概论》教材，此外，他还发表了多篇与"受众分析"相关的高水平学术论文，包括《受众关注哪些本地新闻？——以福州地区调查为例》《乌合之众的超级节点？AI 大模型使用的人机网络结构分析》《中美特定网民群体看待社交机器人的差异——基于技术接受视角的比较分析》，这些论文均被收录在 CSSCI（中国社会科学引文索引）中。

二、课程育人目标

本课程秉承"立德树人"的原则和北京师范大学"学为人师、行为世范"的校训，致力于培养学生的网络素养和分析能力。课程内容涵盖如何正确理解媒介对人们特别是年轻人的影响，以及互联网和智能传播技术带来的文化现象。我们强调国际化视野，紧跟学科前沿。

在教学过程中，我们将思政元素融入课堂讲授、讨论和作业，确保每年更新教案，纳入新的社会发展议题。学院还鼓励学生参与网络思政研究和实践，如通过相关项目布置作业，将理论知识与实践相结合。

我们的教学理念是结合理论与现实问题，引导学生合理运用所学知识分析社会和网络现象，以此塑造正确的价值观。

三、课程思政案例

案例 1：受众态度

1. 结合章节（知识点）

态度与社会态度、常见社会态度、态度测量、媒介与态度。

2. 案例意义

本课程旨在提升学生的社会科学素养，文化自信和新闻工作责任感。

(1)社会科学素养：我们鼓励学生关注社会事件和社会科学的最新研究成果。学生通过课前自主查阅文献，如社会心理学中受众态度的测量标准和说服研究的信息传播维度，来扩展和深化课堂内容。课堂上，通过分析实际案例，学生将理论知识应用于社会现实事件的分析，培养自发的理性判断能力。

(2)文化自信与民族自豪：课程通过梳理国内重大事件的新闻报道，展示我国在科技和文化生活领域的重要成就。同时，通过网络平台数据抓取和关键词标签分析，引导学生理解新闻事件在网络上形成的话题场域，以此激发学生的文化自信和民族自豪感。

(3)新闻工作者的责任担当：课程内容涵盖传播学中受众态度的相关知识，强调新闻工作者在舆论引导中的重要角色。我们旨在激发学生探索真相、勤于思考，培养学生对新闻工作的责任感和使命感，体现作为党的新闻工作者的目标责任和使命担当。

3. 案例描述

在完成"态度与社会态度"课程后，学生需独立完成一项开卷作业，不得咨询或讨论，需当堂提交。这种考试方式旨在培养学生的信息化素养、自主学习能力，以及终身学习的习惯，同时锻炼他们的独立思考和判断能力。

题目：分析中国长征八号火箭成功发射后国内外网民的热议话题

(1)事件分析：请自主查阅资料，探讨"中国长征八号火箭成功发射"的时间线和意义。

(2)量表分析：通过查阅文献，分析"态度与社会态度"测量量表的维度，并评估这些维度的合理性。同时，探讨如何将网络平台上关于此事件的热议话题标签与量表维度合理匹配。

(3)舆论场域分析：在完成热议话题标签的分配和匹配后，简要描述该事件在国内外网络平台上形成的几种舆论场域，并分析这一事件是否有助于提升我国在国际传播中的话语权。

4. 教学效果

学生通过查阅文献，独立选择了目标平台进行话题标签的选择和标记。他们利用文献资料，分析了"中国长征八号火箭成功发射"事件在国内外网络平台上形成的舆论场域，并探讨了我国科技水平的迅速提升对增强国际传播话语权的积极影响。

一些学生不仅阅读了指定的文献，还主动查阅了其他与受众态度相关的研究，例如王玲宁和张国良的《我国农村受众媒介接触行为调查分析》。他们将分析视角从网络平台扩展到关注农村地区受众的媒介接触行为及其对当地受众态度的影响，展现了自主学习热情和深入研究的能力。

案例 2：受众的媒介素养

1. 结合章节(知识点)

媒介素养含义、媒介素养的影响。

2. 案例意义

本案例蕴含的思政元素在于提升学生在马克思主义新闻观指导下的媒介素养。

案例选用的意义在于：一方面，它有助于加深学生对马克思主义新闻观及其在中国的发展过程的理解；另一方面，它引导学生认识到提升媒介素养的重要性和迫切性，并思考具体的实践方法。通过学习该案例，学生不仅能提高分析和解决问题的能力，还能理解马克思主义新闻观在中国的具体应用，从而增强他们的知识应用和批判性思维能力，同时拓宽专业视野，激发专业兴趣。

3. 案例描述

本案例教学设计包括教师讲授、学生预习和小组汇报三个环节，并以小组汇报成绩作为评价标准。

(1)导入环节：教师在课堂上通过图片展示，介绍学院在凉山地区实施的"智慧赋能　乡村振兴"研究项目。教师将介绍凉山的风土人情和当地受众的媒介接触情况，并分析提升媒介素养所面临的挑战，以此激发学生的思考。

(2)小组作业：学生课后分组，通过文献查阅和讨论，分析凉山地区受众媒介素养提升的困境原因，并制定提升方案。最终，各小组需在课堂上展示他们的研究成果。

(3)汇报评分：教师根据小组汇报的系统性、深入程度，以及方案的可行性和对当地经济、社会、环境、教育等因素的考虑，进行评分。

4. 教学效果

以 2022 级新闻传播学院传播学本科生为例，45 名学生分为 6 个小组，其中第 5 小组负责汇报展示。

第 5 小组首先概述了凉山地区的基本情况，然后深入分析了当地居民的媒介接触和使用状况，为提升受众媒介素养进行了前期研究。分析发现，凉山地区人口以老人和儿童为主，中青年多外出务工，导致媒介接触和使用情况不理想。老年人主要使用媒介进行日常通信，网络使用能力有限；而未成年人则主要用手机玩游戏，未能充分利用媒介资源进行学习和视野拓展。

基于马克思主义新闻观中的"人民性"论述，第 5 小组聚焦于提升凉山地区未成年人的媒介素养。他们创新性地思考解决实际问题的路径，引导学生将理论与实践相结合，培养学生发现、分析和解决问题的能力，同时激发学习热情，增强新闻学子的社会责任感。

在第 5 小组汇报结束后，其他小组进行了提问，并就研究问题提出了建议，进一步拓宽了研究视野。

四、课程评价

"受众分析"课程的学生评分每学期都超过全校平均水平，并且获得了学生的广泛认可和正面评价。学生们普遍反映，课程内容实用且专业，让他们受益匪浅。例如，在 2022—2023 春季学期，学生们的反馈包括："教学方法有效，帮助我们掌握了许多实用技巧，提高了自学能力。""教师善于启发，教会我们如何自主学习。""课程文献选择精心，有助于深入理解。""教学方式创新，注重培养学生的自主学习能力。""小组合作和文献阅读能力有了显著提升。"

本课程在思政教学改革方面取得了显著成效，已成为课程思政建设的典范。青海师范大学新闻学院通过参与对口支援和跟岗研修计划，派遣专任教师进行学习，并开展线上线下的教学研讨，以促进支援院校思政课程的高质量发展。

学生通过本课程的学习，不仅培养了基本的研究能力，还树立了正确的受众观。他们能够正确分析互联网现象，如网络突发事件、舆论和文化事件；参与教师的课题研究，显著提高了研究技能。

五、总结与思考

本课程的特色在于将理论与实践相结合，通过分析中国现实发展问题，培养学生的思考和解决问题的能力，并将教学活动从课堂延伸到课外。

课程内容与现实问题紧密结合，例如开展"社会主义核心价值观互联网传播状况调查"，让学生参与实际研究，采用"从游式"教学方法，将课堂学习扩展到课外。自 2013 年起，课程团队每年发布《中国海外网络传播力报告》，学生积极参与其中。此外，课程还利用对口支援跟岗学习项目，为支援院校的课程思政建设提供示范和引导，推动课程建设项目的实践落地。

通过这些研究活动，学生加深了对中国现实的理解，并树立了正确的网络观念。未来，本课程将在思政教育方面进一步深化：一是增加学生研究现实问题的机会，加深思政认知；二是丰富与中国发展相关的课程内容，加强学生对中国现实的认知；三是邀请业界专家进入课堂，与学生交流，拓宽视野。

需要解决的问题包括：一是课程目前每周 2 课时，共 32 学时，课时不足，需增加课时；二是课程应与学院其他教师的研究相结合，让学生在学习过程中参与其他教师的相关课题，以提高学习效率。

全媒体与媒介素养

一、课程概况

(一)课程信息

"全媒体与媒介素养"是一门面向所有年级学生开设的通识课，共计 32 学时，2 学分。

(二)课程简介

1. 课程内容

本课程致力于在"全媒体与媒介素养"教学过程融入马克思主义新闻观等思想，旨在传授新闻传播知识的同时，对学生进行价值引领。

2. 教学方法

本课程采用集中讲授的方式，结合讲授式教学、启发式教学、案例分析、小组讨论、课堂练习等多种教学方法。

3. 评估方法

评估方法包括作业、项目、课堂参与、课程论文及综合考核等多个方面。

4.课程特色

本课程以习近平新时代中国特色社会主义思想为指导，以社会主义核心价值观为引领，重点突出中国特色社会主义和中国梦的教育内容，同时，课程还融入爱国主义教育、人生理想信念教育、创新精神教育、工匠精神教育、法律意识教育、职业道德教育、职业精神教育等内容。

(三)课程负责人简介

王长潇，北京师范大学新闻传播学院、未来教育学院教授，博士生导师，文学博士。他主持了国家级科研项目 7 项、教研项目 16 项，并发表了 80 多篇核心论文。

二、课程育人目标

本课程以马克思主义新闻观为科学指导，坚持正确的政治方向，落实立德树人的重任。课程的教学目标主要聚焦在以下三个方面：

(1)知识目标：要求学生掌握媒介技术的基础技能知识，了解并学习全媒体时代下如何对基本信息进行识读、查询、选择和辨别。

(2)能力目标：培养学生掌握分析各种信源的动机、目的和背景的能力，以及在媒介信息生产过程中对各种因素进行分析、加工制作和发布的能力。

(3)素养目标：提升学生在全媒体时代下的媒介素养，使学生能够正确、建设性地利用大众传播资源，充分利用媒介资源以完善自我与参与社会活动。

三、课程思政设计案例

案例1：马克思主义新闻观指导未来新闻业与未来受众

1. 结合章节（知识点）

第二章《未来新闻业与未来受众》。

2. 案例意义

(1)知识目标：本课程通过案例教学，旨在帮助学生理解未来新闻生产和媒介组织的发展趋势，掌握互联网新闻报道的新特点，以及未来受众的特征和变化趋势。课程内容还包括新闻业的公共利益性质、网络新闻业的品质与价值，以及媒介批评和公民新闻的参与方式，以提升新闻业的透明度。

(2)思政目标：本课程以马克思主义新闻观为指导，通过讲授和案例分析，让学生正确理解互联网新闻报道的特点和未来受众。通过小组实践活动，学生将体验未来新闻生产过程，培养工匠精神。课程旨在让学生通过学习，深刻领会马克思主义新闻观，并通过实践，真正理解新闻业，参与新闻生产。

3. 案例描述

(1)本课程的核心是探讨未来新闻业与受众的问题，旨在激发学生的思考。课程将结合中国的国情和媒介发展历史，引导学生全面客观地理解未来新闻业和受众，同时深入探讨马克思主义新闻观的提出背景。

(2)课程首先提出三个与未来新闻业和受众相关的问题，以促进学生的深入思考。这将帮助学生初步把握未来新闻业和受众的特征，并进一步探讨两者之间的辩证关系。

(3)采用案例教学法，通过观看视频和图片，辅以讲解，以增强教学效果。

案例内容：密西西比河大桥倒塌事故的网络专题报道

问题1：事故发生后，当地媒体迅速抵达现场进行航拍，并制作了网络专题报道。与传统报纸上的突发新闻报道不同，该网络专题提供了更为丰富的内容。通常，报纸报道会聚焦于个别人物的故事和现场情况，如警察对救援工作的描述或政府对事故原因的说明。

问题2：网络专题则展示了更广泛的视角，包括所有当事人的故事。专题中设有一个可滑动的滚动条，滑动后可看到一百多辆涉事汽车，每辆车上标有数字。点击网页左侧的车辆和数字，右侧即显示对应遇难者或幸存者的故事。

问题3：在专题中，遇难者家属分享了亲人的故事及其离世对家庭的影响；幸存者则讲述了大桥倒塌瞬间的经历和随后的痛苦。对于那些点击后未显示故事的车辆，页面会提示："你知道这部车的主人是谁吗？如有消息，请与我们联系。"

4.教学效果

本案例展示了互联网融合报道的新特点，这些特点预示着新闻业未来可能的新趋势，虽效果显著，但细节尚需完善。

(1)实时性：互联网报道能够即时发布，不受传统出版周期限制，允许新闻内容随着事件进展不断更新。新闻不再是静态的报道结果，而是动态的、持续发展的信息流，受众和从业者都能实时参与其中。

(2)平台性：报道作为一个信息平台，能够根据用户需求灵活调整，提供个性化的信息入口。用户在不同时间访问，可能会看到不同的内容，从而使得每个当事人的故事都能得到个性化的展现。

(3)互动性：用户可以通过互动操作参与新闻报道，如拉动页面等，这种参与性强的互动性让新闻报道变得更加生动。

案例 2：强化中国梦，进行公共表达

1. 结合章节(知识点)

第十四章《怎样进行公共表达》。

2. 案例意义

(1)知识目标：本课程通过案例教学，旨在引导学生理解表达权与知情权的重要性，学习如何利用新媒体平台扩大个人影响力，掌握新媒体时代公共表达的特点，并探讨网络实名制的利弊。

(2)思政目标：课程通过讲授法，指导学生如何进行有效的公共表达，以深化对"中国梦"的理解，并能够有力地表达自己的观点。通过学习如何应对记者采访和公众表达的技巧，学生将提升作为职业新闻记者的采访能力，并掌握讲述中国故事的有效策略。

3. 案例描述

本课程旨在探讨新媒体技术如何赋予人们更多的社会权利，特别是表达权和知情权。课程将分析如何利用新媒体放大个人声音，以及网络实名制的利弊，从而阐释在新媒体环境下公民如何进行有效的公共表达。

广义上，公共表达是社会主体为实现特定需求和目的而采取的表达方式，其内容具有公共价值。它既是公开的，也是共识性的，通常发生在公共生活和公共领域中。在互联网信息革命的背景下，新媒体技术为公民的表达权和知情权提供了更有力的保障，使得通过媒体和网络进行良好的公共表达成为公民必备的能力。

课程采用案例教学法，通过观看视频和图片，辅以讲解，以增强学生对新媒体公共表达的理解。

案例内容：我有一个中国梦

问题1：中国梦如何从历史中走来？

问题2：中国梦的提出背景是什么？

问题3：中国梦的科学内涵是什么？

案例框架

一、中华民族近代以来最伟大的梦想

(一)中国梦从历史中走来

(1)从古代历史看中国

(2)从近代历史看中国

(二)中国梦的提出

二、中国梦的科学内涵

(一)国家梦：国家富强

(二)民族梦：民族振兴

(三)人民梦：人民幸福

4. 教学效果

本案例通过提供中国梦的正能量内容，为学生在公众表达方面提供了思路上的启发和表达的典范，有效提升了课程的思政教育效果。然而，学生的学情存在差异，进行公众表达的能力也各不相同，因此需要教师根据学生的具体情况，因材施教和分类指导。

四、课程评价

校内外同行认为，该课程内容充实，紧跟专业发展前沿，以学生为中心，重视课程的重构和思政教育的实施，同时注重课程的综合评价，教学效果显著。

在三个学期的评教中，该课程的分数稳定在 4.46～4.48 之间。学生普遍认为，教师设计课程内容丰富且合理，讲解深入浅出，教学案例多样，包含大量思政元素，有助于帮助大家坚定理想信念。

课程内容设计精心，将思政教学与专业教学内容有机结合，改革成效显著，荣获 2023 年度学校课程思政优秀教改项目。此外，该课程在示范教学方面表现突出，对新闻传播学相关课程具有较好的示范和辐射作用，具有较高的推广价值。

五、总结与思考

第一，立足课程，明确思政目标。本课程以习近平新时代中国特色社会主义思想为指导，以社会主义核心价值观为引领，重点培养学生对中国特色社会主义和中国梦的认识，同时融入爱国主义、理想信念、创新精神、工匠精神、法律意识、职业道德和职业精神教育。

第二，加强师德师风建设。课程将提升教师素养作为课程思政建设的重要途径，通过师德师风建设引领课程思政建设。

第三，挖掘思政融入点，丰富教学资源。主讲人挖掘与学生关注点相关的现实问题和新媒体事件，如蜜雪冰城的"洗脑神曲"和国家反诈 App 的推广，作为教学资源，引导学生深入思考和探讨社会热点。

第四，精心设计课程环节，融入思政元素。课程遵循 OBE 教育理念，以学生学习成果为导向，设计教学环节，将思政元素融入理论教学、实践环节和成果展示，重点关注新媒体素养课程项目的学习成果和学习目标的实现。

第五，构建评价体系，改进教学质量。在课程思政模块的考核中，增加课堂出勤和参与度的比重，强化课堂纪律，重点考核学生对新媒体法律法规和新闻职业道德的掌握，以及是否具备正确的新媒体职业观、价值观和良好的新媒体素养。

中国近代史学思潮

一、课程概况

(一)课程信息

"中国近代史学思潮"为历史学专业教育课程，课程性质为专业选修课，共计 32 学时，2 学分。

(二)课程简介

1. 课程内容

本课程开设于 2007 年，旨在补充本科生必修课"中国史学史"中对清代中期以后近代中国史学发展的覆盖不足。

2. 教学方法

本课程深入探讨了中国近代史学发展中的"新史学"思潮、实证史学、唯物史观史学思潮及疑古思潮等重要流派，并重点阐述了代表性史家的学术成就和特点，较为全面地展现近代中国史学的发展历程，分析了对近代史学影响深远的历史观念、史学思想和史学研究方法。课程的一个显著特色是学术论文写作训练与展示环节。所有选课学生的期中论文经过审读后，教师在课堂上会系统总结论文的特点和不足，并请优秀论文作者分享其论文写作思路与方法。

3. 评估方法

期中作业要求学生撰写一篇与课程内容相关的小论文，期末考试则为开卷形式。课程总成绩由论文（占 40％）和期末考试成绩（占 60％）组成。论文成绩（40％）＋期末考试成绩（60％）＝课程总成绩。

4. 课程特色

本课程的三大特色包括：第一，不局限于教材或书本中的知识框架，通过生动的讲授方式使学生理解近代中国史学思潮的发生、发展与流变，启发学生的问题意识和独立思考能力；第二，通过细致分析学生的期中论文，讲授论文中存在的普遍性问题及解决策略，提高学生的学术论文写作能力，普及学术论文的写作规范；第三，利用优秀论文作者在课堂上的展示，引导学生就相关学术问题进行讨论，互相启发，彼此借鉴。

(三)课程负责人简介

张越，北京师范大学历史学院教授，博士生导师，兼任中国史学会史学理论分会副会长、中国郭沫若研究会副会长、中国人民大学书报资料中心《历史学》学术顾问及执行编委等。张教授还是国家社科基金重大项目首席专家、国家的一流本科课程（线下）负责人，荣获北京市高等学校教学名师、北京高校优秀专业课主讲教师、宝钢优秀教师、北师大优秀博士论文指导教师、北师大暑期社会实践优秀指导教师等称号。他曾出版学术专著、主编教材教参多部，在《中国社会科学》《历史研究》《中国史研究》《近代史研究》等杂志发表学术论文、学术评论百余篇。除本课程外，张教授还主讲本科生大一强基计划与人文学科实验班基础课"史学理论"课程，以及硕士生、博士生的相关课程。

二、课程育人目标

本课程的育人目标主要涵盖两个方面。

第一，通过讲授和分析近代中国历史学的不同思潮与流派，课程旨在使学生了解并掌握中国近代史学发展中的各种主要史学思潮、相关史家的学术成就及其特点。特别强调中国马克思主义史学的形成、发展和特色，并指导学生如何用专业的历史研究视角来认识不同的史学观点，正确评价近代著名史家的成就。课程还着重探讨唯物史观史学在中国近现代史和中国革命史中的实际作用，以此来实践课程思政的理念。

第二，与我校建设"综合性、研究型、教师教育领先的中国特色世界一流大学"的办学定位相结合，本课程专门设置了讲评分析学生期中论文和学生优秀论文展示的环节。这有助于学生识别并总结论文中的常见问题，并初步掌握撰写符合学术规范的论文的基本技巧。课程以学术研究与师范教育的结合为目标，重点在课堂上讲授、指导和训练学生的论文写作、学术表达与沟通能力。通过这种方式，课程旨在实现课程育人与思政理念教育的融合，确保学生在知识学习和能力培养等方面都能受益。

三、课程思政案例

案例 1：唯物史观史学思潮

1. 结合章节(知识点)

近代中国的唯物史观史学思潮是如何形成的。

2. 案例意义

本课程内容主要涵盖近代中国史学中的"新史学"思潮、实证史学思潮、疑古思潮，以及唯物史观史学思潮。在众多史学思潮的激荡中，清晰地讲述唯物史观史学思潮的起源、基本特征及其实际影响，成为本课程实践课程思政教学模式的典型内容。

通常，我们的教育往往以灌输方式介绍马克思主义的传入，并运用唯物史观的社会形态理论来解释中国古代社会不同发展阶段的性质、近代中国半殖民地半封建社会的特点，以及中国马克思主义史学家的学术成就等。本课程旨在打破这种传统模式，专注于以历史情境作为教学的起点，深入探讨历史发展的实际情况。我们不仅注重对结论的阐释，更重视对历史发展过程的讲述；不仅强调历史事件的意义，更注重基于事实的历史逻辑分析。

3. 案例描述

具体来说，本课程在讲述马克思主义传入中国的历史时，不仅强调了李大钊、陈独秀、蔡和森、瞿秋白等中国共产党早期领导人在积极传播马克思主义方面的贡献，同时也介绍了当时的进步知识分子，包括国民党左翼人士在翻译和宣传唯物史观方面的努力。这表明，在当时的中国，使用唯物史观作为理论工具来分析社会问题已经成为各派人士的普遍共识。

在讨论郭沫若的《中国古代社会研究》——中国马克思主义史学的开山之作时，课程重点分析了郭沫若试图用唯物史观来解释中国历史、社会和思想的动机。在现实层面，这是为了探讨唯物史观在中国的适用性；在学术层面，则是从"实事求是"到"事实中求其所以是"，从"知其然"到"知其所以然"的逻辑深化。同时，课程评价了胡适所倡导的"整理国故"运动，认为这只是"知其然"，而用唯物史观来研究中国历史则是"知其所以然"的史学理解。课程还介绍了郭沫若在研究过程中发现传统史料的不足，转而解读甲骨文和青铜器铭文的经历，这不仅为古史研究开辟了新路，也驳斥了关于唯物史观史学忽视史料的观点。

在讲述中国社会性质论战和中国社会史论战时，课程阐明了大革命失败后，面对"中国向何处去"的时代问题，思想文化领域中用唯物史观来分析中国社会性质的问题意识。它突出了马克思主义社会形态理论在论战中成为各派学者共同遵循的理论的现象，并说明了近代中国被确定为半殖民地半封建社会性质的复杂过程。同时，课程介绍了社会史论战中学术与社会、历史与现实之间的矛盾和冲突，明确了唯物史观史学如何成为中国史学的新思潮和新的研究范式。

在讲授抗战时期中国马克思主义史学的迅速发展时，课程论证了《中国革命和中国共产党》和《联共（布）党史简明教程》对中国马克思主义史学的深远影响。此外，课程对比了延安和重庆两地中国马克思主义史学的不同特点，并介绍了中国马克思主义史学"五老"——郭沫若、范文澜、吕振羽、翦伯赞、侯外庐的学术成就，勾勒出民国时期中国马克思主义史学不断发展壮大的历史轨迹。

4. 教学效果

通过本课程的学习，学生从历史的实际发展中深入了解了唯物史观史学思潮的形成过程，这改变了他们以往在政治课或其他相关课程中对唯物史观史学所持有的刻板印象。在评教系统中，有学生写道："这门课程让我深刻体会到唯物史观史学的形成和发展是生动而真实的，而非仅仅是教科书上枯燥的条文。"另一名学生表示："马克思主义历史学既有其严密的学术逻辑，也满足了现实的需求，它的诞生绝非偶然。"在期中作业中，许多同学选择了马克思主义史学家作为他们的研究主题，这反映出课程对他们学术视野的拓展和思考方式的深化。

案例 2：期中论文写作的综合分析与讲评

1. 结合章节(知识点)

学术论文写作训练。

2. 案例意义

在本科生教学中，一个长期存在的普遍性问题是学会如何撰写符合学术规范的学术论文。本科大二、大三的学生通常会参与科研训练、创新创业项目、"京师杯"课外学术科技作品竞赛、学术论坛或夏令营等活动，这些活动往往要求提交学术论文，并且他们不久也将面临本科毕业论文的撰写任务。虽然在常规课堂学习中，学生会根据教师的要求完成课程论文，但他们往往无法获得对论文内容的有效反馈，仅能看到期末成绩，却不清楚自己的论文存在哪些问题，以及需要在哪些方面进行改进和提升。

为了解决这一问题，本课程特别增设了一个教学环节——期中论文写作的综合分析与讲评。这一环节旨在为学生提供具体的论文写作指导和反馈，帮助他们理解学术论文的写作规范，明确论文中的问题所在，并指导他们如何进行有效的修改和提升。通过这种方式，课程不仅传授专业知识，还注重培养学生的学术写作能力和批判性思维，从而更好地实现课程思政的育人目标。

3. 案例描述

教师细致地审阅所有学生的期中论文，识别出写作中的普遍问题，并举例说明正确与错误的写作方式，明确指出改进的方向。同时，教师总结了常见的学术规范问题，并制作了 PPT 用于课堂讲解。讲解内容涵盖了学生论文写作的总体情况、选题、结构、学术语言表达问题及学术规范等。

此外，教师挑选了数篇优秀论文，让写作者在课堂上展示他们的研究过程和写作心得，并引导全班就关键问题进行讨论，以此加强论文写作训练，并营造积极的学术交流氛围。

这种教学方法对教师备课提出了较高要求。教师需要投入大量时间和精力仔细审阅每篇论文，而不仅仅是简单评分。同时，教师需要具备扎实的学术研究能力，以便从多方面提取典型案例，并进行系统的归纳和讲解。虽然备课工作繁重，但这种教学方式能显著提升学生的学习效果。由于讨论的问题直接关联到学生的论文，他们能更直观地理解正确的学术写作方法。同时，由于讨论的是学生自己的作品，这种互动性强的教学方式有助于促进比较、交流和反思，增强了学习的实效性。

4. 教学效果

该教学环节成效显著，学生在课堂上全神贯注，课后反馈积极。许多学生通过邮件或面对面交流，讨论他们的论文。有学生在期末试卷中表示，教师的讲解让他们了解到选题的学术性、论文框架的逻辑性、论证的深入性以及摘要的写法等，这些都是之前未曾听闻的，对他触动很大。一位曾选修本课程、现在在985高校任教并获奖的青年教师在邮件中提到，是这门课程让他在学术道路上重拾信心，如果没有教师的鼓励和指导，他可能已经在中学或培训机构教书。许多毕业生表示，即使多年后，这堂课仍然给他们留下深刻印象，对他们的写作有着重要影响。

这些反馈证明了教学方法改革的成功，也凸显了强化课程思政育人功能的必要性和有效性。该教学案例在学校教务部的《本科教学督导工作专题报告》中多次作为"典型事例"被重点介绍。

四、课程评价

本课程的考核评价机制综合了学校教务部督导听课、学院主管领导听课以及学生评教等多种方式。学生对本课程给予了高度评价，评教成绩连年获得高分，并多次作为高分和观摩课程的典型事例在全校进行公开课展示。

学生普遍认为本课程逻辑清晰、重点明确，教学方法得当，注重培养创新意识和能力。他们表示，课程质量高，每节课都能获得丰富的收获，感谢教师让他们深刻体会到学习历史的责任和使命。课程体系性强，知识覆盖面广，课堂氛围活跃。教师有效掌控课堂秩序，引导学生思考而非单向灌输。课程运用多种教学方法，促进师生互动，营造了积极的学习氛围。

学校教务部在《本科教学督导工作专题报告》中多次将本课程列为"课程思政建设优秀课程"和"高分课听课总结"的典型案例。报告中提到，本课程在专业课教学中自然而有机地融入了思政元素，课堂节奏紧凑、条理清晰；教师对课程充满热情，教学理念先进，阐述问题科学严谨，并具有独特的见解和风格；作业讲评细致入微，既肯定了学生的问题意识，也具体指出了论文写作中的问题，体现了对学生实质性的教育和指导。

在教学推广方面，本课程教师应邀在多个高校思政理论课教师研修基地、培训中心和教师发展基地等单位举办的课程思政研究班中进行专题讲座，并在本校的课程思政专题培训和交流会中作主题报告。

本课程荣获"国家级一流本科课程（线下）"（2023年）、"北京高等学校优质本科课程"（2020年）、"北京师范大学本科教学方法改革示范课程"（2018年）等多项荣誉。

五、总结与思考

首先，课程思政的实施应尊重学科特性，将思政元素自然融入课程内容。教师应避免空泛地说教，坚持用史实阐释问题，遵循历史学的研究原则。

其次，教学应以学生为中心，根据他们的知识水平、理解力、认知特点和兴趣进行课程设计。这要求教师综合考虑学生的多方面因素，制定出切实可行的课程思政教学方案。

最后，课程思政对教师提出了高要求，包括理论素养、学术水平和师德师风。教师的个人风范对学生有着深远的影响，因此，教师应以身作则，为学生树立良好榜样。同时，教师需要具备扎实的政治理论基础和专业学术能力，以实现教学相长，有效实施课程思政。

中国近代史

一、课程概况

(一)课程信息

"中国近代史"是历史学本科专业必修课，共计 48 学时，3 学分，要求学生前期完成"中国古代史""世界古代史"两门课程。

(二)课程简介

1. 课程内容

本课程以辩证唯物主义和历史唯物主义为指导，系统讲授自鸦片战争以来中国社会在政治、经济和文化等领域发生的深刻变化，探讨中国逐渐沦为半殖民地、半封建社会的过程，以及近代中国人民为争取民族独立和社会进步而进行的反帝反封建斗争。通过本课程的学习，学生将对中国近代历史发展的基本线索、重大事件和基本理论有清晰的认识。

2. 教学方法

本课程采用讲授式、互动讨论式、文献导读等多种教学方法。

3. 评估方法

本课程对学生学习成果的考核方式包括平时考核(占 40%)和期末考试(占 60%)两种。平时考核方式主要通过外文史料翻译、学术论文撰写和课堂讨论等形式进行。

4. 课程特色

(1)课程思政学科优势明显。历史学是一门综合性的人文学科,具有强烈的价值教育导向。"中国近代史"教学紧密围绕民族独立、国家富强和社会现代化的主题,与当代中国的现实和走向关联紧密,具备丰富的思政元素和显著的育人效果。

(2)课程思政建设重点明确,育人目标清晰合理。课程以历史唯物主义为基本立场,紧扣民族独立和社会进步的历史发展主线,力求从史学角度来回应和解答当代中国人的时代追问,从而涵育学生的家国情怀和文化自信,激发青年学子投身中华民族伟大复兴事业的奋斗激情。

(3)课程思政方式多元,灵活运用国家领导人的讲话、党的历史文献等教学资料,为思政教研注入鲜活元素。同时,课程将主流学术期刊的争鸣性文章纳入教学研讨,有效提升了思政教育的针对性和现实性,并将历史叙事和阐释分析相结合,以情入心,以理服人,彰显中国传统史学的优良传统。

(4)注重理论联系实际,力求"以小见大",贴合后疫情时代党的思政教育重心,着眼于中华民族共同体建设的国家战略需要,适度纳入防疫防灾和铸牢中华民族共同体意识等教学专题。

(5)课程思政贯穿于教学及考核的全过程。我们采用灵活多样的手段,注重通过批判性阅读、开放式讨论和严肃的学术训练而非简单的知识积累,实现史学知识、马克思主义信仰和专业素养培育的有机统一。

(三)授课团队简介

授课团队由湛晓白和邱涛两位教师组成,他各自承担一半的教学任务。至今,他们已经连续 15 个学期讲授本课程,累计选课人数超过 2000 人。近年来,该教学团队积极响应教育部和学校号召,坚守立德树人的教育初心,专注于课程思政的建设。教学团队通过参与教育部主办的中国近代史课程教学培训,组织集体教研活动,不断优化教学课程内容和教学评估方式,他们依托课程申报教学改革项目,取得了多项省部级和校级教学奖励。教学团队致力于教研结合,在科研项目和论著成果发表方面取得了较为突出的成绩,团队成员出版的《中华民族的认同》《中国反贪史》等著作与课程教学内容密切相关,既保证了教学的学术前沿性,又贴合了中华民族共同体建设等国家战略需求,有效地提升了课程思政质量。

二、课程育人目标

作为本科生的专业必修课,本课程的思政建设重点在于引导学生在辩证唯物主义和历史唯物主义的指导下,正确理解重大历史问题,发挥历史学在教育中的引导和培养作用,为解答"培养什么样的人,怎样培养人"这一教育根本问题提供基础。

通过学习,学生能从理智和情感两方面深刻理解中国近代史,认识到这是一段无数仁人志士在巨大变革中不懈探索和奋斗的历史,也是中华民族伟大复兴的起点。通过历史的反思,学生可以认识到中国选择社会主义道路的历史必然性,增强文化自信,激发民族情感,提升精神力量,并坚定在中国共产党领导下为民族复兴而奋斗的理念。

将理论与现实相结合，有助于学生全面、客观、辩证地理解中国近代史的复杂性，形成正确的历史观。通过互动研讨和学术训练，课程旨在培养学生的人文底蕴、理性思维和科学精神，实现思政教育与专业素养培养的有机结合。

三、课程思政案例

案例 1：孙中山早期革命活动及思想

1. 结合章节（知识点）

辛亥革命与中华民国的建立。

2. 案例意义

通过分析革命家孙中山的早期革命活动和思想，本课程引导学生探讨历史人物的人生选择与时代、社会、地域文化的复杂联系，旨在打破线性思维，培育学生的历史辩证思维。

在价值观培育方面，本课程旨在引导学生深刻理解近代仁人志士为国家前途命运所经历的艰难探索，从而激发对中华民族伟大复兴的使命感和责任感。

3. 案例描述

课前预习

学生需阅读《上李鸿章书》和《三民主义与中国前途》（《孙中山全集》第二卷），以便为课堂深入讲授和讨论做好认知准备，形成对孙中山思想和活动的初步感性认识。

课堂导入

通过提问和设问的层层推进，我们引导学生对历史进行深入思考，使历史事件和人物变得"熟悉化",最终解答"孙中山为何选择革命道路"的问题。

课堂讨论

问题一:探讨孙中山是否从青年时期就明确了革命目标和意志。结合课前阅读材料,引导学生理解孙中山在年轻时对清朝统治曾抱有希望,其坚定的民主革命信念和道路选择是逐渐形成的。

问题二:分析孙中山成为职业革命家是否完全是个人选择的结果。从孙中山的家庭背景、社会关系网及个人经历出发,同时考虑他所处的时代背景、社会思潮和地域社会环境,辩证地理解历史中的必然与偶然,以及个体选择与社会结构的关系。

问题三:讨论孙中山三民主义的历史进步性和局限性。结合晚清时期的国内外形势,认识到尽管孙中山的三民主义思想尚不成熟,但它总体上与当时世界的进步思潮相一致。

课后学习

(1)党的文献:阅读毛泽东的《纪念孙中山先生》(《毛泽东选集》第五卷)和习近平在纪念孙中山先生诞辰 150 周年大会上的讲话(2016 年)。

(2)研究论著:研读李恭忠的《孙中山缘何走上反清道路——关系网络角度的考察》,发表于《江苏社会科学》2003 年第 4 期。

(3)思考问题:结合辛亥革命的历史事实,思考习近平总书记在纪念孙中山先生诞辰 150 周年大会上对孙中山的评价——"伟大的民族英雄,伟大的爱国主义者,中国民主革命的伟大先驱"。

4.教学效果

通过教师推荐阅读材料,学生养成了课前研读原始史料和了解最新研究成果的良好学习习惯,为历史学研究打下了初步基础。

学生的课前阅读与教师的课堂引导和讲授相辅相成，学生带着问题进入课堂，这确保了课堂讨论的针对性、有效性和深度。

教师从时代变迁与个人选择、社会结构与个人意志的双重视角出发，历史而辩证地分析孙中山成为革命领导者的过程。通过个案分析，有效地培养了学生的历史辩证思维和唯物史观。

案例 2："中国近代史"课程论文写作

1. 结合章节(知识点)

第十一讲：《辛亥革命与中华民国的建立》。

2. 案例意义

(1) 案例完整展示了学生在教师指导之下撰写课程论文并接受学术训练的真实过程，较好地体现了教师注重培养学生专业能力的教学理念。

(2) 案例选取与民族相关的历史议题作为论文选题，具有很强的思政教育意义，这很好地体现了课程思政与专业素养培育的有机结合，以及注重过程性考评的教学设计理念。

3. 案例描述

本案例涉及课程论文写作，包括教师指导、学生撰写和论文评审等环节，是构成课程平时成绩的核心部分。通常在教学周期过半时布置任务，并在周期结束前完成。平时考察与教学内容紧密结合，实际上是从"辛亥革命与中华民国的建立"专题中派生出的命题作文。具体要求和流程如下：

第一步，学生在教师的指导下，集中研读 1905—1906 年间革命派和立宪派在《民报》《新民丛报》《中国新报》等报刊上发表的政论性文章，特别关注双方围绕"种族革命"的辩论。

第二步，教师介绍学术检索技巧和文献综述的基本准则，学生收集有关双方论争，特别是关于民族革命的学术成果，并撰写文献综述。

第三步，教师引导学生围绕以下问题撰写论文：如何评价清朝的民族政策及其统治民族满族的特权？立宪派代表为何倡导大民族主义？所谓激进的"革命排满"论的历史合理性是什么？双方是如何引用不同的思想资源和学术理论来为其主张提供合法性的？

第四步，教师完成论文评审，给出具体的修改建议。

4. 教学效果

该作业是本课程平时成绩的重要部分，占总分的30％以上，因此学生们普遍非常重视，愿意投入相应的时间和精力，使得论文的完成度和整体质量较高。

专业素养与课程思政实现了有机结合：一方面，通过论文写作的训练，学生们通常能够掌握史学文献综述的基本技巧，开始具备史料分析、问题意识和史学写作的能力；另一方面，论文的主题既与教学内容紧密相关，又具有重要的现实意义，这有助于学生将理论与实践相结合，更深刻地理解当代中国民族政策的合理性，并培养中华民族共同体的意识。

四、课程评价

本课程强调过程性评价，通过改革考核方式促进教学方法的创新。具体措施包括：首先，鉴于每年选课人数超过百人，难以通过小组讨论形式进行有效互动，因此我们增加了灵活多样的考评方式，以满足课程思政的需求。其次，我们注重将专业能力提升与课程思政目标相结合，将论文写作作为主要的考核方式，同时培养学生的科研能力。在指导学生撰写论文的过程中，我们通过指定主题、引导史料分析、引入新的理论方法等，全面贯彻课程思政。最后，思政教育的融入自然而不生硬，为课程增添了额外的价值。

课程思政教学改革取得了显著成效，主要表现在：学生评分高，认可课程思政的合理性和效果。有学生反映，课程促使他们反思革命史观，摆脱传统的线性历史观，树立唯物史观。也有学生表示，通过本课程深刻体会到历史学中蕴含的价值观教育，既培养了专业基础，又培育了爱国情怀。此外，课程思政效果也获得了学校教学主管部门的认可，被评为北京师范大学课程思政建设优秀课程。依托本课程的教改项目"'中国近代史'课程思政育人优势研究"（2022年度）结项成绩优良，得到了专家的高度评价。同时，课程负责人主讲的"中国近代文化史"被评为"2023年北京市本科优质课程"。

五、总结与思考

教学团队注重课程思政的建设，不拘泥于传统模式，而是将线上线下研讨相结合，将课程思政与专业能力培养相融合，以及将教学与研究相结合。我们构建了一个成熟的培养体系，包括课堂讲授、指导学生研读史料和学术论文写作训练，取得了显著的课程思政成效。

然而，目前教学中仍存在一些问题，如选课学生众多而课时有限，这使得组织深入的小组讨论变得较为困难。未来，我们计划加强课后答疑，设计更多元和灵活的教学方式，以确保学生能够有效参与讨论。

此外，我们还将在未来的教学活动中，有意识地扩大教学的影响力。

我们将通过参与高校思政建设的交流研讨会议，与校内学生社团和党支部合作共建等方式，努力将课程的示范和辐射效应扩展到全校乃至其他高等院校。

中国古代民族史研究

一、课程概况

(一)课程信息

"中国古代民族史研究"是历史学院为中国古代史专业中国古代民族史方向的硕士一年级学生开设的专业必修课,也是面向历史学各专业硕士生的专业选修课,共计48学时,3学分。

(二)课程简介

1. 课程内容

本课程深入讲授中国古代各民族的起源、形成和发展过程,详细解读各民族在物质文明和精神文明方面的内容及特色。课程还将探讨中国历史上各民族间的交往、交流和交融,分析中国古代民族关系的演变。此外,课程论述中国历代王朝的民族政策,旨在总结其历史经验和教训,并阐述中国统一多民族国家和中华民族共同体的形成与发展,揭示各民族在中国历史与中华文明创造中的贡献。

2. 教学方法

本课程主要采用教师课堂讲授与研究生专题讨论相结合的教学方法。课程内容针对研究生基础课程的需求和特点，注重在深度、广度、启发性与创新性上下功夫。课程重点介绍中国古代民族史研究的基本问题、文献资料、理论框架与研究方法，兼顾学术前沿，重视基础，讲求创新。此外，课程要求研究生围绕民族史相关问题撰写读书报告和专题论文，通过组织专题讨论，促进学生分享学术心得，培养问题意识，锻炼写作和语言表达能力，提高在民族史研究领域的科研能力和学术素养。

3. 评估方法

考核内容涵盖研究生在课堂教学活动中的表现、读书报告和期末论文三个部分，考核的重点在于评估研究生的学科基础知识和学术研究能力，同时对研究生的学术道德行为规范也有明确的要求。

4. 课程特色

(1)植根厚重的学术传统。北京师范大学历史学科有着注重中国民族史研究的优良传统，学术底蕴深厚。在本学科的前辈学者中，王桐龄先生在民国时期出版了《中国民族史》，为学术界瞩目；陈垣、白寿彝等先生也在中国民族史领域辛勤耕耘，取得了重要的成就。这些前辈学者在该领域的学术贡献和优良传统，为我们的课程思政建设提供了宝贵的资源。

(2)重视理论的指导与运用。本课程坚持以马克思主义唯物史观、民族理论和习近平总书记关于铸牢中华民族共同体意识的重要论述为指导，系统、深入地讲授中国古代民族史的重要问题，正确阐释中华民族共同体的形成和发展，澄清西方学者在中国民族史问题上的曲解、误读，以正视听。

(3)重视多语种文献的挖掘利用。通过整理和研究多语种文献中关于中华民族共同体意识和各民族交往交流交融的史料，在拓展研究生视野，夯实其文献研究基础的同时，让多语种文献成为铸牢中华民族共同体意识的重要资源。

(三)课程负责人简介

王东平，北京师范大学历史学院教授、博士生导师，兼任中国民族史学会、中国人类学民族学研究会以及中外关系史学会的理事。

王教授长期从事中国古代史、北方民族史、西域史的教学和研究工作，尤其在元明清时期北方地区民族史、少数民族法制史，以及清代西北边疆治理等领域有深入的研究。他在《民族研究》《世界宗教研究》《中国边疆史地研究》《汉学研究》《明大アジア史論集》等刊物上发表了 60 余篇学术论文，并出版了包括《清代回疆法律制度研究：1759—1884 年》《中华文明起源和民族问题的论辩》《明清西域史与回族史论稿》在内的多部学术专著。他的著作《清代回疆法律制度研究：1759—1884 年》荣获北京市第八届哲学社会科学优秀成果奖，合著的《历史文化认同与中国统一多民族国家》则获得了教育部第七届高等学校科学研究优秀成果奖。

二、课程育人目标

本课程通过系统、深入的讲授，使研究生了解中国古代民族史研究的基本问题、文献史料，并熟练掌握民族史研究的理论与方法。课程旨在关注学术界相关问题的新进展，拓宽学生的研究视野，夯实其学业基础，并提升其专业能力和学术水平。

课程以马克思主义唯物史观和民族理论为基础，准确阐释中国统一多民族国家和中华民族共同体的形成与发展过程，深刻揭示了中国各民族共同创造中国历史与中华文明的内涵，有助于提高研究生的马克思主义理论修养，使其树立正确的中华民族历史观，并铸牢中华民族共同体意识，自觉维护国家统一和民族团结。

课程还特别重视研究生课程论文的选题，鼓励研究生围绕铸牢中华民族共同体意识和各民族之间的交往交流交融等主题进行思考，将学术价值和现实意义有机结合，体现课程的思政教育价值。

三、课程思政案例

案例 1：中国历史上民族关系的主流问题探讨

1. 结合章节(知识点)

中国古代民族史研究导论课。

2. 案例意义

在民族史研究中，坚持历史唯物主义和马克思主义民族理论的指导至关重要，本课程注重提升研究生的马克思主义理论修养，并通过解读中国历史上的民族关系，帮助研究生把握民族关系的主流，树立正确的中华民族历史观，铸牢中华民族共同体意识。前辈学者如白寿彝先生等，他们深厚的马克思主义理论功底和学术创新精神，为后辈树立了学习的榜样。

3. 案例描述

中国地域辽阔，民族众多，历史上民族关系极为复杂。学术界对于中国古代民族关系的主流问题持有不同的见解。课前，安排研究生梳理相关问题的学术史，在引导他们客观评述不同观点的同时，重点关注白寿彝先生在中国民族关系问题上的思考和学术贡献。

白寿彝先生基于马克思主义民族平等的理念，深入研究了中国历史上的民族关系。他提出，评价正义不应仅以汉族的利益为唯一标准，而应将所有民族的利益纳入考量，无论民族大小，都应受到平等对待。白先生不仅强调了少数民族对中国历史的重要贡献，也充分肯定了汉族在推动中国历史和中华文明发展中的突出贡献和引领作用。

在学术界关于中国古代民族关系主流问题的讨论中，白先生运用马克思主义民族理论，并结合中国历史的实际发展，提出了创新性的观点。他指出，友好合作和战争冲突都不是民族关系的主流。中国几千年的历史证明，许多民族共同创造了我们的历史，各民族共同努力，不断把中国历史向前推进，这是民族关系的主流。白先生从多民族共同创造历史和中华文明的角度，对中国历史上的民族关系进行了不同于前人的新的解读。

白先生主张民族平等和民族团结，并不回避历史上的民族矛盾和斗争。他认为，历史科学应该深入研究这些矛盾和斗争的性质及其对历史发展的影响，这不仅有助于科学地理解历史，也对解决现实问题具有重要意义。白先生在研究古代民族关系时所采用的方法，展现了马克思主义唯物辩证法的精神。

4. 教学效果

通过学习，研究生能够了解到新中国成立以来学术界在中国古代民族关系主流问题上的不同观点，对该领域的代表性学者、学术观点和立论依据有了基本的认识，扩大了知识面，夯实了研究基础；深刻认识到马克思主义民族理论在民族史研究中的重要性，对中华民族历史观有了深切体会；认识到学术论辩的价值，以及前辈学者的学术思想，激发了继承和发扬前辈学者勇于开拓创新的学术精神。

案例 2：契丹族的起源和早期历史

1. 结合章节（知识点）

北方民族史课程中的一章节，主要讲述契丹族的起源和早期历史，内容包括契丹的族称、族源，契丹族早期传说，"古八部"和大贺氏部落联盟时期、遥辇氏部落联盟时期的若干问题。

2. 案例意义

通过讲授契丹族的历史贡献，我们能够充分阐释中国历史和中华文明是由各民族共同创造的。在探讨契丹族源的记述，特别是"辽之先，出自炎帝"这一说法时，我们揭示了中国古代少数民族对中华民族的深厚认同感，这为加强中华民族共同体意识提供了坚实的历史支撑。同时，通过对契丹族形成问题的深入讨论，并结合马克思主义经典作家的相关论述，我们能够更深刻地理解马克思主义民族理论，从而加深对历史事件的认识和解读。

3. 案例描述

契丹族对我国历史产生了深远的影响，并在学术界得到了广泛的认可。本课程的讲授基于王钟翰主编的《中国民族史》中的总结，详细论述了契丹族的成就：他们建立了辽朝，在 200 多年的统治期间，首次将中国广大的北方地区各民族统一起来，并且打破了长城的界限，将北方的游牧经济与长城以南的农业经济相结合，为游牧经济注入了新的活力，推动了农牧结合的发展模式。辽朝的政治体制和"因俗而治"的民族政策，为元、明、清等后世统治者提供了宝贵的治理经验，对统一多民族国家的治理有着重要的历史借鉴意义。

在讲述契丹族的族称与族源问题时，我们注重分析不同的学术观点及其文献依据，并关注学术界的新成果。在探讨契丹族源问题时，我们讨论了契丹民族对华夏的认同。《辽史》中记载："辽之先，出自炎帝。"这不仅是编纂《辽史》的史臣们的观点，也反映了辽代契丹人的自我认同。契丹人自称为炎黄子孙，展现了他们对华夏的强烈认同感，这是长期民族融合的结果，也是中华民族共同体成长和凝聚力加强的体现。通过这一问题的讨论，我们引导研究生分析中国古代历史书写中体现的中华民族共同体意识及其历史价值。

关于契丹族的早期历史，包括神话传说、民族起源、社会结构、经济生活、民族关系等方面，中外学者已经进行了深入研究。我们梳理了学术界的相关研究成果，明确了学术进展。同时，指导研究生学习恩格斯的《家庭、私有制和国家的起源》等著作，并运用马克思主义民族理论，对契丹早期历史的各种问题进行深入阐释。

4. 教学效果

本课程使研究生全面了解契丹早期历史研究中的基本问题、重要成果和学术观点，从而夯实学科基础。同时，课程关注学术研究的最新进展，立足学术前沿，培养研究生的创新意识。通过运用马克思主义经典作家的论述来研究契丹早期历史，课程提高了研究生的马克思主义理论素养。此外，课程还强调了少数民族对中国历史和中华文明的重要贡献，以及中华民族历史观的丰富内涵。

案例 3：喀喇汗王朝史

1. 结合章节(知识点)

西北民族史课程中的一章节，讲述喀喇汗王朝的兴衰。

2. 案例意义

通过对喀喇汗王朝相关问题的讲授，我们旨在阐明以下几点：边疆少数民族的历史是中国历史不可分割的一部分；少数民族地区的社会进步反映了中华民族整体发展的进程；少数民族的文化成就同样是中华民族宝贵的文化遗产；边疆少数民族地区与中原地区的经济文化交流是民族间互动融合的重要体现；边疆少数民族的中华意识是中华民族共同体形成和发展的基石。

3. 案例描述

关于喀喇汗王朝的早期历史，由于史料阙如，中外学者难于详述。有关王室的族属聚讼纷纭，学术界曾经有过"样磨说""葛逻禄说""炽俟说"等不同认识。魏良弢先生在 20 世纪 80 年代初，通过深入研究，确证喀喇汗王朝为维吾尔族的先民，即西迁回鹘人所建。他呼吁史学界展开对喀喇汗王朝历史的研究，把喀喇汗王朝写进中国通史。

喀喇汗王朝时期，西迁的回鹘等部落完成了由游牧生活方式向农业定居生产方式的过渡，同时，西域地区与祖国内地经济文化交流频繁，促进了西域地区经济文化的繁荣，产生了《突厥语大词典》《福乐智慧》等重要的文化成果，为维吾尔族绚丽多彩的文化奠定了基础，也丰富了中华文化宝库。

喀喇汗王朝与祖国内地保持着紧密的联系。它与辽朝联姻，也多次派使臣向宋朝朝贡。喀喇汗王朝的统治者自称"桃花石可汗"，自认是中国的君王，说明喀喇汗王朝具有浓厚的中国一体意识。喀喇汗王朝王室成员马赫穆德·喀什噶里在当时伊斯兰文化的中心巴格达用阿拉伯语完成《突厥语大词典》。他在书中称，秦分为三部分——上秦、中秦和下秦，上秦和中秦分别是北宋和契丹，下秦是自己家乡喀什噶尔。喀什噶尔是中国一个组成部分的观念，如实地反映了自古以来我国各族人民结成的血肉联系。

4. 教学效果

课程使研究生了解了喀喇汗王朝研究相关的文献资料、基本问题和主要学术观点，丰富了知识结构，提高学术素养；了解了历史上边疆少数民族的中华意识，为铸牢中华民族共同体意识，提供了生动的例证；认识到少数民族文化成就是中华民族共同的文化瑰宝，应该引以为豪；正确阐明边疆少数民族地区的历史，正本清源，自觉维护国家统一、民族团结，反对分裂。

四、课程评价

作为一门研究生专业基础课，"中国古代民族史研究"在北京师范大学历史学院（系）开设已有二十余年。选修该课程的学生来自汉族、维吾尔族、回族、达斡尔族、藏族、满族、朝鲜族、壮族、侗族等 10 多个民族，包括硕士和博士生。近年来，课程结合专业特色，挖掘课程思政教育资源，帮助研究生树立了正确的民族观，并在学术研究中自觉以马克思主义民族理论和中华民族历史观为指导，在日常生活中，研究生也能够自觉维护国家统一和民族团结。本课程的教学内容丰富翔实，教学效果显著，考核机制完善，不仅受到选课学生的好评，也得到校内外同行的肯定，曾荣获北京师范大学研究生教学成果奖。

五、总结与思考

为了进一步深化课程思政教育，我们将继续挖掘和整理课程中蕴含的思政资源，并建立中国古代民族史课程的思政资料库。同时，我们将推动选课研究生参与马克思主义民族理论的读书会活动，并将其纳入课程考核体系。此外，我们将通过教学促进科研，指导研究生撰写高质量的学术论文。

未来改进的措施包括：首先，加强教师自身在马克思主义民族理论方面的修养，以提升课程思政教育的质量；其次，吸引更多研究生参与课程学习，扩大课程思政教育的影响力；最后，组织选课学生开展与中国古代民族史研究相关的学术调研和社会实践活动，以丰富课程思政教育的形式和内容。

中国古代史学经典选读

一、课程概况

(一)课程信息

"中国古代史学经典选读"属于本科生基础必修课、全校通识课,开课对象主要是历史学大学一年级学生,共计 64 学时,2 学分。

(二)课程简介

1. 课程内容

该课程历史悠久,由我校老校长陈垣先生首创。陈垣先生曾于 20 世纪 20 年代初在北京大学设置了"史学名著选读"课程。新中国成立后,该课程更名为"中国历史文选"。自 2014 起,为了适应教学课程改革的需要,课程更名为"中国古代史学经典选读",主要由姜海军教授、张升教授、邓瑞全副教授、葛小寒讲师等教学团队成员承担具体教学工作。

教学团队于 1995 年开始编写"中国历史文选"的新教材,并持续进行修订,该教材荣获全国普通高等学校优秀教材一等奖。同时,由于在教学改革方面的突出成绩，教学团队的前辈与核心成员荣获北师大优秀教学成果奖一等奖、北京市级教学成果奖二等奖、北京市高等教育教学成果奖一等奖(2次)、国家级高等教育教学成果二等奖等多项荣誉。

在资源建设方面，我们采取了以下措施：其一，在课程主页上增加了"课程改革"栏目，上传了汝企和教授的八篇教学改革论文，这些论文全面总结了本教研室多年来在教材和教法改革方面的经验和理论成果。其二，将新修订的教学大纲及相关的古汉语常识，如文字学、音韵学、训诂学，以及避讳、姓氏、车马、衣饰等内容上传至课程主页。其三，在作业板块中添加了古汉语习题，包括古汉语常用字习题、阅读习题和综合练习。

2. 教学方法

本课程主要以汝企和主编、张升副主编的《中国历史文选(上、下)》(北京师范大学出版社，2008年)为基本教材，具体教学内容围绕史学经典的"篇章"(选文)展开，通过教师的课堂讲授，辅以适当的实践与练习，帮助学生通过选文理解单一文献，进而通过单一文献来了解某一类文献。课程注重以古汉语基础知识，包括文字学、音韵学、训诂学，作为学习的指导线索。同时，课程设置了若干"实习"要求，分学期、分阶段地引领学生利用所学知识查找、接触和阅读古籍。

3. 评估方法

本课程的成绩评定由平时成绩(40％)和期末成绩(60％)两部分组成。

平时成绩偏重培养学生的探究和研讨能力，在作业设置上鼓励学生自主阅读史料，如指导学生从《廿二史札记》《日知录》《明史》等史学经典中选取材料，追溯其"史源"，以此激发学生对历史研究的兴趣。

期末成绩侧重于考查学生的古文基础，通过闭卷考试的形式进行，且在出题过程中遵循三个原则：其一，将字词解释、古文标点与文言释意相结合；其二，既覆盖课堂讲授的内容，也包括教材之外的史学名篇；其三，将简体字与繁体字的阅读能力结合起来考察。

4. 课程特色

第一，本课程通过史学经典研读，将文化传承与铸魂工程有机融合，落实了本科教学中立德树人的根本任务。

第二，我们将课程选文与经典文献相结合，使学生通过一篇选文了解一部史学经典，开创性地提出了一种"1＋1＋1"教学模式。

第三，我们弘扬北师大"根柢之学"的传统，探索了独具特色的"史源学"考核方式，引导学生从被动学习转向主动探究。

第四，我们重视配套课程的建设，旨在构建"史学"与"经典"的桥梁，并打破"经史子集"四部之学之间的界限。

(三)课程负责人和团队简介

本教学团队由姜海军教授、张升教授、邓瑞全副教授和葛小寒讲师组成。课程负责人姜海军教授在过去五年中持续负责"中国史学经典选读（上）"的教学工作，并于 2012 年凭借"中国历史文选"BB 网络教学平台获得国家发改委"下一代互联网教师教育创新支持系统应用示范"项目优秀奖。2020 年，他荣获"北京市青年教学名师"称号。

团队成员张升教授同样在过去五年中连续负责"中国史学经典选读（下）"的教学工作。他与葛小寒合作，在北京和珠海两个校区开设了"中国历史要籍介绍与选读"、"中国史学经典选读"和"历史文献学"等课程，打破了空间限制，探索了北京－珠海两地协同授课的新模式。

在教学之外，课程团队还积极推动教学研究。一方面，我们与兄弟院校合作，举办了七届"中国历史文选教学改革研讨会"，最近一次在 2019 年举行，并出版了《中国历史文选教学研究》论文集。另一方面，团队建立了人才培养平台，深化教学改革，以《依托一流学科，基于经典研读，培养注重根柢之学的历史学拔尖人才》为题，获得了北京师范大学高等教育教学成果一等奖、北京市高等教育教学成果一等奖和国家高等教育教学成果二等奖等多项荣誉。

二、课程育人目标

"中国古代史学经典选读"是一门面向所有文科专业学生的史学基础课程。本课程精选了中国古代史学发展中的重要作者、经典著作和代表性文章作为阅读材料。通过讲授这些文献，课程旨在让学生初步了解中国古代史学的多维度，提高古文阅读能力，增强独立解读史料的能力，培养学生阅读经典的习惯，并传承北师大历史学注重基础的传统。具体目标包括：(1)熟悉古代史学经典，为人文学科的学习、研究与教学打下坚实基础；(2)提升古汉语水平；(3)掌握基本的文献学常识与历史文化知识。

教学团队精准把握课程思政建设的方向和重点，将价值塑造、知识传授和能力培养紧密结合，具体措施如下。

第一，以习近平新时代中国特色社会主义思想为指导，注重传承和弘扬中华优秀传统文化和品德，通过课程、实践和科研育人等多种方式，挖掘传统文化的魅力，提升学生的品德，塑造价值观。

第二，充分发挥课程育人功能，将课程内容与历史学专业建设、学校学科发展相结合，通过精选古代史学经典文献，如《周易》《尚书》《诗经》《春秋》《左传》《论语》《史记》《汉书》《后汉书》《资治通鉴》《四库全书》等，培养学生的品德、思想和情怀。

第三，在课程建设的评价和运行中，突出价值塑造、知识传授和能力培养，选择体现孝悌忠信、礼义廉耻、爱国修身等品质的内容，并将论文写作、经典研读与能力提升相结合，充分发挥课程思政的功能。

第四，注重课堂讲授、知识研讨与课外实践的结合，通过作业训练、课外古文实习、经典研读、孝道践行、论文写作、项目研究等活动，全面提升学生的品德、能力和思想。

三、课程思政案例

案例 1：以《史记》篇章为载体，弘扬社会主义核心价值观

1. 结合章节(知识点)

《史记》的内容、思想内涵及价值。

2. 案例意义

在中国古代史学经典选读课程中，深入挖掘《史记》这一史学巨著中的思想政治教育资源，对于弘扬社会主义核心价值观具有重要意义。我们精心选取《史记》中的英雄人物和重大历史事件，比如秦始皇、泚水之战等，将其作为弘扬社会主义核心价值观的生动案例，融入课程教学内容之中。

3. 案例描述

例如，我们选取《廉颇蔺相如列传》这一篇章，详细讲解廉颇和蔺相如两位古代英雄人物的爱国情操和高尚品质。通过深入分析他们在国家危难时刻挺身而出、英勇抗敌的事迹，引导学生深刻体会爱国主义的伟大力量。同时，我们结合当前的国家形势和社会现实，阐述爱国主义在新时代的具体内涵和表现形式，激励学生将爱国之情转化为实际行动，为国家和民族的发展贡献自己的力量。

在讲授过程中，我们运用文字学、音韵学、训诂学等专业知识，对《史记》中的古文进行详细解读和阐释，帮助学生在研读过程中学会解读古文献、分析其中的历史信息。通过理解古文含义、把握文章主旨，学生能够更深入地领略古代先贤的思想境界和道德风貌。同时，我们结合社会主义核心价值观的内容，对《史记》中的人物事迹进行现代解读和比较，如将廉颇、蔺相如的爱国主义精神与社会主义核心价值观中的"爱国"理念相联系，引导学生认识到传统文化的现代价值和意义。

为了进一步深化学生对《史记》与社会主义核心价值观的理解，我们布置相关的课后学习任务。例如，我们要求学生围绕"《史记》人物与现代社会主义核心价值观的契合"这一主题，撰写学术论文。在论文写作过程中，学生需要结合课堂学习内容，自行选取《史记》中的人物进行深入分析，并探讨其事迹与社会主义核心价值观的相通之处。这样的论文写作过程既能够锻炼学生的学术研究和写作能力，又能够引导他们主动思考和探索传统文化的现代价值。

此外，我们组织丰富多样的课外实践活动，以巩固和拓展课堂教学成果。例如，开展以《史记》为主题的读书会、研讨会或辩论赛等，为学生提供更多的交流和讨论机会。在这些活动中，学生可以围绕《史记》中的人物、事件和思想进行深入探讨，分享自己的见解和感悟。这样的实践活动，不仅能够增进学生对传统文化的兴趣和热爱，还能够培养他们的思辨能力和创新精神。

4. 教学效果

我们通过将《史记》篇章作为弘扬社会主义核心价值观的载体，中国古代史学经典选读课程可以实现专业知识传授与思想政治教育的有机结合。通过深入挖掘传统文化中的思政教育资源，丰富课程内容、改进教学方法、探索创新课程思政建设模式和方法路径，我们可以更好地培养学生的爱国情怀、民族自豪感和社会责任感，为培养德智体美劳全面发展的社会主义建设者和接班人贡献智慧和力量。

案例 2：利用《资治通鉴》历史事件，培养学生的历史使命感和责任感

1. 结合章节（知识点）

《资治通鉴》的内容及思想。

2. 案例意义

《资治通鉴》作为中国古代史学的重要典籍，不仅记录了丰富多彩的历史事件，更蕴含了深刻的历史教训与智慧。在"中国古代史学经典选读"课程中，教师精心选取《资治通鉴》中的关键历史阶段和重大事件，将其转化为生动的教学案例，进而培养学生的历史使命感和责任感。

3. 案例描述

我们深入讲解春秋战国时期的诸侯争霸，通过描绘当时错综复杂的政治格局、战争及社会变革的背景，让学生感受那个波澜壮阔的时代，感受历史的厚重与沧桑。在讲解过程中，我们结合文字学、音韵学的专业知识，对《资治通鉴》中的古文进行细致解读，帮助学生理解历史事件背后的文化内涵和时代精神。同时，我们运用现代史学理论和方法，多角度、深层次地剖析历史事件，引导学生形成全面、客观的历史观。

为了加强学生的历史使命感和责任感，我们采用研讨式学习方法，组织学生围绕"《资治通鉴》中的历史智慧与现代国家治理"等主题开展小组讨论。在讨论过程中，学生可以结合课堂所学知识，查阅文献资料，交流观点。这样的讨论有助于学生深刻地认识到历史与现实的紧密联系，以及新时代青年的历史责任。

课后，我们为学生设计了一系列实践活动，以巩固和拓展课堂教学成果。我们要求学生选择《资治通鉴》中的篇章进行深入研究，并撰写读书报告或研究论文。通过这一实践活动，学生可以更加深入地理解历史事件和人物，培养独立思考和解决问题的能力。我们还结合当地历史文化资源，组织学生开展实地考察和调研活动，如参观历史遗址、博物馆或档案馆等机构，让学生体验当地的历史文化和发展变迁。此外，我们鼓励学生将所学知识与现实社会相结合，开展社会公益活动或志愿服务等实践活动，增强他们的历史使命感和责任感。

4. 教学效果

通过《资治通鉴》中的历史事件来培养学生的历史使命感和责任感，是一种有效的教学策略。我们通过深入挖掘历史资源、创新教学方式方法、丰富实践活动内容，使课程可以更好地实现专业知识传授与思想政治教育的有机结合，为培养德智体美劳全面发展的社会主义建设者和接班人奠定坚实基础。

四、课程评价

本课程采取多元化和综合性的教学策略，通过经典研读、课外实践和论文写作，深入挖掘传统文化，致力于提升学生的思辨能力和文化素养。课程特别强调将传统文化与孝道教育、历史人物的事迹相结合，引导学生在实际行动中加深对传统文化的理解。这种教学方式获得了校内外的广泛认可，赢得了多项教学奖项，并且学生反馈满意度高。

自开设以来，本课程就受到校内外同行的高度评价，被选为北京师范大学的核心课程，并荣获国家级和市级的多项教学成果奖，确立了其在国内的领先地位。学生们普遍反映课程内容充实、讲授生动，使他们能够真切地体验到传统文化的魅力。

在思政教学方面，本课程融入了传统文化元素，引导学生建立正确的价值观和人生观，从而增强了思政教育的针对性和实效性。其创新的教学模式为其他高校提供了可借鉴的经验，促进了传统文化教育与思政教学的融合发展。学生普遍认为，课程不仅有助于建立文化自信和民族自豪感，还有助于他们明确人生目标，这充分展现了本课程在思政教育方面的显著成效。

五、总结与思考

首先，课程建设将以"课程数据库"为核心，强化系列教材的构建。鉴于学生普遍倾向于使用数字工具学习，我们计划将传统的教材中心课程模式转变为以"课程数据库"为中心的模式。这包括整合现有教材中的史学经典篇章，并扩展选文范围，明确区分重点学习材料与课外阅读材料。同时，数据库将增加工具性资源，如异体字和篆体字的识别指南、史学经典概要等，以优化学生的课后学习和自主学习环境。

其次，我们将设置"古文实习室"，为学生提供一个亲身体验史学经典的学习平台。针对学生对古文学习的普遍畏惧心理，实习室将营造一个充满古籍、教材和学习资料的学习环境，帮助学生进入学习状态，并有效利用各类工具书。此外，实习室还将引导学生接触和学习线装书等实物，为将来直接阅读古籍打下基础。

最后，我们将转变课程教学的侧重点，从"文意梳理"转向"史料分析"。鉴于现代辅助学习工具的广泛应用，如古籍 OCR 技术和 AI 智能翻译等，学生对选文的"文意"理解可以在课外自主完成。因此，我们认为有必要将课堂教学的重点转移到指导学生运用选文和史料来解决具体的学术问题上。

农村社会学与农村研究

一、课程概况

(一)课程信息

"农村社会学与农村研究"为社会学专业教育选修课程，共计 32 学时，2 学分。

(二)课程简介

1. 课程内容

自 2010 年开设以来，本课程始终立足于中国的基本国情和农村社会的现实发展状况，深入探讨农村社会在中华民族现代化进程中的战略地位以及乡村振兴的战略方向。课程通过农民、农村家庭、农村社区以及乡村治理等多元视角，系统而全面地分析并介绍农村社会结构及其在当前社会巨变中的发展态势。在此基础上，课程还详细描述和分析了乡村治理的模式和运作机制。

2. 教学方法

本课程采用的教学方法主要包括讲授、实践、案例分析、小组讨论等。

3. 评估方法

本课程主要通过期中和期末课程论文、课堂参与情况来评估学生的学习成果。

4. 课程特色

本课程坚持把立德树人作为根本，把思政教育贯穿教育教学全过程，实现全程育人、全方位育人。通过学习，学生不仅可以掌握基本知识、理论与方法，而且可以运用科学理论和方法观察、思考农村社会现象，解决农村社会问题的能力。同时，课程深挖并融合课程中潜在的思政教育元素，培养学生的家国情怀和建设"三农"的理想，使他们成为我国乡村振兴事业的中坚力量。

课程致力于将当代农村的变迁放置于中国共产党治国理政的历史进程中，以此构建一个立体和动态的农村社会"沙盘"，让学生知道农村的现状和特点。课程旨在培养学生的社会学思维和想象力，使他们能够透过表象看到中国基层社会的结构和本质。

(三)授课个人或团队简介

董磊明，北京师范大学社会学院教授、博士生导师，兼任中国社会学会常务理事、中国社会学会农业社会学专业委员会副会长、社会建设专业委员会副会长、教育部"马工程教材""农村社会学"的首席专家。董教授先后在《中国社会科学》《社会学研究》《管理世界》《政治学研究》《法学研究》等期刊发表80余篇学术论文，并出版了6本学术专著。

二、课程育人目标

本课程立足于学术研究前沿，全面而准确地反映当下中国农村社会结构、价值、制度等层面的变迁逻辑，并通过纵向和横向两个维度的比较研究，呈现出一个立体的农村社会沙盘。

课程旨在展现农村社会学与整个社会学学科体系的紧密联系，以及农村社会学与多学科农村研究之间的互动。同时，课程探讨了农村发展与中国国情和中国现代化进程之间的有机关系。

课程致力于培养学生树立中国社会科学本土化的研究意识，并帮助他们深入理解农村社会学的正确立场、观点与研究方法——不仅给予"鱼"，更授予"渔"。

三、课程思政案例

案例1：如何理解乡村治理的内涵

1. 结合章节（知识点）

《乡村治理（上）》。

2. 案例意义

选用案例的意义在于帮助学生客观理解国家基层治理的丰富内涵和复杂性。课程将中国基层治理、村民自治、乡村振兴、城镇化等国家重大发展战略，与农村社会变迁、城乡关系、基层社会的法治实践等关键议题相结合，这些议题都与国计民生息息相关。通过运用社会学、政治学、法学的理论和方法，结合课程负责人的深入实证研究，课程旨在将国家的政策方针和实践策略恰当地融入教学中，提升思政教育的吸引力和针对性，满足学生的成长和发展需求。

3. 案例描述

教师先介绍了中国乡村治理的历史演变，并从中提炼出普遍性的规律和理论，然后通过分析一些广为人知的乡村治理案例，旨在全面展示乡村治理的复杂性和其背后的基本原理。在此基础上，课程归纳了乡村治理的核心内涵：(1)当前的乡村治理问题意识体现了"治国理政"在乡村层面的实践，它是国家治理体系的一个重要组成部分。(2)国家的现代化进程不仅塑造了乡村治理的宏观外部环境，而且为乡村治理提出了具体的历史任务。(3)乡村治理的模式是国家级政策意志与乡村社会互动的结果。

4. 教学效果

课程对学生的价值观和看待问题的立场产生了积极影响。通过梳理中国乡村治理的历史变迁，并结合党史知识，课程在无形中向学生传递了社会主义核心价值观。

学生学会了正确认识问题的方法，这使他们能够更深刻地理解乡村治理所面临的广阔背景，以及政策的社会基础和运行机制，并能对其进行准确的评估。通过专业学习，学生对乡村治理的复杂性和挑战有了更深刻的理解，认识到了中国共产党在农村基层改造和建设方面取得的伟大成就，从而避免了简单地厚古薄今的倾向。

许多学生能够运用正确的立场和方法研究乡村治理的具体问题，并撰写了高质量的课程论文。在老师的持续指导下，一些论文被进一步发展成了优秀的科研成果。近年来，本课程的学生作业在全国"挑战杯"竞赛中获得了特等奖和一等奖各一项。此外，学生的课堂作业最终发表为学术论文10余篇。教师与学生共同撰写并出版了 4 部学术著作，分别是《故乡可安身——扎根型城镇化中的古源村》《黄村：乡村工业化与村庄的重塑》《聚义村：当代农民行动逻辑的演变》《李村：就近城镇化与地缘圈的重构》。

案例2：农村调研方法

1. 结合章节（知识点）

《农村社会研究方法》。

2. 案例意义

理解历代仁人志士的努力，尤其是中国共产党在探索中国发展道路中所经历的艰辛与伟大，对于培养学生正确认识社会的立场和方法至关重要。农村社会调查不仅是社会学调查方法的有效应用，也是中国共产党长期坚持的有效工作方法的体现。

进行农村社会调查，不仅有助于学生掌握科学的方法和理论，而且有助于学生继承和弘扬党深入社会、密切联系群众的优良传统，理解当前"大兴调查之风"的重要意义。这样的实践活动旨在培养一批能够吃苦耐劳、脚踏实地、心系人民的时代新人。

3. 案例描述

本案例通过教师的课堂讲授引入，采用历史与理论相结合的方式，系统地介绍了包括共产党研究者在内的不同学术流派在农村调查中所采用的方法，并结合讲授者的亲身经历和具体调研案例，引导学生进行深入讨论。

在农村社会调查的具体方法上，课程旨在让学生掌握以下几个关键方面。

(1)端正态度：态度至关重要，需要站在农民的视角，用简单、生活化的语言进行沟通，确保信息的清晰传达。在交流中，应将自己视为学习者而非仅仅是调研者，进行角色转换。

（2）人物访谈：到达村庄后，先与村支书接触以了解基本情况，并获取一份"明白人"名单，然后逐户进行访谈，访谈对象应为村中的权威人物和理解力强的村民。

（3）偶遇式调查：在田间地头等自然场合，随时与村民进行非正式交谈，从他们的日常生活中提取有价值的信息，同时筛选掉无关紧要的内容。

（4）个案研究的延伸性：在研究中注意个案的背景和细节，如两人冲突背后的长期恩怨、家庭背景和观念差异等，同时避免过分陷入细节。

（5）概念操作化：将抽象概念转化为生活化、场景化的问题，以平等甚至谦卑的态度与村民交谈，耐心倾听他们的意见。

（6）多角度比较：如果在访谈中获得的信息与个人经验或常识不符，应多询问其他人。如果多数人持相同观点，可能需要重新评估自己的常识或其对现象的解释力。

（7）理解现象背后的结构性意涵：培养社会学的想象力，对观察到的现象进行深入的意义阐释和结构性分析。

4. 教学效果

通过该课程教学，学生初步掌握了农村社会调查的基本方法，并积极地参与各种形式的社会调查，尤其是假期的返乡社会调查。很多人在社会调查的基础上完成了较高水平的调查报告和课程论文。

四、课程评价

本课程面向全校本科生开放，每次选课人数均超过一百人，吸引了许多校内外师生前来旁听。课程的考评方式是学期末学校组织的教学评价，要求每位学生都必须填写。在 5 分制的课程评价体系中，近两次的评教结果显示，2020－2021学年秋季学期教师教学质量获得了满分5分，课程本身获得了4.92分的高评价。

有学生将课程讲义整理后发布在微信公众号上，其中提道："今天分享的是'农村社会学'的课堂笔记，内容非常有趣，为我们提供了对农村社会的初步认识。董磊明老师凭借多年基层研究经验，讲授了许多教科书上难以找到的内容，这正是社会科学课堂所需要的，因此我强烈推荐这门课程。未来我们还将分享"政治社会学"的笔记，我认为这门课程值得成为全校的必修课，我个人从中获益匪浅，课堂也非常精彩。"

五、总结与思考

未来，课程负责人将继续深挖课程中的思政资源，上线慕课课程，扩大课程影响力。在课程内容方面，进一步加大探索式教学和实践教学的力度，与寒暑假社会实践结合，鼓励学生结合家乡调查、历史研究等方法，综合运用已有的中国社会调查统计数据，完成课程作业。在课程教学团队建设方面，我们将吸纳青年教师、博士组建课程开发研究团队。

城市社会学

一、课程概况

(一)课程信息

"城市社会学"课程为社会学专业教育课,本科阶段各年级专业选修课,共计32学时,2学分。

(二)课程简介

1.课程内容

城市社会学是社会学的一个分支,专注于研究城市社会。这门学科以"人类群体生活与城市环境的关系"为核心议题,关注空间结构与社会结构在城市发展中的互相塑造。城市社会学将城市视为一个整体,探讨人、社会与环境之间的相互作用,分析城市如何塑造社会生活,并将城市视为展现人类社会行为、社会关系和社会过程的空间和环境。

城市社会学起源于农业社会向工业社会过渡的时期,基于实证自然主义,关注城市社会的实际问题。通过对城市的"实验室"式研究,这门学科试图揭示社会发展的内在规律，具有深刻的理论意义，并包含丰富的思政元素。随着工业社会中城市化的加速，城市成为宏观社会运行的关键场所。城市社会学的主导范式也从生态学派转向了新城市社会学派，并与生活方式范式、城市文化范式相互影响和融合。

本课程的实践内容和案例分析主要关注在城市环境变化的背景下，群体和组织的地理分布，以及邻里、种族、阶级等不同群体之间的融合与冲突。

2. 教学方法

城市社会学涉及城市社会中的诸多议题，如贫困、种族、阶层和性别等。为了深入理解这些问题，学生需要走出课堂，深入社区，培养敏锐的问题意识、勇于探索的创新精神，以及善于解决问题的实践能力。我们鼓励学生将阅读经典理论与感悟实践经验相结合，扎根于中国的土壤，了解国家的实际情况和人民的生活状况。通过实地调查和实践，学生能够增长智慧和才能。

3. 评估方法

本课程采用期末成绩(占 60%)和平时成绩(占 40%)加权构成学生总成绩的评估方法，并且进一步细化了平时成绩。平时成绩由课后作业(占10%)、课堂参与(占 10%)、课堂展示(占 15%)、出勤(占 5%)四部分组成。期末考试设计开放性考题，考查学生运用西方经典理论解释中国本土问题的独立思考能力。

4. 课程特色

(1)综合性。社会学界对城市社会学研究对象的界定莫衷一是。一种观点认为城市社会学没有特定的研究对象，主张研究城市空间区域的社会问题。另一种观点选取城市的某个方面或过程作为研究对象，比如城市社会问题、城市生活方式、城市生活系统、城市化/城镇化、城市社会关系等。在推进中国式现代化进程中，城市社会学研究关注城市的流动性、城市基层治理、城市公共危机和城市更新迭代等议题。这些观点的差异充分说明了城市社会学课程的综合性。

(2)交叉性。城市作为一种社会存在、一种生活空间，成为诸多学科的关注对象。城市经济学、城市地理学、城市规划学、城市管理学、城市历史学等学科都以城市为研究对象，从不同角度、不同层次、不同时期，观察、剖析、解释和建构城市研究。钱学森曾提出建立"城市学"的设想。城市社会学需要理顺"城市研究与其他学科"的关系，把握学科的交叉性特征。

(3)应用性。城市社会学的发展历史，是一个不断回应时代关切、开展实证研究、解决实际问题的过程。恩格斯通过对劳动境遇、生活贫困、住宅短缺、空气污染等社会问题的详细描述，指出解决办法在于消灭资本主义生产方式。习近平总书记提出践行人民城市理念，为城市发展指明了前进方向。本课程涉及如何维护城乡大多数居民的利益、建设高水平人民城市、促进城乡融合等中国特色议题，具有鲜明的应用性特征。

(三)课程负责人简介

周群英，北京师范大学社会学院副教授，硕士生导师。她于2008年获得中国人民大学社会学博士学位，并于2020年在日本爱知大学获得中国研究(人类学方向)博士学位。她的研究领域包括性别与家庭、流动人口与社会变迁，专注于从阶层、城乡、代际等多维度聚焦城市发展与社会转型问题，围绕理论与实践两个层面开展科学研究。周教授主持和参与了多个省部级和国家级社科项目，在核心期刊(CSSCI)上发表了多篇高质量的学术论文。她积极参加学校的课程思政建设工作，其中"城市社会学""学校社会工作"课程分别被评为第三批、第四批"课程思政建设优秀课程"。周教授致力于教育事业，担任三届（共 12 年）本科生班主任，深受学生喜爱，并在 2018 至 2020 年连续三年获得北京师范大学优秀新生导师的称号。

二、课程育人目标

党的二十大报告强调了用社会主义核心价值观铸魂育人，完善思想政治工作体系的重要性，为新时代高校加强大学生思想政治教育提供了基本遵循和行动方向。习近平总书记在全国高校思想政治工作会议上强调，要坚持立德树人作为中心环节，构建"三全育人"工作体系，将价值观引导融入知识传授和能力培养之中。2020 年，《高等学校课程思政建设指导纲要》提出要结合专业特点分类推进课程思政建设，为课程思政教学改革指明了方向。

北京师范大学以教师教育、教育科学和文理基础学科为主要特色，明确了建设"综合性、研究型、教师教育领先的中国特色世界一流大学"的办学定位，并构建了以北京校区和珠海校区为两翼的一体化办学格局。

结合我校的办学定位、社会学专业特色以及立德树人的人才培养要求，本课程致力于将价值观教育融入知识传授和能力培养之中，引导学生树立正确的世界观、人生观和价值观，巩固其马克思主义立场。为了解决"培育什么人、怎样培育人、为谁培育人"这一根本问题，我们坚持思想政治素质、道德品质素质和文化知识素养的统一，增强学生的道路自信、制度自信、理论自信和文化自信，培养德才兼备、人格完整的社会主义建设者和接班人。

三、课程思政案例

案例1：马克思主义与城市社会学

1. 结合章节(知识点)

空间政治经济学派的主要观点。

2. 案例意义

(1)引入马克思主义视角，引导城市社会学理论转向。马克思和恩格斯在资本主义生产方式的框架内审视城市及其问题，揭示了资本主义生产方式的内在矛盾和阶级冲突。基于这些分析，马克思主义城市政治经济学派全面引领了城市社会学的理论转向。

(2)揭示空间本质的不平等性。新韦伯主义将城市视为一个"社会—空间"体系，重点研究这一体系中生活机会分配的不平等及其引发的社会冲突。与自然科学关注的空间不同，城市社会学关注的是社会空间。城市资源的分配往往与个体的影响力相关，包括家庭背景、职业、地位等因素，这些因素在很大程度上决定了城市资源的分配，其影响远超空间分配本身。

(3)面对不可避免的不平等，国家承担着重要责任。在现代社会，人们的平等意识越来越强烈。不平等引发的冲突可能激化，甚至引起社会动乱。在西方国家，垄断资本在城市分配中占据支配性地位，通过国家干预实现分配公平的期望在这些发达资本主义国家难以实现。面对城市中不可避免的不公问题，如何实现分配正义？国家干预是解决城市分配不公的有效手段。中国与西方资本主义国家不同，中央政府和地方政府在原则上不受资本控制，既有责任也有能力实现分配正义。因此，在解决城市分配问题上，我们完全可以发挥国家干预的作用，以实现分配的公平性。

3. 案例描述

引导学生探讨中美城市发展背景的相似之处与差异，并讨论城市社会学理论本土化的可能性。20 世纪初，美国的工业化迅速推进了城市化，导致城市人口激增和大量移民涌入，引发了众多城市社会问题，促使社会学家深入研究城市问题。自改革开放以来，中国经历了大规模的城乡劳动力迁移，农民工纷纷进城寻找工作机会，这既推动了经济的快速增长，也带来了一系列城市问题。通过比较中国与美国、东方与西方的城市发展背景，我们可以探讨城市社会学理论如何在中国本土化发展。

新马克思主义城市社会学通过以空间社会结构为核心，解释城市动荡和重构社会秩序的问题。它透视了资本主义在空间生产、分配、交换与消费过程中的本质特征，并批判了城市空间扩张的唯物主义倾向、权力对空间权益的任意控制，以及优势空间对弱势群体的社会排斥等问题，对西方世界的公共政策产生了深远影响。然而，西方学者关注的问题可能与中国社会的实际不完全相关，他们创造和使用的概念和视角也不一定适用于分析中国的具体问题。

4. 教学效果

通过本课程的学习，学生认识到，中国的城市社会学将始终放眼世界，从不同的经验和观念体系中汲取养分，但需要尊重和守护我们自身的经验及传统，正视这种经验和观念内生的原动力。形成和发展具有中国特色的马克思主义城市社会学，需要用马克思主义立场、观点和方法，立足中国基本国情和发展实践，批判性吸收和借鉴西方城市社会学理论中的合理思想。中国的城市社会学，既不唯传统是瞻，更不做国际学术和世界历史的尾随者。

如果我们在"问题意识"上盲目地顺应"世界潮流"，恐怕很容易迷失自我。相反，我们应立足于自己的实际情况。例如，在城市化进程中，我们应该倡导以生活共同体为核心的人本主义城市规划；在人口地域流动方面，我们主张以户籍制度改革为突破口，实现公共服务的均等化供给；在地域协同发展中，我们应该推进以城乡融合为目标的都市圈一体化和均衡发展；在成果共享方面，我们应该制定以解决集体消费危机为导向的、多元主体共同参与的反贫困政策。

案例2：继承和发扬社会调查的优良传统

1. 结合章节（知识点）

芝加哥学派与城市社区研究、恩格斯与《英国工人阶级状况》。

2. 案例意义

调查研究是马克思、恩格斯等马克思主义理论家认识世界、改造世界的重要方法。调查研究是中国共产党的传家宝，也是新时代解决发展难题、推动高质量发展、实现中国式现代化的重要法宝。我党历来高度重视调查研究，毛主席1930年率领红军到达寻乌县城，在这里开展社会调查并写下《寻乌调查》和《调查工作》，指导全党克服官僚主义和形式主义。2023年，习近平总书记号召全党同志大兴调查研究之风，通过调查研究了解中国国情和社会实际，解决社会矛盾和现实问题，保证党的事业高质量发展。

3. 案例描述

城市社会学是工业化时代的产物。19世纪末20世纪初，美国经历了快速的工业化，这期间大量农民和移民涌入城市。城市人口的急剧增长与城市容量之间的矛盾凸显，社会冲突频发，社会秩序混乱。在这样的背景下，芝加哥学派投身于城市及其社会问题研究。芝加哥学派的领军人物罗伯特·帕克(Robert Park)，在年轻时担任过记者，他重视经验实证研究，关注非法团伙、流浪汉、底层女性、产业工人、移民等社会边缘群体。芝加哥学派的田野工作模式为城市社区研究奠定了新的基础。

恩格斯关注资本主义工业城市的问题，他在曼彻斯特开展了实地考察，研究了由传统社会解体和资本主义运行所带来的社会问题。在曼彻斯特，他观察到了极度贫困和被剥夺现象，如无家可归、卖淫嫖娼、酗酒和暴力。他认为这些现象是资本主义剥削的结果。此外，恩格斯注意到曼彻斯特的空间隔离现象，富裕者和贫穷者在空间上的分隔导致了城市的不平衡发展，城市社会逐渐呈现出两极分化的结构。

社区研究是芝加哥学派在变革中形成的研究路径。芝加哥大学的社会学家们走出风景如画的校园，深入周围的城市贫民窟进行调查。托马斯强调，社会生活必须从内部观察，就像人们亲身经历的那样。社会结构只有在个人能够解释它，并感受到它与自己观念和意图的对立时，才能对人产生影响。芝加哥社会学的经验基础在于城市社区研究。帕克对社区研究的关注对城市社会学产生了深远的影响。

第一次世界大战期间，中国民族工业的发展引发了劳资矛盾和阶级冲突。1918—1919年，燕京大学师生在北京进行了社会调查，并于1921年用英文发表了《北京的社会调查》。1933年，吴文藻邀请帕克到燕京大学讲学，这标志着芝加哥学派与中国社会学家的直接交流。帕克与费孝通一起深入天桥的贫民窟、八大胡同的红灯区、监狱等地进行调研。费孝通对广西花篮瑶的研究，展现了芝加哥学派社区研究方法的影响。

4. 教学效果

本课程激发了学生开展社会调查的热情。通过介绍帕克深入城市"实验室"近距离观察"边缘人"的实践，以及恩格斯对英国工人阶级生活状况的深入描述，鼓励学生深入调查对象的生活场景，运用"参与式观察"或访谈法来获取第一手资料。

总的来说，从学生的课堂参与、课后阅读、期中作业和期末论文的情况来看，学生乐意深入田野，善于转换角色去基层了解实情，他们将理论学习与社会实践有机结合，较好地完成了调研报告的撰写。

四、课程评价

本课程鼓励学生自主学习、学思结合、知行合一，确立以课堂教学为主、小组合作学习为辅的教学模式，特别注重学生的社会调查能力。在具体的教学实践中，课程结合助教制度，采用"大班授课、小班研讨"的体验式教学方法，提升了教学效果，并得到了督导的好评与学生的认可。

(1)搭建"自评—参评—互评"的多维评价机制。考核评价机制结合了过程评价与结果评价，构建了"教师自评、学生参评、课堂互评"三位一体的评价体系。课程坚持"走出去"和"请进来"的原则，采取同行互评、专家点评和督导听课等多种形式开展课程评价，以此强化课程思政教学改革成效，使课程思政教学更加生动、实际，并对同类课程产生示范和辐射作用。

(2)增设课程思政成效的评价指标。课程目标明确了思政教学理念，并补充相应的思政教学内容。根据课程建设目标，课程考核注重开放性问题的考查，逐渐融入学生的认知、情感、价值观等反映意识形态和价值倾向的考核要素。需要指出的是，成效评价的最终目的是"以评促教"，通过评估学生的思想道德、理论知识和实践能力，引领学生投身于逐梦历程。

五、总结与思考

本课程以"立足专业特色、深挖思政元素、注重学用融合、提高思政素养"为指导思想，结合我校的办学定位、专业特色和课程特点，开启了将课程思政融入专业课程的探索之旅，并已取得初步经验。

（1）服务国家战略，回应教育改革。习近平总书记在全国思想政治教育工作会议上指出，各门课程要守好一段渠、种好责任田，使各类课程与思想政治理论课同向同行，形成协同效应。自那时起，课程思政成为高等教育中的战略部署，是新时代高校思想政治教育改革的重要制度创新。

（2）明确课程目标，彰显"价值引领"。城市社会学是一门具有丰富"道德"意义的实践学科，其育人目标在于价值引领、知识传授和能力培养。

（3）坚持"内容为王"，优化"评价机制"。"城市社会学"课程内容涵盖了众多理论流派，要求学生不仅要熟知并批判性地借鉴西方城市理论，还要强调在中国本土的实践应用，鼓励学生走出课堂，深入社区，实现知行合一。课程评价体系倡导"以评促教"，强调评价的"诊断、激励和发展"功能。

本课程未来 5 年的建设计划包括：一是紧紧围绕"培养社会主义建设者和接班人"这一根本问题，充分发挥授课教师的"主力军"作用。二是抓住课程建设的主战场，"守好一段渠、种好责任田"，优化课程内容，将思政元素自然融入知识传授过程。继续优化课程思政内容供给，推进思政课程与课程思政的耦合育人。解决"培育什么人、怎样培育人、为谁培育人"的根本问题，培养出德才兼备、人格完整的社会主义建设者和接班人。

电子政务

一、课程概况

(一)课程信息

"电子政务"课程是面向公共事业管理专业本科三年级学生开设的专业核心课,同时也是面向全校本科生开设的"社会发展与公民责任"类通识选修课,共计32学时,2学分。

(二)课程简介

1. 课程内容

本课程始建于2004年,是国内高校率先建设的电子政务课程,与我国电子政务建设的大规模实践同步发展。经过三轮课程改革,目前本课程由十个单元组成,涵盖电子政务的兴起、业务协同与信息共享、信息公开与数据开放、数字鸿沟与网络参与、电子政务安全管理、电子政务绩效管理、电子政务规划管理、电子政务外包管理、电子政务工程管理,以及电子政务制度安排。

2. 教学方法

课程基于学堂在线、智慧树平台组织教学，采用线上与线下相结合、课堂与课外相结合的教学方式。在课堂上，教师以 16 个实践案例为线索，通过小组合作，帮助学生巩固对在线学习中知识重点和难点的掌握，并锻炼学生发现问题，研究并解决问题的能力。在课堂外，教师依托学堂在线、智慧树平台和学生自学，帮助学生理解知识体系，掌握知识点。

3. 评估方法

课程考核重在学习过程，根据学生在学堂在线、智慧树平台的学习轨迹，以及学生课堂上案例研讨的参与情况计算平时成绩。学习资源包括教材《电子政务》(第二版)、教辅《电子政务案例集》，以及学术期刊和专著。

4. 课程特色

课程教学将传授电子政务知识与培养学生信息素养相结合，让学生在用中学，在案例分析中悟，帮助学生增强信息意识、提升信息能力和培养信息道德。课程特色主要表现在两个方面：一是紧跟新一代技术变革和我国行政改革的步伐，强化多学科视角，坚持理论与实践相结合，构建和完善课程教学内容。二是改革第一课堂，活跃第二课堂，巧用线上课堂，促进课上与课下、线上与线下的有机融合。通过案例讨论、角色扮演、政策辩论和学生互评等方式，构建"沉浸式"第一课堂。在第二课堂上，带领学生参与教改项目，引导学生自编自导自演视频案例，实现"干中学"。在线上课堂上，构建在线学习场景，培养学生参与数字政府建设的实践能力和创新能力。

具体而言，在教学内容设计上，课程分为基础(必须掌握的知识点)、提高(满足部分考研和其他需求)和扩展(前沿知识和部分史料)三个层次，以满足学生的不同需求。在教学方法上，坚持线上与线下相结合、课上与课下相结合、课堂教学与实践教学相结合。我们致力于实现教学资源的立体化，涵盖了国外原版教材、专著、权威期刊、网站链接、在线学习平台等内容。

(三)课程负责人简介

课程负责人孙宇，政府管理学院教授，博士生导师，北京市教学名师，享受国务院特殊津贴。作为北京市第十二次、十三次党代会代表，孙宇教授在数字政府、数字公共治理等领域有着丰富的教学研究和社会服务经验。他曾参与多项国家信息化、电子政务、数字政府相关文件的研究编制和政策解读，并主导课程教学改革、线下课程教学及线上课程资源建设。

线上课程教学团队成员由郭跃副教授、谢羚助理研究员组成。郭跃副教授曾主持北京师范大学教改项目和国家自然科学基金等教学与科研项目，负责线上课程的运行和维护。谢羚助理研究员先后在《光明日报》《党建》《党建参阅》《思想教育研究》《北京教育(德育)》等发表学术论文和通讯员文章 30余篇，负责课程思政内容的设计工作。

二、课程育人目标

在互联网时代，电子政务是一个新兴且持续发展着的独立理论研究方向，并在政府、公共企事业单位中也有着广泛的应用前景。如今，它已经成为我们日常生活中不可或缺的一部分。通过本课程的学习，我们期望达成以下目标。

(1)学生能够全面掌握电子政务的基本理论和基本方法，了解电子政务发展的最新动态和前沿问题。

（2）学生能够具备运用所学知识科学分析电子政务实践的研究能力，客观认识中国电子政务现实问题的理论联系实际能力。

（3）学生能够领悟发展电子政务的重要性和迫切性，坚定网络强国的信心，树立构建网络空间人类命运共同体的理想信念。

三、课程思政案例

案例1：解决老百姓办事的那些"跑腿"烦恼

1. 结合章节（知识点）

《在线公共服务为谁服务》。

2. 案例意义

本案例展示了各地在实践中探索在线公共服务的经验与做法。一方面，它帮助学生理解在线公共服务应以人民为中心，满足人民的期待和需求，提供便捷、经济、高效的服务，让广大人民在共享互联网发展成果中感受到实实在在的益处。另一方面，案例强调实践不仅是知识产生的源泉，也是推动知识更新的动力，在知识体系的构建与发展中扮演着关键角色。推进以人民为中心的在线公共服务，是一项长期而持续的任务。

本案例的教学，旨在提升学生运用业务协同和信息共享等相关知识分析问题和解决问题的能力，同时增强学生基于中国实践，创新以人民为中心的在线公共服务模式的责任感。

3. 案例描述

（1）课前准备：要求学生自学学堂在线、智慧树平台第二章《业务协同与信息共享》，并阅读国务院颁布的与在线公共服务相关的政策文件，体验政府网站或者政务 App 提供在线服务事项功能，对比其性能。

(2)课堂教学：教师通过视频导入案例，并提出三个讨论问题。学生每三人一组，分组讨论。每组推荐一位代表陈述本组观点。教师引导各组进行观点思辨，并在最后进行总结。

(3)课后作业：要求学生实地走访行政服务大厅，随机访谈几位办事群众，了解他们的办事体验。

4. 教学效果

以 2023—2024 学年春季学期的专业课教学为例，21 名学生分为 7 个小组对"以人民为中心的在线公共服务"这一议题进行了深入讨论。小组成员们对此议题产生了强烈的共鸣。一些小组认为，互联网作为现实社会的映射，为政府与民众之间的互动搭建了桥梁，成为民意的风向标，有助于公共部门更好地理解公民的需求。另一些小组则认为，只有打破部门间的信息壁垒，摒弃本位主义和部门或行业利益，通过数据的高效流通来减少民众的办事负担，才能确保权力在阳光下运行。

在讨论过程中，同学们对于提供"以人民为中心的在线公共服务"的重要性有了深刻的认识，并对其实施方式提出了各自的见解。

在以学生为中心的课堂环境中，通过细致入微的案例教学，构建了"沉浸式"的课程思政教学模式。学生们在深刻体验中达成了对提供"以人民为中心的在线公共服务"必要性的共识，并将其内化于心。同时，课程也提升了学生的思辨能力，引导他们关注实践，探索如何更有效地提供这类服务。

案例 2：面对新技术、新应用带来新的安全风险，我们该怎么办？

1. 结合章节(知识点)

《网络和信息安全如此重要并且事关人人》。

2. 案例意义

信息通信技术始终处在创新发展的进程中。新技术、新应用的快速发展在提高电子政务效率、给百姓生活带来便利的同时，也带来了新的安全风险。面对这些新风险，需要政府、信息技术服务提供商和公民的合作治理。公民不仅要提高自身的信息安全素养，还要监督政府和企业，并通过社会参与来影响公共政策的制定。

本案例引导学生树立总体国家安全观，让"网络安全为人民，网络安全靠人民"的理念深入人心，引导学生养成崇德向善的网络行为习惯。

3. 案例描述

这是通识选修课的一道课后作业题。学生在自学完成学堂在线、智慧树平台第五章《电子政务安全管理》之后，需自主查阅资料、独立思考，以提升自主学习能力和信息安全素养。

题目：2019 年，人脸识别公司 SenseNets 发生大规模数据泄露事件。

(1)访问美国国家网络安全与通信集成中心(National Cybersecurity and Communications Integration Center)、计算机应急响应小组、英国国家网络安全中心、中国国家互联网应急中心等机构网站，以及赛门铁克(Symantec)、国家信息中心联合瑞星公司等机构发布的网络安全报告，了解当前网络和信息安全的新形势，并绘制网络和信息安全形势图。

(2)检索并阅读我国网络安全相关的法律、法规、战略、标准，并绘制知识图谱。

(3)思考作为网民应该具备怎样的信息安全素养。

4. 教学效果

以 2023—2024 学年春季学期的通识课教学为例，所有学生都查询并阅读了相关文献，完成了作业。部分学生不仅查阅了指定文献，还查阅了与解决问题相关的学术论文，展现了他们的探索精神和自主学习的热情。

有学生提出，全社会应充分认识到国民信息安全素养教育的重要性和必要性，并将其纳入全民素质教育体系。作为北京师范大学的学生，他们认为有责任率先垂范。还有学生提出，随着我们对电子政务的依赖日益增加，面临的风险也日益严重。在安全的攻防博弈中能否处于主导地位、掌控局面，根本上取决于我们自身的实力。因此，与时俱进，提升自己在网络空间中的信息安全防护能力迫在眉睫。

四、课程评价

课程自开设以来，受到了学生及校内外同行的广泛好评。在"网上教评"中，学生普遍认为课程特点在于逻辑清晰、互动性强、氛围活跃，具体评价包括"逻辑性强，讲解清楚""老师认真严谨负责，注重和学生的互动""旁征博引十分精彩""讲得很吸引人""幽默，富有感染力，善于带动气氛"，以及"讲课生动，实例与理论相结合，知识解释到位，老师气质好，表情生动"。在教学态度方面，学生普遍认为教师恪尽职守，评价中提到"老师很好，教学态度很负责""尽职尽责""积极主动，赏识学生""老师态度很好，对于提出的问题都耐心解答，同时对同学们遗漏的知识点会和善地进行提醒和补充"，以及"老师对待教学非常认真，给同学们树立了认真对待工作的榜样"。至于教学方法与手段，学生普遍认为方法恰当，能激发自主学习的热情，如"很适合学生的学习，有利于学生的兴趣""非常好，启发学生自己进行思考，这样才能学到真正的知识"，以及"方法丰富多样，手段多变"。

教育部高等学校公共管理类专业教学指导委员会的专家对课程给予了高度评价，认为课程"彰显了中国特色电子政务'以人民为中心'的鲜明特色"且"学术性、思想性、实践性能够唤醒读者的'身体力行'感"。慕课思政辐射全国高校，截至目前，学习人数已接近 4 万人。专家们还指出，"无论是在传播专业知识，还是在培养学习者的'信息素养'方面均具有进一步推广价值"。

五、总结与思考

首先，教师要坚定自己的理想信念，在教学中需要始终坚持以马克思主义为指导，以习近平新时代中国特色社会主义思想的世界观和方法论为根本遵循。其次，教师要尊重学生、注重差异、因势利导，了解学生的禀赋、才能、爱好和特长，因材施教、因势利导。最后，教师需要不断锤炼自身的教育教学能力，持续开展教学研究和教学改革，以适应人工智能等新一代信息通信技术在教育领域的普及应用。

"使命在心，责任在肩"，课堂是教师践行使命，履行职责的主渠道。如何发挥好课堂的育人功能，是教师需要用整个职业生涯去探究、实践、反思的永恒课题。未来的课程建设将重点基于知识图谱，面向课程育人的 AI 课程建设，以立德树人为根本任务，遵循课程思政工作规律、教书育人规律和学生成长规律，从课程论的视角，借助产学研一体化力量，建设"立足中国、借鉴国外，挖掘历史、把握当代，关怀人类、面向未来"的电子政务知识图谱，形成一套可复制、可推广、可借鉴的 AI 课程育人的教学改革创新经验。

招聘与选拔

一、课程概况

(一)课程信息

"招聘与选拔"是管理学专业尤其是人力资源管理专业的核心必修课程，本课程基于线下和线上相结合的方式，为本科生开设，共计 32 学时，2 学分。

(二)课程简介

1. 课程内容

经过 20 多年的发展，本课程已经建立了一个融合中外、古今、公共与工商领域的多维视角。主要采用讲授法和体验式教学，围绕招聘与选拔的六个基本模块及其方法进行教学，旨在让学生掌握核心的价值理念、理论知识、策略方法和基本技能。

课程内容根据人力资源招聘与选拔的逻辑和实践，分为六个模块：课程总论、招聘与选拔的准备(包括人力资源规划、工作分析、胜任特征模型建立）、招聘计划的制订、招聘实施方案的设计、选拔体系的设计和实施、员工录用与反馈总结。

2. 教学方法

教学方法包括讲授法、案例研究法、现场模拟法（如模拟结构化面试和无领导小组讨论），以及基于整个课程的案例选择、设计和实施，让学生能够全方位全过程地模拟招聘与选拔。

3. 评估方法

评估方法结合了过程评估和期末考试，通过小组或个人作业模拟招聘与选拔全过程，并在授课过程中通过作业和现场模拟进行综合评价。

4. 课程特色

课程特色在于全过程模拟和体验式教学，让学生在掌握基本理念和专业知识的同时，体验专业理念、格局意识和组织责任感。课程构建了基于3C行为化的课程目标体系，通过行为化的方式与教学内容和方法对接，引导学生全面发展；形成了全教学过程模拟的体验式教学模式，塑造学生的态度和价值观；开发了基于干预实验的教学效果评价方式，通过前测、教学干预和后测，评价课程效果。

课程为学生提供了丰富的学习资源，包括国际学术界的研究文献、实践操作资料和慕课课程，支持学生随时随地预习和复习。

(三)课程负责人简介

于海波，教授，博士生导师，北京师范大学政府管理学院党委书记，曾任学院教学副院长，研究方向为组织行为学和人力资源管理。于教授是国际应用心理学会会员、中国管理研究国际学会会员、中国心理学会会员。同时，他还担任(教育部)高校毕业生就业协会创新创业工作委员会副理事长、(教育部)高校毕业生就业协会生涯教育工作委员会常务副主任、中国劳动经济学会人才学分会副会长、中国劳动经济学会职业开发与管理分会副会长、中国人力资源开发研究会常务理事和人才测评分会常务理事、全国职业经理人考试测评标准化技术委员会(SAC/TC502)委员等职务。

二、课程育人目标

本课程旨在培养全面发展的人才，这一目标基于3C教育理念。经过20年的探索，本课程建立了一个整合的人才培养理念——3C(人力资本、社会资本、心理资本)，这一理念在《教育研究》2013年的论文中由海波等人提出，充分体现了立德树人的教育理念。课程的具体育人目标如下。

(1)价值传授：本课程旨在通过行为化培养目标，传授基于3C的文化自信、积极乐观的心态、团队合作精神和深厚的家国情怀。

(2)能力培养：通过全景式模拟教学和体验式教学，学生将组建小组，模拟完成整个招聘与选拔流程，包括筛选简历、实施结构化面试和无领导小组讨论等。课程旨在使学生掌握管理招聘与选拔工作的能力，设计招聘计划的能力，通过各种方法筛选和考察人才的能力，基本的管理面试和应对面试的技能，实施和管理评价中心的技能，以及理解和评价主要管理胜任特征的能力。

(3)知识传授：本课程旨在帮助学生理解和掌握招聘与选拔的基础理念、知识和方法，包括培训与选拔的程序和各种方法。在知识掌握的过程中，教师将不断引导和激励学生，以确保他们能够全面了解和掌握相关的理念、知识和方法。

三、课程思政案例

案例 1：我国和国外人力资源招聘与选拔评价历史

1. 结合章节(知识点)

人力资源招聘与选拔评价的历史。

2. 案例意义

本课程通过梳理中西方人才测评的历史发展，特别是我国清末废除科举制以及西方人力资源测评的起源，让学生看到当今西方文官制度对中国科举制的广泛学习和借鉴。这有助于学生深刻理解并增强自身的文化自信和民族自豪感。

课程讲授中国科举制 2000 多年的发展历程，从探索形成到逐步完善，运用历史唯物主义分析其重大历史贡献。同时，从辩证唯物主义的视角分析不同历史阶段的人才制度和机制的特点，理性审视至今仍在使用的评价方法和思路，让学生体会历史唯物主义和辩证唯物主义的科学性。

课程融入中央人才会议精神，并结合对人才强国战略的理解，旨在培养学生作为未来人力资源和人才工作者的责任感和使命感。

3. 案例描述

本课程详细讲授了我国人员选拔历史的六个阶段：(1)原始社会的"选贤任能"原则；(2)夏商周时期的世卿世禄制；(3)春秋战国和秦汉时期的察举征辟制；(4)魏晋南北朝时期引入的九品中正制；(5)隋唐至明清时期长达约 1300 年的科举制度；(6)民国时期孙中山建立的以考试权独立为核心的文官考试制度。同时，课程也涵盖了西方人才发展历史，包括西方文官制度的建立和发展，以及西方心理测验的早期形成、发展和成熟阶段。

在探讨每个阶段的制度时，课程采用历史唯物主义和辩证唯物主义的视角进行分析。特别是在分析科举制的形成、建立和发展过程中，强调其在人类社会历史中的独特性、持久性和重大历史贡献，同时指出好的政策需要随着历史的发展不断创新。

在比较我国科举制与西方制度时，教师指出，清末废除科举制的时期恰逢西方近现代人才评价技术的起步阶段(如智力量表的开发等)，并分析了近代西方文官制度的起源和发展。

在讲述每个阶段的制度和机制时，课程采用提问和互动的方式，鼓励学生先表达个人观点，然后集体分析和升华，最终得出结论。这种方法使学生在积极参与中逐渐理解和内化价值、情感、态度和思维方式。

在分析我国人才及其评价的当前状况时，课程讲授了最新的中央人才会议精神及其主要内容，使学生在历史分析的背景下，理解人才事业的战略定位和面临的挑战，增强历史使命感和责任感。

4. 教学效果

我国在人才评价选拔领域拥有悠久的历史和文化传承，学生在讨论和问答中体会到了文化自信和民族自豪感。他们积极参与对每个历史时期人才评价制度的辩证分析，各抒己见，体会到辩证唯物主义理论的正确性和深刻性。在总结科举制在清末被废除的讨论中，他们进一步确立了历史唯物主义的价值观和历史观。通过对历史演进过程的分析和中央人才会议精神的学习讨论，学生更加深刻地体会到了本专业的战略意义，增强了历史使命感和责任感。

案例 2：模拟结构化面试

1. 结合章节(知识点)

人才选拔中的结构化面试。

2. 案例意义

(1)通过小组作业，学生能够体验在面对大量工作时如何相互合作与支持，以完成艰巨的专业任务，同时在角色互换中实践团结合作的专业理念和成人之美的价值观念。

(2)学生在多次设计和实施结构化面试的过程中，能够提升自己的专业技能和技巧。

(3)在面试的角色互换中，通过以他人为鉴，学生能够总结自己的优势和不足，寻找自我成长的切入点。

3. 案例描述

学生团队根据兴趣选择案例组织，并提出该组织的招聘选拔需求。团队成员选择我国当前各类行业中感兴趣的组织，通过小组作业总结该组织的基本情况、人力资源管理制度及其招聘选拔制度，并挑选三个待招聘的岗位，制定相应的岗位说明书。

学生团队根据案例单位的人员空缺情况，自主设计和实施结构化面试的整个过程，包括设计招聘与选拔计划，确定信息发布渠道，筛选简历，设计面试考核指标、题目、评分标准、组织流程和所需材料。学生团队在课下进行多次模拟结构化面试，以满足每位同学至少担任 3 次考官和 3 次考生的要求。

学生提交小组作业后，教师组织课堂现场模拟。在讲授结构化面试部分后，安排学生进行现场模拟并录像，其他人从考官和考生两个角度全程参与，理解和体会各角色任务及表现情况。

现场模拟结束后，组织全班进行现场研讨。考官总结考生的表现，考生提出疑问，其他人对模拟的考生和考官进行提问，共同总结操作理念和技能。

4. 教学效果

学生在不断设计和实施面试的过程中，深刻体会到专业理念和技能，如成就他人、合作、分工、自我成长等。

学生在扮演考官和考生的过程中，更深入地理解考官的挑战和考生在结构化面试中的自我表现调整，发现专业的内在之美。

通过考官评价、考生提问交流和集体讨论，学生不断学习他人优点，反思自身不足，开启自我提升的历程。

四、课程评价

本课程荣获"北京高校优质本科课程"（2021年），并被定为校级精品课程及全校观摩公开课。此外，课程还获得北京市高等教育教学成果二等奖和北京师范大学教育教学成果一等奖。学生高度评价教师的专业素养和教学热情，认为教师传授了实用技巧，拓宽了学生视野，注重价值观教育，提供了深刻的思考和经验分享。

此外，课程改革获得广泛的认可。上线的慕课被全国250多家院校采用，在线学习人次超过40万，成为教学研究的对象。

五、总结与思考

未来，本课程将进一步凝练中国特色，尽管在理论和方法上借鉴了国外经验，但课程内容针对的是具备中国文化背景的人才。未来，教学团队将基于中国文化特色，加强本土化的招聘选拔理论、案例和实践操作教学，以适应中国快速发展的需求。

　　课程将加强前沿理论与实际操作的结合。鉴于理论和实践的快速发展，教学团队将持续探索如何将最新理论应用于实践，并把实践经验转化为前沿理论，以实现更完美的融合。

　　课程团队将总结"超星尔雅"网上课程在 260 多所院校的应用经验，进一步提升课程质量，扩大影响力，打造精品，建设出教育部认可的大型开放在线课程。

非营利组织管理

一、课程概况

(一)课程信息

"非营利组织管理"是一门针对公共事业管理和人力资源管理专业学生的专业选修课程,主要面向本科二年级至三年级的学生开设,其中包含 32 个理论学时、16 个实践学时,共 2 学分。

(二)课程简介

1. 课程内容

课程内容涵盖了非营利组织的基础知识和前沿理论,包括战略规划、营销筹款、评估方法、中国非营利组织的发展状况与政策倡导等议题。此外,课程还设有实践环节,让学生通过模拟操作来应用和检验所学的知识。这一课程设计旨在全面提升学生的理论素养和实践能力。

2. 教学方法

本课程坚持将讲授法、案例讨论法、问题驱动教学法和体验式教学法有机整合，通过引入"体验式慈善"（learning by giving）等教学环节，我们为学生营造了真实的需求情境，并提供项目经费，我们组织学生模拟成立政府、迷你非营利组织等，进行项目情境模拟和实战演练。此外，我们扩展了校外实践基地，包括北京市政治学行政学学会、北京市昌平区青年联合会、小云助贫中心、自然之友、北京大兴博恒司法社工事务所、东城区民政局社会组织中心、"萍聚京城"公益战略合作基地等，组织学生进行实践和实训。

3. 评估方法

本课程是一门理论课程，采取过程化考核方式，评价结构和比例如下：课堂出勤（占比 10%）、书评及课堂发言讨论（占比 20%）、迷你社团项目报告（占比 30%）、期末考试（占比 40%）。

4. 课程特色

第一，坚持问题导向，确定课程育人目标。鉴于一些学生受到西方理念的影响，对中国国家与社会的关系存在认知偏差，对中国社会治理的成就缺乏足够的认同，课程旨在培育具有中国特色的社会治理实践者、研究者和传播者，通过精心设计教学内容，实现闭环式人才培养。

第二，科研反哺教学，形成自主知识体系。主讲人非常注重将科研成果转化为课堂教学内容，内容涉及中国情境下非营利组织与政府的互动、非营利组织社会影响力评估的应用、外源性社会组织在乡村振兴中的参与、本土化社会组织在乡村教育中的参与等主题。

第三，鼓励学生实践，实现知行合一。课程实践环节的选题涵盖了卫生健康教育、环境保护教育、贫困地区教育扶贫、母亲水窖精准扶贫等主题。学生依托课程申请的社会实践项目，如社会组织助力基层治理、社会组织助力乡村教育，已多次获得校级特等奖和一等奖等荣誉。

(三)课程教学团队简介

课程主讲人果佳,副教授,自2012年获得校级优质通识课程立项以来,初步构建了课程体系。2013—2014年,课程获得了教师发展基金的支持,探索了社会实践在管理类课程中的应用。2015—2016年,课程中增设了迷你团队角色扮演的环节。2016—2017年,课程引入问题驱动教学法和体验式慈善教学法等方式,鼓励学生聚焦现实问题。2022—2023年,果佳承担了校级课程思政重点项目,尝试构建具有中国学术特色、强调实践教学的"非营利组织管理"课程育人新模式。2023年,该课程被评为校级课程思政优质课程。

团队成员关婷、刘丽莉分别具有政治学、非营利组织管理、全球治理等专业背景。团队成员参与指导学生的课程实践,如模拟政府向非营利组织购买服务的第三方评估专家依托跨学科特色等,并指导学生参与学科竞赛和社会实践。

二、课程育人目标

在以往的课程教学中,我们发现了几个主要问题:非营利组织管理领域缺乏自主的知识体系;课程的实践环节设计不够精细;课程评价体系尚未形成以学生为中心的多元化评价机制。因此,我们通过融入课程思政,旨在构建一个以立德树人为核心使命、以价值引领为核心内容、以知识学习和能力提升为两翼的非营利组织管理课程育人体系。

(1)价值塑造:通过学习非营利组织管理的相关知识,我们希望学生能够从比较中西的视野中理解具有中国特色的非营利组织管理的历史与现状,深入了解中国共产党和政府在非营利组织(社会组织)的发展和管理中的核心作用与重要成就。

(2)知识传授:我们将全面介绍非营利组织管理的理论知识和实践知识,包括非营利组织的基本概念、前沿理论以及管理和发展的实践知识。

(3)能力培养:通过采用体验式教学方法,我们旨在训练学生的听、读、说等综合技能,培养他们将理论与实践相结合的自觉性,并提高他们思考和解决问题的能力。我们期望学生能够运用所学的理论和概念来思考、分析非营利组织实践中的常见问题,并针对特定政策领域的案例提出既符合理论逻辑又具有现实可行性的解决方案。

(4)育人目标:我们的目标是通过讲述中国非营利组织管理的故事,培养具有家国情怀和全球视野的非营利组织(社会组织)管理实践人才、理论研究人才和国际传播人才。

三、课程思政案例

案例 1:格拉明乡村银行与中国的精准扶贫案例比较

1. 结合章节(知识点)

《前沿理论——非营利组织兴起的五大供给主体》。

2. 案例意义

第一,引导学生关注中西方非营利组织发展的不同轨迹,从供给角度深入理解非营利组织兴起的相关理论,强调非营利组织在国家治理体系中的重要作用,并分析政府和非营利组织之间的互动关系。

第二,讲授政府失灵、契约失灵、志愿失灵和资源依赖等理论的背景和应用。我们引导学生探究非营利组织兴起的不同动因及其产生的多样化效果，并在此基础上反思和概括具有中国特色的非营利组织发展理论。

第三，引导学生应用理论知识，如变革理论，构建比较分析框架，以探究中国非营利组织参与乡村振兴的路径与成效。

3. 案例描述

首先，我们得介绍孟加拉国的尤努斯和格拉明乡村银行的案例，剖析非营利组织兴起的背景、参与治理的行动路径以及面临的挑战。以设问方式引起学生思考，层层推进，并提供相关阅读文献资料，供学生分组展开讨论和分享。

（1）尤努斯为何能够成功？

我们将基于资源依赖理论、社会资本理论和社会企业家理论，使用三维分析框架(包括外在制度环境、合理性与正当性、组织和创始人的社会网络与能力)来解读尤努斯和格拉明乡村银行的成功，并探讨其成功的原因。随后，我们将进一步提出问题：乡村银行是否真的有效解决了贫困问题？

（2）小额贷款是否有效解决了贫困问题？

案例中出现了第一次反转：尤努斯的小额贷款模式并未真正解决贫困问题，反而可能产生了负面的影响，这一观点得到了新闻报道和学者研究的支持，且已有研究显示其减贫效果微乎其微，甚至有一位诺贝尔奖获得者对此表示否定。

（3）为什么尤努斯的小额贷款模式进入中国后水土不服？

我们将介绍变革理论框架，分析尤努斯的格拉明乡村银行的干预模式。同时，我们将引入其他可能影响收入的因素，如公共卫生的投资、人力资源投资等，引导学生思考中国与孟加拉国国情的差异，以及精准扶贫的政策工具组合。通过展示中国非营利组织(小云助贫和中和农信等)在精准扶贫中的成功案例，我们将阐明政策工具组合的积极作用。

4. 教学效果

各小组积极地查阅有关尤努斯和中和农信案例的相关信息和参考文献。部分学生不仅查阅了指定文献，还深入了解了孟加拉国和中国的国情，包括人口、产业、宗教、交通等基本信息，以及两国政府在扶贫领域实施的各项政策措施。

通过比较两国的案例，学生发现经济因素(如主导产业和农业发展的趋势)、政治体制(政府的治理能力)、法律制度、文化传统等，都是导致格拉明乡村银行在中国水土不服的原因。同时，学生也进一步了解了中国在精准扶贫与乡村振兴领域构建的治理共同体的特点，即党建引领、政府主导、社会参与。这使得学生对评估西方社会政治理论、探讨外国制度与政策的移植与复制问题有了更直观的认识。

案例 2："萍聚京城"公益与乡村教育

1. 结合章节(知识点)

《前沿理论——非营利组织兴起的微观基础》。

2. 案例意义

(1)价值塑造：非营利组织的运作依赖于微观基础，即人的参与和激励。西方经典理论通常强调宗教规训和公民意识觉醒在微观机制中的作用，而在中国，历史上深厚的志愿服务精神实际上也在发挥着重要作用。我们引导学生关注在中国特定社会文化背景下非营利组织的微观基础和激励机制，理解这些组织如何结合自身使命和地方特色来支持乡村教育的发展。

(2)知识传授：课程将讲授协同治理、社会资本、亲社会行为和公共服务动机等理论的背景及其在实践中的应用。这些内容旨在帮助学生深入理解中国本土非营利组织运作的微观基础和激励机制。

(3)能力提升：学生将学会运用理论知识来分析非营利组织从业者和志愿者的动机，以及中国本土非营利组织的微观基础。此外，学生还将能够将理论知识与实际情况相结合，进行独立的调研和科研训练，以提升他们的实践能力和研究技能。

3. 案例描述

首先，我们将介绍"萍聚京城"公益组织的案例，阐明其赋能乡村教师的组织使命和发展历程。我们邀请了"萍聚京城"公益组织创始人易丽丽教授，她将分享组织发展历程、赋能乡村教师的途径及其效果。结合此案例，我们将提出以下研讨问题：一个基于公益项目的非营利组织如何逐步发展壮大，以助力乡村教师的赋能？如何持续激励组织参与者投入，实现由服务对象(乡村教师)向志愿者的角色转变？乡村教育非营利组织目前还面临何种困境？

(1)如何发展壮大：我们将基于协同治理理论，剖析组织创始人如何利用自身优势进行资源整合，协同地方政府、企业、其他社会组织和学者等主体，为组织发展提供资源保障。

(2)如何激励与实现角色转变：案例的一个显著特色是"萍聚京城"公益组织的成员持续参与，作为服务对象的乡村教师也转变为志愿者，继续赋能乡村教育。我们将基于社会资本理论和亲社会行为理论，分析如何通过"使命—乡土情怀"的激发机制，促使服务对象成为组织的志愿者。

(3)困境解析：尽管"萍聚京城"公益已经取得一定的成效，但在持续赋能乡村教师方面仍然面临挑战，乡村教师的胜任力和公共服务动机仍然不足。通过描述这些困境，我们旨在引导学生关注现实情境，思考应对方案，同时引导他们参与实践活动。

4.教学效果

选课学生对"萍聚京城"公益的案例表现出了极大的兴趣，对易丽丽教授的事迹非常有感触。部分学生将这一关注延续到课堂之外，以"萍聚京城"公益团队为观察对象，申请了社会实践和科研项目，并成功立项。这些同学于 2023 年寒假期间访谈多位乡村教师和学校管理者，形成的调研报告获得 A 类结项。还有学生以"萍聚"作为毕业论文选题，实现了理论与实践的有机结合。

四、课程评价

在 2020—2021 学年至 2023—2024 学年期间，课程评教平均得分为 4.98 分。学生认为教师具有强烈的亲和力，能够将实际案例与课堂教学相结合。教师的讲解通俗易懂，使学生不仅学习到了非营利组织管理的理论知识，而且开始更加关注社会问题，并学会了以一种新的视角来看待这些问题。

教师获得了多项教学奖项，包括通鼎青年教师教学奖、第十四届青年教师教学基本功比赛二等奖、第四届多媒体教学软件设计比赛三等奖，以及北京师范大学教学名师奖。课程建设成果荣获校级教学成果奖一等奖 4 项和北京市级教学成果奖 3 项。依托该课程，教师共指导了 15 支学生团队，其中 10 次获得一等奖及以上的结项成绩。教师还获得了首都大学生暑期社会实践先进工作者奖励，多次被授予北京师范大学暑期社会实践先进指导教师称号。在科研指导方面，教师指导了 22 项学生科研项目，包括国家级 8 项、北京市级 6 项、校级 8 项，其中 5 项优秀结项，3 项获得校级优秀。此外，教师还指导学生在《中国行政管理》《公共管理学报》《北大政治学评论》等学术刊物上发表了多篇中英文论文。

五、总结与思考

第一，拥抱新技术，建设课程知识图谱。以 ChatGPT 为代表的新技术工具对高等教育产生了深远影响，改变了学生的学习模式，如课堂学习时间减少、集中学习形式被碎片化学习替代。未来，我们计划通过构建课程知识图谱，实现知识、能力、问题与价值的有机整合。借助大数据技术和人工智能技术，我们将使知识图谱可视化、数字化和互动化，供学习者即时、自主、个性化学习。此外，基于知识图谱的海量数据训练，我们将形成学习者画像，并探讨数字治理背景下政府与非营利组织的行为逻辑。

第二，实践育人智能化，提升实践教学水平。尽管课程实践教学已取得一定成果，但实践环节和模块的管理仍需要提升智能化水平。未来，我们希望引入智能化教学实践平台，以助力实践教学，形成线上线下资源的共享与联动。

国际公法

一、课程概况

(一)课程信息

"国际公法"(亦称"国际法")是法学专业核心课程，该课程也被认定为北京师范大学通识教育核心课程、北京师范大学思政教育示范课程，面向本科二年级学生开设，共计 48 学时，3 学分。

(二)课程简介

1. 课程内容

国际公法是一套规范和调整国际法主体之间关系的法律体系。国际法的主体主要包括主权国家、政府间国际组织，以及争取独立的民族组织。至于个人是否为国际法主体，目前这一问题仍在讨论和不断发展之中。在国际法的主体中，国家因其最为主要、重要和基本的地位，使得国际公法主要聚焦国家间的法律关系，它主要调整国家之间的法律关系，是由约束这些关系为主的原则、规则和制度构成。

国际公法的内容丰富，覆盖面广泛，主要包含四大部分，共十八章：国际法导论(涉及国际法的性质与发展、国际法的渊源、国际法与国内法的关系、国际法的基本原则)，国际法主体(涉及国际法的主体、国际法上的国家、国际组织法、国际法上的个人)，国际法客体(涉及国际人权法、领土法、海洋法、空间法、外交与领事关系法、国际争端解决法、国际刑法、国际人道法)，以及国际法的主要形式(涉及条约法、国际责任法、习惯国际法等)。

2. 教学方法

本课程教学方法的特点可以概括为以下几点。

(1)学生积极参与：通过案例分析、模拟法庭和相关实践活动，确保学生的充分参与。特别是通过典型案例的深入分析，让学生沉浸其中，从而激发他们的爱国情感和报国信念。

(2)知识探索式学习：针对典型事件和案例中的问题，鼓励学生运用所学知识积极探索解决方案。通过了解国际法院的管辖权，帮助他们理解并认识到可行的解决途径及其与国家实力的联系。

(3)模拟法庭训练：通过课程中的模拟法庭训练和参与国际法庭模拟赛，培养学生的专业技能，使爱国情怀转化为实际行动，而不仅仅是空洞的口号或简单的激情。

"国际公法"课程的特点要求我们在内容上紧密结合国际形势，关注热点问题，并保持教学内容的时效性。在教学方法上，我们采用多样化的方式，包括课堂讲授、线上教学、邀请国内外专家举办讲座、课堂讨论、案例分析、模拟法庭和参观访问等。

本课程的教学强调实践性，充分运用案例分析和模拟法庭等手段，将知识与实践相结合，使爱国情怀服务于国家的强盛和民族的复兴。我们将

"国际公法"的原理、规则和案例中的爱国主义理论，与国际国内形势、国家战略以及党的大政方针相结合。

例如，在最近一年的教学中，我们运用所授的国际法知识，分析了当前最新的国际形势和焦点问题，包括但不限于：(1)疫情形势下国门关闭对人权"克减"的必要性与法律依据；(2)美国对华为实施"断供"措施，在国际法视角下其"长臂管辖"的违法性；(3)日本福岛核污水排入海洋计划如何违反海洋法和国际环境法；(4)佩洛西窜访台湾的影响；(5)俄乌冲突的国际法分析等。

3. 评估方法

本课程对学生学习成果的评估根据学生在以下环节的表现和成绩：出勤、参加讲座，课堂讨论与案例分析、作业及期末考试。其中，出勤、参加讲座、课堂讨论与案例分析及作业为平时成绩，占总成绩的 40%。期末考试为闭卷笔试，占总成绩的 60%。

此外，本课程创新了考核评价方式，结合案例分析、情景设计、论述问答等方式，对课程的思想政治教育目标进行科学有效的考核。课程将提升学生的爱国主义素质作为考核的重要目标，并将其融入课堂测试、课后作业、中期检查和期末考试当中。

4. 课程特色

"国际公法"蕴含着丰富的爱国主义教育资源，并具备强大的爱国主义教育功能。课程中真实而生动的案例将国际关系的本质揭示得入木三分，将中国数百年来在国际上的荣辱浮沉与 70 余年的崛起复兴历程诠释得扣人心弦，因而课程内容在爱国主义教育方面具有深厚的基础。长期以来，"国际公法"课程承担着爱国主义教育的使命，保持着深厚的传承和良好的传统。

国际公法的另一个重要特征是其"新"。国际公法起源于 17 世纪主权国家的产生，是一门相对较新的学科，并且发展迅速。特别是在两次世界大战之后，这门学科取得了显著的进步。直至今日，国际公法仍在快速发展，不断有新的领域等待探索，新的公约和软法规则频频出台。目前，以人工智能为代表的新兴科技在给人类带来革命性影响的同时，也给国际法带来了新的机遇和挑战。因此，"国际公法"课程的爱国主义教育必须与时俱进，教学内容需要紧密结合当前的国际形势，引入最新的事件和案例。课程的讲授应紧密结合国内外实际情况，以当前的国际形势和焦点、热点问题为教学案例。

(三)课程负责人简介

邢爱芬，北京师范大学法学院国际法教授，中国人民大学法学博士，博士生导师。邢教授还担任北京国际法学会理事和北京市高等教育自学考试委员会委员(2006—2018 年)。她在国际法领域拥有超过 30 年的国际法教学与研究经验，曾为美国宾夕法尼亚大学法学院"中美富布莱特项目"高级研究访问学者(2007—2008 年)，英国伯明翰大学"中国—欧盟高等教育合作项目"高级研究访问学者(2001 年)，美国西北大学法学院高级访问学者(2020 年)。邢教授在国内外学术期刊上发表了 100 余篇中英文学术论文，并出版了 5 部中英文学术著作。她曾荣获第十八届"北京师范大学教学名师"称号(2023 年)。

二、课程育人目标

"国际公法"课程的教学目标是为国家培养具有坚定政治立场、爱国情怀、民族自豪感、对党和政府忠诚，同时具备扎实的专业知识和良好外语水平的国际化一流人才，以便他们能在国家最前沿的国际法领域担任重要职务。党的二十大特别强调，在全面建设社会主义现代化国家的新时代、新征程中，教育、科技，人才支撑、法治保障、国家安全这几个方面的工作是关键，而我们致力于培养的人才正是符合新时代国家需要的。

本课程的思想政治教育功能主要集中在爱国主义教育上。爱国主义是一个多维度、内涵丰富的概念，包括对民族、国家和政府的热爱。中国目前正处于一个非常特殊的历史时期，爱国主义教育有着非同寻常的意义。本课程以 2019 年《新时代爱国主义教育实施纲要》为指导，结合北京师范大学"双一流"建设的目标，深度挖掘、积极开发"国际公法"课程中蕴含的爱国主义教育资源，确保爱国主义教育能够从个人、国家、全球三个视角落到实处。

三、课程思政案例

案例：1993 年"银河号"事件

1. 结合章节(知识点)

(1)国家主权平等原则。我们将探讨第二章《国际法基本原则》第三节《国际法基本原则的主要内容》。

(2)公海上的管辖权。我们将依据第九章《海洋法》第九节《公海》所提供的信息。

(3)国家责任的免除情形。我们将参考第十三章《国际责任法》第二节《国际不法行为的责任》中的相关讨论。

2. 案例意义

在"银河号"事件中，美国严重违反了国家主权平等原则和国际海洋法的相关规则，侵害了中国的尊严和利益。虽然最终美国提供了赔偿，但其承担国家责任的方式并不完整，缺少了履行"道歉"和"保证不再重犯"的环节，这与当时的中国国力薄弱有着直接联系。通过对这一案例的学习，同学们不仅掌握了专业知识，还深刻体会到了弱国在外交中的困境，这进一步激发了他们的爱国情感和报国之志，增强了他们学好国际法以报效祖国的动力。

3. 案例描述

1993 年 7 月 7 日，中国远洋运输总公司广州远洋运输公司的"银河号"集装箱轮船从天津新港起航，驶往中东地区。7 月 23 日，美国大使馆紧急照会中国外交部，声称有确凿证据认定"银河号"货轮装载有可用于制造化学武器的硫二甘醇和亚硫酰氯，准备运往伊朗的阿巴斯港。美国要求中国立即采取措施制止这一行为。美方还向"银河号"所在的公海派出了军舰和直升机。中国外交部对美国大使馆的无理要求予以拒绝。随后，美方军舰、飞机对"银河号"进行了近距离跟踪和低空侦察，干扰其航行，并关闭 GPS 导航系统。为了避免事态恶化，中方指示"银河号"于霍尔木兹海峡东口外公海上停泊。经过 10 多天的僵持，中国政府同意接受检查，但要求检查必须由中方代表与第三方沙特代表一道执行。检查过程中美方一再撕毁原先达成的协议，公然违背绝不染指第三国货物的承诺。最终，三方共同确认"银河号"没有运载美方所指称的化学品。尽管美国政府事后态度强硬，拒绝道歉，但不得不对影响"银河号"正常航行造成的经济损失进行赔偿，赔偿金额为 1042 万美金。

4. 教学效果

生动的案例使学生对该案涉及的国际法知识印象深刻：(1)美国对待中

国蛮横霸道，明显违反了国家主权平等原则。(2)在公海航行的船只主要适用船旗国的管辖权，外国只享有依据普遍管辖原则的登临权或依据保护性管辖原则的紧追权，而美国对"银河号"的做法都不属于这两种情况，严重违反了海洋法。(3)美国严重违反国际法的行为需要承担国家责任，没有任何免责理由，应履行多种责任(形式包括道歉、保证不再重犯、赔款等)以尽可能消除违法行为带来的一切损害后果。

课后，学生认真复盘案件，自然生发出爱国热情和为国家富强而拼搏努力的责任感。

四、课程评价

本课程在教学评估中一直表现优异，其爱国主义教育功能显著，自课程思政实施以来，已显著提升了学生的爱国意识。为了评估这一效果，我们在 2021 年秋季和 2022 年春季两个学期进行了问卷调查，收集了学生对课程的反馈。分析结果显示，学生们普遍认为课程不仅增强了他们的专业知识，还极大地激发了他们的爱国情感。

学生反映，通过学习"国际公法"，他们不仅掌握了国际法的基础知识，还培养了深厚的爱国情怀和报国志向，这对他们形成正确的人生观和价值观起到了重要作用。他们表示，这种教育将激励他们终身热爱并服务于祖国。

本课程的教育模式主要包括三个方面：(1)情感育人：利用典型案例激发学生的爱国情感。(2)知识育人：教授国际法知识，确保学生的爱国情感建立在合法性和正义性的基础上，具有理性支撑。(3)技能育人：通过案例分析、模拟法庭和国际法庭模拟赛等活动，培养学生在国际司法领域捍卫国家利益的能力。

五、总结与思考

中华民族正处在一个百年未有的伟大复兴时期，同时面临着西方国家在美国带领下的全方位挑战，特别是在人才争夺和人心影响方面。高校作为培养中国优秀人才的摇篮，肩负着培养学生爱国情操的重任，这不仅通过政治理论教育，也通过课程教学实现。将爱国主义教育融入专业课程，能够更有效地培养学生的爱国情怀。

"国际公法"课程以其对国际关系的深刻解读和生动案例，自然地融入了爱国主义教育。它不仅揭示了国际关系的实质，也讲述了中国在国际舞台上的发展历程，因此具有强大的爱国主义教育潜力。这门课程始终承载着教育使命，不断更新内容以反映最新的国际形势。经验表明，"国际公法"课程在培养学生的爱国情感方面效果显著，超越了传统的思想政治教育。

中国一流的高校聚集了充满活力和探索精神的年轻人，他们的特点在于活跃、热爱探索和敢于追求。因此，思政教育应鼓励他们开阔视野，理性思考，而不是简单地灌输。没有建立在深入了解世界基础上的热情是脆弱的，容易走向极端。通过"国际公法"课程，我们旨在培养学生基于对世界的了解和比较的爱国情感，使之更加坚实和理性。

我们的教育经验包括：（1）避免说教，将爱国主义教育融入知识学习中，以适应年轻人的思维活跃和探索欲望。（2）鼓励学生探索真理，真理经得起检验和质疑。（3）强调实际操作，培养学生的国际司法技能，这些技能是直接有效的爱国行动。

爱国主义教育对人才培养、国家发展和民族未来至关重要，是一项长期的任务。我们在取得初步成果的基础上，不断深化，通过"国际公法"课程加强学生的爱国主义思想政治教育，以期取得更好的成效。目前，我们已经积累了大量的案例和资料，正在形成相关的著作、教材和学术论文，以丰富"国际公法"课程的意义和价值，并与时俱进地发展其教学与研究，特别是以学习、宣传党的二十大精神为新引领，将爱国主义教育融入"国际公法"教学，不断提炼和总结其中的爱国主义教育元素。

中国电影经典影片鉴赏

一、课程概况

(一)课程信息

"中国电影经典影片鉴赏"为学校通识教育选修课，共计32学时，2学分。

(二)课程简介

1. 课程内容

本课程以中国影视发展的重要现象为基础构建课程框架，聚焦中国电影研究，并扩展至中外影视交流、中国电影发展历史以及经典影视作品的解析等多个方面。

课程的设计理念是将课程思政作为价值引领，深入挖掘中国影视文化中的红色基因和精神力量。通过影像这一载体，课程贯穿历史文化的脉络，强调艺术表达的人文关怀，致力于弘扬国家文化的核心价值。课程追求的目标是"以影史教学为基础，以育人为核心，以文化传承为宗旨"，力图生动展现社会影像的折射，明确展现进步文化的精神，以及鲜明展示中国影像艺术的本土传统。

课程教学团队精心设计，从基础电影史到史论潮流，从艺术史到产业史、文化史，深入分析并构建知识体系。课程打破传统的简单历史叙述方式，形成了从历史到当下、从史述到参照论析、从艺术到产业与文化的系统性视角，旨在建立一个立体化、多层次、示范性的中国电影史知识体系，便于学生全面掌握和理解。

2. 教学方法

本课程采用混合式教学方式，致力于探索"线上教学/讲座＋线下教学/培训"相结合的教学新模式，注重使用互联网与新媒体教学技术手段。本课程充分利用影像的优势，在教师讲解影片过程中自如穿插相关的史料、电影片段、音乐等教学资料。授课团队在宏观层面上介绍了中国电影发展史，在微观层面上从讲述了中国电影的时代风格、影像特征、文化传统和创作特色，具体包括早期的无声电影、20世纪30年代的有声电影、20世纪40年代的中国文人电影、20世纪40年代的现实主义电影、新中国"十七年"电影的红色经典、新时期电影创作的复苏、"第五代"电影人的崛起、"第六代"电影人的成长、21世纪初中国式商业大片、21世纪以来艺术电影的创作转型、新时代主旋律电影的创作创新等。

3. 评估方法

学生的最终成绩由平时作业（占30％）、出勤情况（占20％）、课堂表现（占50％）分数加权后得到。平时作业满分100分。出勤情况评分采用扣分制，满分100分，旷课1次扣10分；旷课累计达6次，出勤分数计0分；迟到1次扣5分；请假1次扣1分。课堂表现满分100分。

4. 课程特色

本课程的线上内容"中国电影经典影片鉴赏"已被教育部认定为首批国

家级一流线上课程。2021 年，该课程及其团队被评为北京市高校课程思政建设示范课程及教学名师、示范教学团队。课程负责人周星教授荣获教育部 2021 年度"高校网络教育名师培育支持计划"专家称号。依托本课程的教学成果，获得了 2021 年北京高等教育本科教学改革创新项目、2021 年北京市学校美育改革创新优秀案例、2021 年北京师范大学高等教育教学成果一等奖以及学校美育改革创新优秀案例等多项荣誉。

(三)课程教学团队简介

本课程的授课团队由周星教授领导，他是教育部高校戏剧与影视学类专业教学指导委员会主任、教育部"高校网络教育名师培育支持计划"专家，同时担任北京师范大学艺术教育研究中心主任。团队成员还包括教育部青年长江学者、北京师范大学亚洲与华语电影研究中心执行主任张燕教授，教育部中华优秀传统文化中国话剧传承基地主任、中国高校影视学会副会长王宜文教授，以及任晟姝副教授、陈亦水副教授和王赟姝老师等。该团队拥有网络思政宣传的转化渠道，确保思政宣传的全面覆盖和落实。

团队特别擅长借鉴影视艺术的思路和宣传形式，创新思政课程的教学模式，并将艺术教育内容融入其中。通过充分发挥艺术教育"以美移情"的功能，团队有效地提升了思政教育的感染力和实效性，同时增强了思想政治教育的亲和力和吸引力。

二、课程育人目标

本课程旨在融合思政德育与影视美育，融入社会主义核心价值观。课程探索有效的教学途径，结合新时代的优秀主旋律电影，传授艺术知识，培养审美鉴赏能力，并引领价值观念。通过赏析电影中富有情感和美感的艺术形象，本课程致力于帮助学生构建完善的人格，提升艺术审美，涵养精神心灵，并增强文化自信，从而在经典作品的熏陶下完成思想政治教育。

在知识能力方面，学生能够掌握 21 世纪以来中国主旋律电影艺术的发展脉络和主要类型，以及创作风格和美学的变化。通过分析优秀影片及其人物和风格，学生将具备电影鉴赏和分析评论的能力。利用影视艺术的审美要素和虚拟仿真实验，学生将能够独立分析和评价中国电影作品，准确把握其思想内容、文化意义和艺术特征。

此外，课程通过主旋律电影艺术，使学生深刻理解其背后的人民性和唯物史观。通过观看代表性的优秀影视作品，课程旨在践行社会主义核心价值观教育，引导学生深入挖掘中华民族精神和文化内涵。这将增强学生的文化自信，坚定他们珍惜和平、报效祖国、建设国家、热爱人民、回报社会的爱国信念。

三、课程思政案例

案例1：主旋律电影创作

1. 结合章节(知识点)

21 世纪以来主旋律电影艺术形态探索类型鉴赏。

2. 案例意义

(1)依托教研团队扎实的中国电影史专业知识，我们将课堂教学定位为思想政治教育的主阵地。

(2)我们深入挖掘并精选中国经典电影中的思政元素，坚持民族性、持续性、进阶性、建设性和互动性的原则，统筹思政教学设计。

(3)课程生动讲解电影中反映不同社会时期的侧面,重点关注抗日战争、解放战争、抗美援朝、英模人物和重大历史事件等题材的影片,深入分析电影所涉及的历史阶段的社会文化和艺术潮流。

(4)通过潜移默化的方式,我们致力于在学生的听课、观看、鉴赏和体验互动过程中,实现思想政治教育的耳濡目染和润物无声。

3. 案例描述

本课程重点讲述 21 世纪特别是新时代以来主旋律电影的创作,内容涵盖艺术风格、人物塑造和文化解读三个方面,旨在阐释这一时期主旋律电影所展现的中华民族精神和文化活力。

课程设计包括四个核心教学环节:SPOC 慕课线上先期学习、线下课程讲授、线下课程答疑讨论和影像艺术赏析虚拟仿真实验。此外,课程适当结合课外"审美与向善:戏剧与影视学名师大讲堂"讲座,形成"线上＋线下"、自学与讲授、答疑与互动相结合的教学模式,并向课外开放延伸。

通过分析经典影片案例,课程旨在激发学生的审美感知和创新思维,引导学生从国家视角出发,深入理解中国电影艺术背后的人民性和唯物史观,认清历史虚无主义,关注时代发展,增强爱国主义情感,坚定建设国家的信念。

课程将综合评述 21 世纪中国主旋律电影的发展,引导学生形成对中国道路、制度的自信,以及对文艺与时代关系的正面认知。通过分析《我和我的祖国》《长津湖》等影片,讲解主旋律电影到新主流电影的演变,强调艺术风格特征的演进。同时,通过鉴赏《秀美人生》《守岛人》等影片,探讨新时代优秀共产党员形象的塑造,以及《中国医生》等现实主义作品的艺术特色和现实意义,引导学生关注现实生活,重视人的生命和体验。

课程通过学习鉴赏《我和我的祖国》《长津湖》《秀美人生》《守岛人》

《中国医生》等作品，让学生感受新时代爱国主义精神，正确理解和认同影像中展现的人民立场、抗疫精神、奉献精神和家国精神。通过讨论这些影片，学生将深入探讨主旋律电影在家国记忆记录和再现中的作用，新时代共产党员形象的塑造，以及电影艺术创作中的现实主义精神和"人民性"。

4. 教学效果

本课程采用线上和线下相结合的教学模式。线上部分通过中国大学MOOC平台向社会开放，同时提供SPOC慕课供校内选课学生使用，定期发布视频课程内容，并设有章节测试和期末作业。此外，还包括评论、提问和作业互评等互动环节。线下部分则主要利用多媒体课件和虚拟仿真实验进行教学。

这种双线并行的教学方式不仅实现了理论教学目标，而且充分发挥了学生的主观能动性。通过开设以学生为主导的虚拟仿真实践类教学课程，将影视通识教育与课程实践相结合，构建了一个"影视＋思政"的实践平台，实现了影视美育与思政教育的深度融合。

在理论与实践相结合的课堂环境中，学生能够深入理解中国电影艺术中的优秀传统文化，继承社会主义先进文化。通过学习英雄模范人物的事迹，学生可以获得精神力量，并在重大的国家和民族历史事件中形成爱国认同。课程旨在让学生认识到讲述中国故事的重要性，培养民族自豪感，树立文化自信，并坚定人民立场。

案例 2：影像艺术赏析虚拟仿真实验

1. 结合章节(知识点)

影像艺术赏析虚拟仿真实验——电影与音乐。

2. 案例意义

电影是文化艺术和审美教育的重要手段，本课程面向各专业本科生，旨在寻找共性以激发学生的思考。课程鼓励学生探索如何将课程知识、文化审美与自身专业结合，并在现实文化生活中应用所学。例如，课程讨论电影如何在建党百年和新冠病毒感染疫情期间等关键时刻记录和反映社会现实，以及如何通过战争电影等作品引导学生理解历史，塑造国家民族意识和爱国精神，同时关注社会发展和普通人的生活体验。

本课程充分利用影像媒介的优势，结合史料、电影片段和主题音乐等资料，通过虚拟仿真交互体验，使思政教育内容生动有趣。课程设计旨在提高学生的主动性和积极性，鼓励学生思考如何通过电影讲述中国故事，结合自身专业服务国家和人民，以及如何提升自身的能力和素质。

课程以观摩和分析中国经典影片为主，辅以沙龙讲座和虚拟仿真实验，实现翻转课堂的教学模式。线上学习侧重于培养学生的影片鉴赏技能，强调学习小组的互动讨论；线下教学则在教室进行，重点深化专业难点的讲解，并通过专题讲座拓宽学生视野。课程内容不断更新，确保与影像艺术的时效性和学生兴趣紧密相关，同时突出学生在课程中的主体性，调动其参与感和积极性。

3. 案例描述

"电影与音乐"虚拟仿真实验将利用虚拟仿真技术，对电影声音与音乐艺术进行知识讲解、经典影片片段赏析、参与式实践、问题考察和拓展学习。课程内容包括学习电影声音知识(如人声、音响和音乐)，设计电影片段与音乐匹配、导演解说声音知识、图示声音作用等多个环节，并结合测评考核对学生的艺术鉴赏水平进行评价、分析与建议。

在实验中，学生将操作"电影与音乐"虚拟仿真实验，并与教师讨论和交流实验报告。学生可以多次进行实践操作，拓展对不同电影声音的参与体验，学习和体会声音的创作与剪辑意图，重点构建视听综合思维，提升综合审美素养和艺术鉴赏水平。

实验中选取了《梁祝》等中国传统优秀音乐作品，以及电影《芳华》中的经典音乐《绣金匾》《英雄赞歌》《草原女民兵》《沂蒙颂》，以及《卧虎藏龙》中具有民族风格的配乐，旨在通过艺术体验增强学生对传统音乐文化、红色音乐文化和民族音乐文化的情感认同，树立文化自信，并结合电影进行跨学科知识学习和精神审美提升。

目前，该课程主要在 PC 端运行，学生可以通过键盘、鼠标、显示器和主机与虚拟场景进行交互，观看经典电影片段和角色动画，体验灯光、音乐、景框等电影要素，并操纵民俗服饰、布光室、地球仪等模型，进行自由的艺术表达与创作实践。未来，随着艺术门类的扩展、虚拟仿真实验内容的增加、硬件设施的持续改进和评测方式的优化，本课程将更贴合实操性，满足培养目标，打造真正沉浸式的艺术学习体验，为学生提升艺术素养和审美能力提供更好的平台。

4. 教学效果

围绕红色经典影片、思政内容利用影像优势帮助学生更好地理解影片的视听语言和文化基因，这是"中国电影经典影片鉴赏"的立足点与特色所在。课程充分利用影像优势，在教师讲解影片过程中穿插相应史料、电影片段、主题音乐等教学资料，并结合虚拟仿真交互体验，使课程生动，从而增强了学生主动学习的积极性，将思政元素渗透在教、学、看、实验、评论的多元循环互动体系中。

四、课程评价

自 2018 年 10 月 24 日首次开课以来，"中国电影经典影片鉴赏"课程便获得了良好的口碑，并在选课学生中引起了热烈反响。随着同学们的分享和推荐，该课程的选课人数在整个学期中持续稳步增长。课程团队紧跟 5G 时代的步伐，不断深化课程思政改革，坚持立德树人的根本任务，并结合知识传授与价值引领，显性教育与隐性教育，成功构建了一门与思政元素紧密结合的艺术类美育通识课程。

与此同时，课程团队利用人工智能时代的新技术手段，推动艺术审美的改革与创新。他们充分利用网络优势，借助虚拟仿真技术等科技应用，打破了艺术门类的界限，引领了一种全新的艺术培养和育人模式。

五、总结与思考

本课程自 2018 年 10 月 24 日起在中国大学 MOOC 平台"爱课程"上免费开放，至今已开设 8 次，吸引了超过 5 万名选课学生，成为平台上电影课程中的热门选择。在这 8 次开课期间，学员们多数给出了五星的评价。学员们普遍表示，通过课程学习，结合个人思考，他们的电影鉴赏能力得到了显著提升；看电影不再只关注情节，而是更深入地理解电影的深层文化内涵；他们不仅学会了解读单部影片，还构建了中国电影史的知识体系。

戏剧与影视学类的线上线下混合式课程必须坚持课程思政和协同育人的理念，尊重教育规律和戏剧影视学科的特点，深入挖掘中国电影艺术中的优秀传统文化，继承社会主义先进文化，坚定文化自信，积累人文素养。

未来，课程团队将继续提升政治站位和价值引导意识，致力于将课程思政元素常态化。团队将综合考虑电影艺术在不同时期的发展特点，增加更多优秀电影作品，形成以社会主义先进文化、革命文化、中华优秀传统文化为核心的课程体系，充分发挥影视类课程在课程思政改革中的价值和意义，实现艺术教育、思政教育、德育等多位一体的社会教育效益。

此外，团队将持续加强人文通识与审美教育的建设，建立新时代网络课程教育的长效机制，不断改革以适应时代和学生的需求，并积极扩大影响力，服务于更广泛的授课群体，有效促进教学资源的共享。

意在象中——中国古典诗词鉴赏

一、课程概况

(一)课程信息

"意在象中——中国古典诗词鉴赏"是学校通识教育核心课程，2020 年入选教育部评选的首批"国家级一流本科课程"。授课对象为本科一年级至四年级学生，共计 32 学时，2 学分。

(二)课程简介

1. 课程内容

自 2018 年 10 月 24 日起，本课程在中国大学 MOOC 平台"爱课程"上免费开放，至今已成功开设八期，吸引了超过 5 万名选课学生，成为该平台上影视学类课程的热门选择。在这些开课期间，学员们对课程给予了高度评价，大多数给出了五星级的反馈。他们普遍反映，通过课程学习结合个人思考，显著提升了电影鉴赏能力；看电影不再局限于情节，而是更深入地理解了电影的深层文化内涵；他们不仅学会了解读单部影片，还构建了中国电影史的知识体系。

戏剧与影视学类的线上线下混合式课程坚持课程思政和协同育人的理念，尊重教育规律和戏剧影视学科的特点，深入挖掘中国电影艺术中的优秀传统文化，继承社会主义先进文化，坚定文化自信，积累人文素养。

展望未来，课程团队将继续提升政治站位和价值引导意识，致力于将课程思政元素常态化。团队计划综合考虑电影艺术在不同时期的发展特点，增加更多优秀电影作品，形成以社会主义先进文化、革命文化、中华优秀传统文化为核心的完善课程体系，充分发挥影视类课程在课程思政改革中的价值和意义，实现艺术教育、思政教育、德育等多位一体的社会教育效益。

此外，团队将持续加强人文通识与审美教育的建设，建立新时代网络课程教育的长效机制，不断改革以适应时代和学生的需求，并积极扩大影响力，服务于更广泛的授课群体，有效促进教学资源的共享。

2. 教学方法

本课程摒弃了传统以时间线或人物为线索的讲授方式，专注于探索古典诗词中的意象，以此作为理解中国诗词的关键。课程通过"春"、"秋"、"明月"、"斜阳"、"田园"和"酒"六个专题，展现了古诗词意象的丰富多样性。通过深入讲解，课程旨在提升学生对古典诗词意境的理解和鉴赏能力，鼓励他们走近、理解乃至创作诗词。

一方面，课程深入挖掘中华优秀传统文化中的思想政治教育资源，特别是古典诗词，以确保思政教育的生动性和实效性。通过精心筛选和提炼传统文化中的精华，课程旨在实现教育内容的深度和温度，让学生在学习中感受到课程的内涵和用心。另一方面，课程旨在建立中国传统文化与课程思政之间的内在联系，避免形式与内容的脱节，确保课程内容的有效传递。课程从"有意义"到"有意思"，通过创新教学方法和提升学习体验，实现知识的传授、情感的共鸣和文化的浸润。

课程深入挖掘古典诗词中的政治教育资源，创新思政课程内容，将中华优秀传统文化教育系统地融入诗词鉴赏，促进思想政治教育与传统文化教育的紧密结合。例如，通过分析剑啸长虹等小节，提炼古诗词中的家国情怀，并与思政课程相结合，确保内容的思想性、前沿性和时代性。

为了提升课程的沉浸感和交互性，课程采用线上线下相结合的教学方式。线下课程通过课堂分享和朗读等方式增强学生的沉浸感，而线上学习则通过大学慕课平台提供丰富的学习资源和互动讨论区。每一章节的线上学习都与线下的深化补充相结合，通过定制的知识框架谱系图和相关文献扩展学习，丰富学习内容，巩固知识要点。课程鼓励学生将知识性内容转化为体验式的学习路径，激发不同学科学生的学习主动性。

3. 评估方法

课程结合闭合性考核和开放式评价，一方面，我们通过学校评教系统完成学生评价，课程总成绩由平时成绩（占40％）和期末考试成绩（占60％）两部分组成。另一方面，我们采用慕课线上教育的交流评价方式。慕课共由35小节课程组成，约7200分钟的内容体量，主要以过程性考核与期末考试的方式检验教学效果，学生最终的课业总成绩由视频观看完成情况（占30％）、课堂讨论（占10％）、期末考试（占60％）三部分成绩组成。在期末考试之前，学生要观看完全部课程内容，并在限定时间内完成章测试题。章测试题目题型为单项选择题，学生可重复2次提交测试结果，后台将最高分值作为考核成绩。学生还要积极参与授课老师和助教发布的课程讨论题，获得"活跃度"积分，参与6次以上课程讨论的学生可获得课堂讨论部分的满分。期末考试是从试题库中随机组卷的线上考试，学生要在限定时间内提交答卷，可重复提交2次结果，以最高分值作为最终成绩，完成的同学可以申请电子证书。

4. 课程特色

中国的古典诗词善于运用意象表达出心中有、口中无、若隐若现的意蕴和感受。本课程坚持以德树人，将古诗词的意象创造性转化为线上线下混合式教学内容，以中华优秀传统文化为引领，以提高学生民族文化认同、文化自信和人文素养为目标，弘扬人文精神，以美育人、以美化人、以美培元，把意象融入该课程教育的各个学段。

(三)课程教学团队简介

于丹教授是本课程的主讲教师，她拥有丰富的全媒体教学和社会传播经验，擅长线上教学的知识传达技巧，注重互动传播效果的延伸和社会资源的链接转化。于丹教授主讲的多媒体课程"电视学概论"荣获"北京市精品课程"称号，"古典诗词鉴赏"通识课程获得北京师范大学"大成国学奖"。她在中央电视台春节特别档期主讲的诗词系列节目"丹韵词音"取得了极佳的传播效果。她担任总策划和总讲解的"遇鉴·文明"节目，作为中央电视台首档以"中外文明交流互鉴"为主题的大型季播诗词类美育节目，获得了重要领导的批示。在全媒体平台"封面新闻"上录制的公益性诗词系列课程，吸引了110万人在线实时观看学习。此外，在字节跳动抖音平台上的"中国古典诗词鉴赏"课程(诗人系列)观看次数突破了300万人次。她编著的配套教材《于丹：重温最美古诗词》累计销量超过300万册，已再版3次，并被翻译成6种语言，不断推动中国文化的国际传播。

助教团队由袁媛和高飞两位北京师范大学在职教师组成，他们都具有文化传播学的研究背景，为课程的组织和互动提供了充分的协调和保障。

二、课程育人目标

习近平总书记曾指出,优秀的思想政治工作犹如人精神上的"盐",但不能光吃盐,最好的方式是将盐溶解到各种食物中自然而然吸收。课程思政的核心理念是将教育回归到"人"这一根本目的,其中"立德树人"便是这一理念的精简表达。本课程借助信息技术推动高校教学领域的深入改革,迅速打通教学的"最后一公里",构建起信息技术与中国传统文化课程教学融合的课程思政路径。

中国传统文化课程在人文精神的培养上具有独特优势,尤其是古典诗词中所蕴含的深厚爱国情怀、豁达人生态度、明确道德准则和积极乐观的人生哲学,激励了无数人勇往直前。将这些课程资源中独特的思政元素融入教学中,进行潜移默化的价值引导,有助于学生建立文化自信,实现通识教育与思想政治教育的有机结合,统一价值引领与知识传授,以及教书与育人的有机统一。课程在"常教'尝'新"的研究基础上,通过在线混合式课程的技术创新和价值转化,辅以有效、精确的外部支持,激发学生的学习动力。在教学应用的创新过程中,逐步丰富学生的学习经验,从而在原课程内容的基础上,由"蜻蜓点水"到"落地生根",完成课程思政视域下中国传统文化课程的新媒体建设。

三、课程思政案例

案例 1:古典诗词中的家国情怀

1. 结合章节(知识点)

以诗人为线索,选取具有家国情怀、民族气节诗人的作品,筛选出能够体现作者自强不息精神、中国人民自古以来勤劳勇敢品质，以及中华民族昂扬精神的诗词。

2. 案例意义

本课程坚持以德树人，将古诗词的意象创造性转化为思政教育的素材，以社会主义核心价值观为引领，以提高学生民族文化认同、文化自信和人文素养为目标，弘扬中华人文精神，从而以美育人、以美化人、以美培元。

3. 案例描述

本课程汇集了屈原、陆游、辛弃疾、苏轼、杜甫等诗人的优秀作品，围绕"江山多娇 盛世如愿"的主题，帮助学生正确地认识个人与国家、个人与时代、个人与社会的关系，探讨历史赋予个人的责任，激发广大学生心中的家国情怀。

课程通过简述诗人生平、介绍诗人风格、分析诗人作品，引导学生学习、理解和掌握古代诗词文学的历史发展和艺术特色，了解爱国诗人的生平事迹和创作情况。同时，在思政教育方面，课程通过案例教学、小组讨论等方式，培养学生的思维、想象和表达能力，培养他们的爱国主义精神和社会责任感。此外，授课团队结合慕课传播特点，通过线上线下混合式课程教学的互为方式，探索活化传统文化的思政教育方法。

课程助教将带领大家分小组诵读爱国诗人的经典作品，以此培养学生的人文主义精神和家国情怀。通过吟诵，课程旨在培养学生积极的人生态度，增强他们的民族自信和审美能力。

4. 教学效果

本课程精选了一系列经典诗词，这些诗词对学生的人生观、价值观、世界观具有积极正面的引导作用，并阐释了其中所蕴含的精神世界和价值取向，受到了学生的广泛好评。

案例 2：诗词意象中的赤心报国

1. 结合章节(知识点)

本课程以诗人为线索，通过古诗词中春风飞扬、秋思浩荡、明月千古、斜阳晚钟、田园林泉、登临况味、诗酒流连、剑啸长虹等意象集群，让学生感受古典诗词的文化美感，辅以诗词内容中赤心报国的内容，让思政与美育融合，强化学生的民族文化认同。

2. 案例意义

本课程创造性转化了中国古典诗词，优化了思政课程教学内容不拘泥于传统的时间或人物线索，而是从诗词的意象出发，引导学生走近诗词、读懂诗词、书写诗词，并把中华优秀传统文化和思政精神融入诗词鉴赏和教材内容中。

3. 案例描述

本课程将古典诗词的意象融入思政教学，旨在增强学生的文化自信，并在潜移默化中帮助他们内化社会主义核心价值观，使之成为个人行为的指导原则。

教师遴选了体现集体主义精神的诗词，如"先天下之忧而忧，后天下之乐而乐"，以及表达爱国主义情感的诗句，如"王师北定中原日，家祭无忘告乃翁"和"男儿何不带吴钩，收取关山五十州"。此外，还有鼓励积极人生态度的"天生我材必有用，直挂云帆济沧海"，强调时间观念的"沐春风而思飞扬，凌秋云而思浩荡"，以及倡导人与自然和谐相处的"采菊东篱下，悠然见南山"。这些内容与当今社会的核心价值观"爱国、敬业、诚信、友善、和谐"相呼应，教师将进行深入讲解。

课后，助教组织学生通过观看相关历史电影并开展小组讨论，深化对思政教育内容的理解和讨论。

4. 教学效果

本课程深入挖掘中华优秀传统文化中蕴含的丰富思想政治教育资源，促进了思想政治教育与中华优秀传统文化教育的紧密结合，探索了创新课程思政建设的模式。学生参与学习的积极性较高，反馈普遍良好。一些同学表达了未来要成为教师的强烈愿望。

四、课程评价

作为以文化人与传统文化普及的先锋，本课程自上线以来，已吸引全国 213 所高校学生选修，累计 10 余万人次完成了课程的学习任务与课外的互动项目。课程引发了近 3 万次的发帖讨论与内容的二次传播，其高质量的教学内容得到学生的一致好评，具有良好的示范和辐射效应。

五、总结与思考

为提升思政课程的教学效果，我们采取了创新的教学互动方式，并通过线上线下混合教学模式增强课程的互动性。自 2018 年 10 月起，依托《于丹：重温最美古诗词》一书，我们面向学生和公众推出了慕课"意在象中——中国古典诗词鉴赏"。此外，我们还通过新媒体联动、建立课程数字资源库、在短视频平台推广 BNU 中国传统文化美育通识内容等途径，探索思政课程在保育、涵育、化育方面的多元功能，以加深学生对中国传统文化和古典诗词意境的理解和感悟。我们旨在通过情感共振，实现对学生思想、行为和价值观的潜移默化的影响，让思政课程既富有意义又引人入胜，降低学习门槛，创新学习方法和沉浸式体验，实现以理服人、以情感人、以文化人的教学目标。

我们还通过线下课程和系统，设计、建设、应用"管理沟通"慕课，增强了美育资源在教学中的实操性。借助中国传统文化，尤其是古典诗词的文化优势，我们创新了课堂美育教学方法，通过多种途径提升学生的审美体验、情感认同和文化自信，打破传统通识教育与美育教学的樊篱，实现两者的协同发展。

在改进和保障措施方面，我们计划引入线上直播、短视频和"诗词研学营"等社交化数字传播形式，通过人民网、央视网、新华网、爱奇艺、腾讯、优酷、喜马拉雅、得到、微博、抖音、快手、哔哩哔哩等新媒体平台，传播与本课程相关的衍生内容。我们将通过录播、直播、微课等多样化形式，在智媒体平台上开展互动课程，活跃课堂氛围，拉近师生距离，让学生在多维互动中体验中国古典诗词的意象之美、愉悦身心的同时，领悟中国优秀传统文化的核心精髓。

民族音乐学概论

一、课程概况

(一)课程信息

"民族音乐学概论"为艺术与传媒学院音乐学研究生专业必修课,共计54学时,3学分,学生需要具有中国音乐史、音乐作品分析等相关课程的知识储备。

(二)课程简介

1. 课程内容

本课程是为音乐学专业研究生(包括学术型和专业型硕士)设计的学位基础课程,以民族音乐学学科体系为基础构建课程框架。课程深入挖掘并整合民族音乐中的思政元素,将经典文献阅读与艺术实践相结合,采用民族音乐文化遗产的传承与创新人才培养的"双轨并行"教学模式。通过艺术实践,课程旨在发挥音乐学科的育人功能,引导学生培养深厚的家国情怀,坚定文化自信,激发文化自觉,并树立起中国民族音乐传承的意识。

本课程遵循教育部等八部门发布的《关于加快构建高校思想政治工作体系的意见》，以"统筹课程思政与思政课程建设，构建全面覆盖、类型丰富、层次递进、相互支撑的课程体系"为指导方针。教学团队积极探索传统音乐中蕴含的思政元素，秉持"以乐为本"的教育理念，努力消除课程教学与思政教育之间的隔阂。课程综合运用音乐学、人类学等学科的理论和方法，对音乐形态及音乐现象进行文化阐释，引导学生理解传统音乐文化的独特理念、智慧、气度和神韵。通过这些教学活动，课程旨在实现"以美培元、强基固本"的教学目标，并最终达到"立德树人"的教育宗旨。

2. 教学方法

在课程建设过程中，教学团队深入研究了课程思政的最新政策文件，并梳理了相关领域的研究成果。同时，团队在国内示范高校进行了专题调研。基于"民族音乐文化遗产传承与创新人才培养'双轨并行'"的教学方法，团队在课堂教学、专业实践、田野调查等各个环节中，充分融入了党的思想政治内容，并贯彻了"三全育人"的教育理念。系列专题讲座、艺术实践活动、案例分析、小组讨论和项目工作等教学活动贯穿了整个课程。

课程以学生的发展需求和党和国家的发展需求为核心，将这两者紧密结合。一方面，课程旨在通过深入解读，赋予传统音乐新时代的内涵，并领悟其在传统文化中的隐喻价值。另一方面，课程发挥传统音乐的育人功能，旨在提升人才培养质量，并助力高等教育新文科建设。

3. 评估方法

(1)期中考核(占总成绩的40%)：围绕本学期阅读的民族音乐学领域理论著作或最新学术文章，完成课堂展示。(2)期末考核(占总成绩的60%)：写一篇有关民族音乐学的小论文，不少于5000字，要求符合论文写作的学术规范。

4. 课程特色

本课程采用蒯卫华副教授提炼的"民族音乐文化遗产传承与创新人才培养双轨并行"教学方法，以学生为中心，以实践为基石，以理论为支撑，从民族音乐学教育视角出发，依托田野调查，坚持口传心授的教学途径。

课程深入挖掘中国传统音乐体系中的思政内涵，明确各知识点与思政教育的结合策略和理论依据。通过欣赏经典作品、阅读经典著述，系统梳理中国传统音乐的历史脉络、体裁种类和艺术风格，结合艺术实践与非遗体验，引导学生感受中华民族音乐文化的历史积淀和价值魅力，促进学生对传统音乐的理解和接纳，激发他们对我国音乐文化遗产的热爱、传承和弘扬。

课程目标是培养具有高素质、高情怀、高觉悟、高规格的音乐人才，将思政教育融入人才培养的全过程，建立"三全育人"模式。课程将理想信念教育融入日常教学、专业实践、田野调查等环节，全方位提升学生的思想素质、专业水平和人才培养能力，形成与学校、社会协同育人的合力，不断健全系统化育人的长效机制。

(三)授课团队简介

蒯卫华，北京师范大学艺术与传媒学院副教授、博士、硕士生导师。蒯卫华副教授是课题负责人、课程主讲人，负责课程内容构思、教案撰写及组织协调课题实施等。

高微，北京师范大学艺术与传媒学院音乐系教授、专业硕士导师。高微教授主要负责民族器乐的艺术实践教学。

汪莉，北京师范大学艺术与传媒学院教授、硕士生导师。汪莉教授主要负责民歌、艺术歌曲等艺术实践课程的教学工作。

二、课程育人目标

"民族音乐学概论"课程不仅致力于培养学生的价值观、知识体系和技能，更强调对民族音乐文化的深入探索与理解。课程紧密结合北京师范大学的办学特色与音乐专业的独特要求，系统地讲授民族音乐学的基本理论和分析方法，让学生全面领略其历史脉络和艺术魅力。

此外，课程还注重培养学生的创新思维和实际操作能力。通过实践项目和案例分析，学生将有机会亲身体验音乐创作的过程，提高音乐表演和创作能力。同时，课程鼓励学生参与跨文化交流和合作，拓宽国际视野，增强综合素质。

总之，"民族音乐学概论"课程为培养具备国际视野和创新精神的高素质音乐人才打下了坚实的基础。通过这门课程的学习，学生将能够更深入地理解民族音乐文化的魅力，并为未来的音乐事业奠定坚实的基础。

三、课程思政案例

案例 1：陕北民歌《骑白马》中的思政教育元素

1. 结合章节(知识点)

《骑白马》原是一首地道的陕北民歌，20 世纪三四十年代在陕北、晋西北地区流行的一首情歌《白马调》使用了这一曲调，并影响了歌曲《东方红》的最初创作，是一首具有深厚思政内涵的歌曲。《骑白马》首先从歌曲本身来看，它是以"骑白马"为象征，描绘了一个人在生活中的坚韧不拔和勇往直前的精神面貌。这种精神面貌体现了陕北人民在面对艰难困苦时的乐观态度和坚定信念，也体现了他们对生活的热爱和对未来的憧憬。

2. 案例意义

(1)植根传统音乐，强化民族认同。案例以陕北民歌小调《骑白马》为讲授主体，赏析民歌作品，通过词曲演变过程的解说，引导学生探寻不同社会背景下，民歌所蕴含的时代精神和人文内涵，以此树立民族意识、强化民族认同。

(2)用感性之美，培养正确的审美价值判断力。民族民间音乐以其独特的艺术魅力伴随着人类历史的发展，满足人们精神文化需求。本案例将"审美"贯穿教学全过程，挖掘民族民间音乐的审美内涵，以音乐的感性之美引起学生情感上的共鸣，激发其学习兴趣。

3. 案例描述

陕北民歌是流传在陕西省北部黄土高原上的传统音乐，被列为国家级非物质文化遗产之一。陕北民歌类型主要包括信天游、山曲、爬山调、船工号子、大秧歌调、旱船曲、酒曲、二人台、榆林小曲、清涧道情、传统小调等，其中的代表性曲目有《兰花花》《三十里铺》《赶牲灵》等。2008 年 6 月，由陕西省榆林市、延安市申报的陕北民歌经国务院批准，列入第二批国家级非物质文化遗产名录。

陕北民歌音域宽广、旋律变化大，最常见的是徵调式，以五声为主，有"花音音阶"和"苦音音阶"之分。歌词常用叠字及比兴的修辞手法，其内容大多反映爱情生活、婚姻问题。从节奏上看，陕北民歌既有节奏自由的信天游，又有相对规整的山曲、爬山调。演唱陕北民歌不仅需要用润腔技巧，而且需要混合真假嗓。

《骑白马》最初是在晋西北、陕北一带流行的民歌小调，后由安波改编创作，又与李锦旗等创作的《东方红》结合，形成了颂歌《东方红》。从曲调和歌词演变的过程可以发现，《东方红》是在几首民歌的曲调基础上，通过减少润腔、规整节奏、化繁为简变化而来的。

从《骑白马》到《东方红》，民歌的变化具体体现为：(1)在调式音级上，去除了偏音，改为更为简洁的五声性旋律；(2)在曲调上，《东方红》与陕北米脂县小调《探家》、绥德县小调《煤油灯》《骑白马》的曲调主体框架相同，但在第一、第二乐句之中，将大跳音程改为级进，增加了曲调的流畅感；(3)在节奏律动上，将原母体曲调中的切分、附点等非规整性节奏简化为以均分律动为主的节奏，并以一字一音的词曲结合，更好地表现了颂歌中庄严肃穆的情绪与坚定昂扬的革命精神。(4)歌词的演变可以折射出鲜明的时代痕迹：从表现情爱的小调《探家》，到表现参军杀敌的革命民歌《骑白马》，再到开荒动员曲《移民歌》，最终成为一曲传遍中国大地、歌颂领袖的《东方红》。

4. 教学效果

陕北民歌不仅具有深厚的艺术价值，而且具有丰富的思政内涵，对传播社会主义核心价值观、促进人的全面发展具有重要的意义。

案例 2：音乐舞蹈史诗《东方红》中的思政元素

1. 结合章节(知识点)

《东方红》是为庆祝中华人民共和国成立 15 周年而创作的音乐舞蹈史诗。

2. 案例意义

本案例将理论与实践相结合，引导学生运用"旧曲填词"的方式，创编"百年党史"主题新民歌，以此宣传爱国主义情怀，弘扬社会主义核心价值观，以潜移默化的形式进行思政教育。

3. 案例描述

《东方红》的艺术价值体现在三个方面：首先，它通过清晰的舞蹈语汇塑造了国家形象，将戏曲舞蹈与革命题材相结合，成功地将政治宣传与艺术表现融为一体。其次，这部音乐舞蹈史诗为观众提供了一个集体记忆的框架，唤起了人们对中国革命历史的共同回忆，如过雪山草地、九·一八事变。最后，《东方红》通过编排深受群众喜爱的革命歌曲和新民歌，激发了人们的爱国热情，并构建了共同的民族国家认同，形成了一种普遍的文化心理结构。

从《骑白马》到《东方红》，我们可以看到人文时代精神的转变。原本表现个人情感的民间情歌，通过结合社会变革和反映家国情怀的歌词，以及群众集体的演唱形式，升华为具有民族意识的革命歌曲。此外，《东方红》等新民歌通过"引用旧曲，唱出新篇"的方式，使受到西方音乐冲击的传统音乐焕发新生。

新民歌或民歌改编曲通常采用流行的民歌、小调填词，起源于 20 世纪初。这些歌曲的歌词多与时代精神相结合，既有群众和民间艺人的创作，也有知识分子的贡献。常用的传统民歌曲调包括《五更调》《孟姜女》《银绞丝》《苏武牧羊》《满江红》《哭七七》等，它们在流传中因歌词和方言的不同而发生变化，并对各地的戏曲、说唱和民族器乐产生了深远影响。

通过《东方红》这部音乐舞蹈史诗，我们不仅能够深入了解中国共产党的历史，感受中国人民在党的领导下为自由和幸福所付出的努力，还能增强我们的民族自豪感和历史使命感。这种历史的回顾和再现，有助于我们更好地认识和理解中国共产党的伟大历史地位和作用。

4. 教学效果

首先，通过设置逐步深入的教学环节，学生能够熟练掌握传统音乐学的基本理论。其次，结合理论与实践的教学方法，鼓励学生进行音乐创作，这在一定程度上提升了他们的音乐鉴赏力、审美能力和表达能力。最后，通过深入挖掘民间歌曲中的时代精神和人文价值，引导学生理解音乐的社会作用，实现了知识教育与价值引导的有机结合。

四、课程评价

"民族音乐学概论"是一门融合民族音乐学理论与思政教育的课程，其目标是通过研究民族音乐，传承和弘扬中华民族的优秀文化传统，同时培养学生的文化自信和爱国情感。

第一，课程内容紧密结合民族音乐学的学科特性，强调理论与实践的结合。通过案例分析、专家讲座等教学手段，课程旨在让学生深刻理解民族音乐的精髓和特色，并掌握必要的研究方法与技能。

第二，课程采用多样化的教学方法，重视启发式和互动式教学。教师通过课堂讲解、小组讨论、学生展示等多种教学形式，激发学生的学习热情，培养他们的自主学习与团队合作能力。

第三，课程评价体系结合了过程评价与结果评价，全面反映学生的学习成效。过程评价通过观察学生的课堂表现和作业完成情况来进行，以评估学生的学习态度和进度；结果评价则通过期末考试、阅读心得、PPT 展示和论文撰写等方式进行，以检验学生的学习成果和综合素养。

第四，课程注重培养学生的思想政治素质和情感态度。通过学习，学生将能够建立正确的世界观、人生观和价值观，增强民族自豪感和文化自信，形成积极健康的情感态度。

五、总结与思考

在讲授课程的过程中，我们深感音乐与文化、历史、社会等多个领域的交融，以及民族音乐学的深厚魅力。这些音乐不仅是旋律和节奏的交织，更是对民族历史、文化传承和社会生活的生动呈现。在教学过程中，主讲人特别强调音乐与社会现象的紧密关联。音乐承载着民族的历史记忆、价值观念和社会信仰，是培养民族自豪感和文化自信的重要载体。通过学习民族音乐学，学生不仅能够深入了解和传承民族音乐文化，更能反思并树立正确的价值观念和文化自信。在未来的日子里，我们希望学生能够继续关注民族音乐文化的发展，努力传承和弘扬这一宝贵遗产，为推动文化多样性和人类文明进步贡献自己的力量。

理工类(30—45 门)

博弈思维

一、课程概况

(一)课程信息

"博弈思维"课程属于北京师范大学通识教育课程体系数理基础与科学素养模块，面向全校各年级、各专业的本科生开设。本课程基于2011年开设的管理科学专业课"博弈论基础"，经过开发和完善自2015—2016年秋季学期开始起正式作为通识课程，共计32学时，2学分。

(二)课程简介

1. 课程内容

本课程以标准博弈论框架为核心，涵盖相关博弈术语、常见博弈问题及求解方法，同时教授博弈方法与行为博弈的技巧。课程结合中国的现实问题与案例，启发学生对现实问题的理性思考，提升学生的合作意愿，并培养理性公民应具备的基本素养。

2. 教学方法

本课程秉持"以学生发展为中心"的教育理念，采用智慧教学方法，综合应用多种智慧教学工具带动教学方式变革。依托学校 BB 平台和雨课堂两个信息平台，结合 BB 平台上的网络课程资源（视频学习及作业），通过雨课堂开展课前、课中、课后教学资源推送、课堂互动和课后测试。基于翻转课堂的理念，课程旨在让学生成为课堂主角，其相关成果已得到同行的广泛好评。

3. 评估方法

本课程的成绩采用百分制评定，注重过程性评价，具体包括：平时表现占 20%，平时作业占 20%，课堂测验占 10%，期末闭卷考试占 30%，以及大作业占 20%。平时表现、平时作业和课堂测验主要通过在线方式进行。例如，平时表现的考核依据学生在雨课堂上的活跃度，包括参与弹幕、投稿和游戏等活动。大作业则采用实际问题建模/实验分析、读书心得、学习心得等形式，根据难度不同，采取相应的评分标准。为优化课程考核方式，大作业要求小组集体完成，并根据每位成员的贡献度进行差别化打分。

4. 课程特色

本课程的一大特色是持续进行课程内容的优化和教学资源的建设，具体措施如下。

(1)注重开展混合式教学改革。我们开发了一整套线上课程视频，为翻转课堂和混合式教学提供了基础。同时，我们自主设计并配套建设了丰富的教学资源，包括 10 个基于雨课堂的博弈游戏、4 个情景博弈游戏、1 个博弈实验、4 个案例研讨主题、19 个动画视频以及若干课程静态漫画等，以辅助教学。

(2)注重以"中国叙事"为特色，优化课程内容，加强课程思政建设。与依赖西方案例的传统教材不同，本课程更注重讲述中国故事，从博弈论的视角解读国家政策，使学生更乐于接受并深刻理解博弈论的实际应用。

（3）强调科研与教学相结合，将科研成果转化为教学资源。课程负责人凭借多年的教学和研究成果，于2022年出版了教学参考书《群体协同的演化规律：行为博弈的视角》（周亚等著，科学出版社）。

(三)课程负责人简介

周亚，北京师范大学系统科学学院副教授、博士生导师。他目前担任北京师范大学副教务长，同时兼任教务部（研究生院）质量处处长，以及中央广播电视总台—北京师范大学媒体传播系统工程研究院执行院长。周亚教授曾任北京师范大学系统科学学院党委书记，并多次获得北京师范大学课程思政建设优秀课程、教改示范课、本科教学优秀奖和研究生课程优质课特等奖等荣誉。他的研究兴趣包括教育大数据与教育治理、行为博弈与机制设计、媒体传播系统科学等领域。

二、课程育人目标

本课程旨在培养北京师范大学"四有"素养的拔尖创新人才，结合系统科学专业特色，系统性地介绍博弈论的基本模型、方法和核心结论。课程旨在培养学生初步解释、理解、预测社会各主体行为的底层逻辑与规律的能力，并结合现实案例，加深学生对社会系统结构、演化和调控的理解。通过学习，学生将能够在动态发展的社会和快速变革的时代中，有效运用博弈论的思维和技能，理性分析社会问题和制度的形成，应对各种复杂的问题和挑战。学生通过本课程的学习，将获得以下收获。

(1)知识讲授：掌握博弈论的分析框架和经典博弈模型，理解纳什均衡等概念背后的理性表达，了解学科的最新发展和趋势。

(2)能力培养：具备独立思考和批判性思考的能力，能够理解、熟悉、应用博弈思维来解释、分析、预测社会经济主体的行为，并能构建博弈模型和撰写分析报告。

(3)价值塑造：深入理解社会系统演化的过程性特征，提升理性思考能力、合作意愿和协调配合意识。

三、课程思政案例

案例1：从动态博弈中的"先动优势与后动优势"看中国改革进程

1. 结合章节(知识点)

有限动态博弈通常具有先动优势或后动优势。

2. 案例意义

通过学习，学生可以了解动态博弈的基本概念，掌握求解动态博弈纳什均衡的逆向归纳法，深刻理解"改革深水区"的含义，并认识到中国当前改革应遵循"顶层设计、整体推动"的原则。

3. 案例描述

学生应在课前查阅国家关于改革的顶层设计和整体推动的相关表述，并思考其背后的逻辑。在课堂上，教师通过结合动态博弈的逆向归纳法讲解和相关题目的求解，使学生熟悉逆向归纳法的应用，并形成对"先动优势"的认识。通过多次、多轮的扑克牌游戏，学生将了解到博弈中不仅有"先动优势"，有时还可能存在"后动优势"。这将启发学生思考，由于动态性，当前中国的改革往往表现出"后动优势"或"先动劣势"的特征。通过研究生收费等例子，引导学生深入思考改革对整体的益处，并在改革的深水区，强调必须进行顶层设计和整体推进。这样的教学过程有助于提高学生对政策的认同感，并帮助他们理解政策背后的科学逻辑。

4. 教学效果

整个课程设计流畅，从讲解到游戏体验，再到反思和总结，形成了一个完整的闭环。这种教学方式让学生在体验中获得深刻的认识，相比单纯的说教，更能激发学生的领悟，从而具有更强的说服力。

案例 2：亲社会行为何以可能？

1. 结合章节（知识点）

合作如何能成为自发行为？

2. 案例意义

学生将学习囚徒困境、社会困境、无限囚徒博弈以及触发策略的概念；论证触发策略在无限囚徒博弈中作为纳什均衡的存在性，理解其成立的条件和重要性；了解并深刻理解纳什均衡的自动实施特性，认识到合作成为纳什均衡的条件和意义。通过学习，学生将明白重视未来的人更倾向于合作，以及合作如何成为理性个体的最优策略，这将有助于增强他们的合作意愿。

3. 案例描述

课程采用提问、讲授、案例动画、游戏和讨论相结合的方式进行设计。

提问环节探讨以下问题：合作的本质是什么？在静态博弈中，囚徒困境的纳什均衡是什么？这两种情况是否存在矛盾？如果存在，这个矛盾说明了什么？是否有可能在某些条件下使两者达成一致？

讲授环节涵盖三个方面：第一，如何通过改变收益格局来影响人们的偏好顺序？第二，在动态博弈中，为何交往的未来性是核心？第三，在重复博弈中，合作如何自发成为可能，以及实现这一可能性需要什么条件？

案例分析包括新加坡的鞭刑制度、孔子奖励子路的故事、华为的"让雷锋先富起来"政策、南京大学梁莹的案例、君子国的动画故事，以及日常生活中的让座、车站餐馆的高价低质问题、野人博弈等实例。

游戏环节通过微信小程序"信任的进化"进行互动体验。

讨论环节聚焦针锋相对策略的意义，并进行总结。讨论内容包括：（1）针锋相对策略的战略清晰性、善良性(不首先背叛)、对等性(以牙还牙、以眼还眼)等特点，其核心是对等性，这引导学生认识到首先成为合作者是理性人的最佳选择。同时，鼓励学生深入研究对等性这一博弈论中的重要主题，尽管目前尚无明确的分析框架。（2）触发策略可以成为纳什均衡，但这与决策者的贴现率有关，即越重视未来的人越倾向于合作。这引导学生关注长期决策和面向未来的思考。触发策略展示了现实中自发合作的可能性。（3）通过现实例子，如一战期间敌对双方之间存在的"让我活也让你活"的系统，引出《合作的进化》一书，要求学生课后阅读，并在下一节课上进行讨论。

4. 教学效果

通过体验和讨论，学生普遍认识到，在现实生活中，自发形成合作是有可能的，尽管这种合作是有条件的。一个人越是重视未来，他就越倾向于合作。我们应该努力成为这样的人，因为博弈论告诉我们，这样做的收益会更高，因为其他人也愿意参与合作。这进一步激发了学生对其他亲社会行为的思考，比如，利他、信任和遵从等是否也能自动实现？这是博弈论领域的前沿问题，许多学生在作业中探讨了这个问题，甚至选择了博弈论和心理学的研究课题。

案例 3：群体协调行为与对社会新常态的理解

1. 结合章节(知识点)

群体协调博弈的纳什均衡、收益占优纳什均衡、风险占优纳什均衡、协调成功(失败)。

2. 案例意义

通过学习本课程，学生能够了解最弱链博弈的概念，培养论证最弱链博弈中纳什均衡的能力，并比较不同纳什均衡的特点。在促进收益占优的纳什均衡自发形成的过程中，团队成员共同努力和探索，有助于形成积极进取的协同工作氛围。

3. 案例描述

课程采用游戏、讨论和讲授相结合的方式进行设计。

游戏环节利用雨课堂智慧教学工具，组织学生参与 10 轮最弱链博弈游戏。

讨论环节探讨最弱链博弈的纳什均衡是什么，不同纳什均衡之间的区别，以及如何实现成功的协调。

讲授环节通过实例介绍弱链现象，分析在协调一致中预期的重要性，解释支付占优纳什均衡(即协调成功)和风险占优纳什均衡(即协调失败)的实际意义。同时，分析最弱链博弈的演化稳定均衡为何倾向于协调失败。

本课程的特色在于，通过结合游戏结果和实际案例，引导学生思考新常态与逆行的概念，以及氛围的重要性。讲授中的关键点，如"知道 7 的好""会选 7""总会到 1""不同阶段的 1"，可以与"统筹整体与局部""统筹长远与当前""标本兼治"等系统观念相联系，帮助学生快速理解和认同这些系统观念。

4. 教学效果

课程内容融合得十分到位，特别是通过结合同伴压力、耻感文化、博士生论文的匿名评审、黑名单制度以及"永远在路上"等实际案例，学生能够迅速理解并认同大政方针背后的科学逻辑基础。

四、课程评价

作为一门通识教育课程，自开设以来，本课程一直受到学生的高度评价，每次授课都吸引了全程旁听的学生，并且在每节课结束后，学生们都会自发地鼓掌。学校的教学督导团队也多次进入课堂进行评价，并在 2015 年将本课程推荐为本科教学改革示范课程之一（共 10 门）。近年来，本课程也多次被推荐为学校的观摩课和交流课。

负责本课程的教师荣获"雨课堂智慧教学优秀教师"称号，而课程本身也获得了 2020 年北京师范大学"课程思政建设优秀"称号和 2019 年北京师范大学"通识核心课"称号。相关的教研成果曾在教育部在线教育研究中心、清华大学举办的"第二届教育部在线教育研究中心智慧教学研讨会"上进行大会报告，吸引了近 1000 名听众；此外，还受邀在京津冀智慧教学研讨会，以及北京师范大学、湖南第一师范学院、文化旅游部的教学研讨会上，就"让学生成为课堂主角：以博弈思维课程为例""控制与解放：雨课堂背景下的新课程设计""信息化促进课堂教学改革与创新——走向智慧教学"等主题进行报告，累计听众接近 1000 人。

五、总结与思考

经过多年的精心建设，本课程通过构建全程、全方位的"互动课堂"，有效解决了学生对传统灌输式教学的抵触以及课堂参与度低的问题。课程引入了与国家大事和日常生活紧密相关的案例，解决了传统教材中案例多为西方故事、难以引起共鸣的问题。围绕"思维"这一核心，通过翻转课堂的模式，克服了学时有限的挑战，进一步提升了学生的学习能力。同时，通过系统整合教学内容和教学方法，实现了线上线下教学的融合，达到了沉浸式学习的效果。从实际效果来看，博弈思维课程已经基本实现了以学生获得感为中心的教学目标，激发了学生对课程的兴趣，使他们在直观体验中获得知识，培养了思维能力，并提升了综合能力。

展望未来，本课程将继续围绕课程思政进行系统性建设。在现有基础上，课程将重点考虑微课建设和提升学生的提问能力，以课程思政为引领，重构课程体系。同时，学生将通过网络课程学习基础知识，通过微课提升学习兴趣。在此基础上，鼓励学生提出问题，教师根据学生的提问组织和开展"订单式"教学，帮助学生解决他们提出的问题。这对教师来说是一个更大的挑战，但教师的率先垂范也应该是课程思政的重要体现。

普通物理实验

一、课程概况

(一)课程信息

"普通物理实验"是物理学专业学生的专业基础课程,也是专业必修课程,在第二及第三学期开设,共计64学时,4学分。

(二)课程简介

1. 课程内容

本课程是物理专业学生的入门级实验课程,它为学生打开了物理学实践探索的大门。课程内容丰富多样,涵盖了力学、热学、电学、光学等多个物理学分支,提供了近百项实验项目供学生选择。实验项目按照难易程度分为基础实验、综合实验和设计实验三类,比例分别为50%、20%和30%,旨在逐步引导学生从基础知识、走向深入研究,培养他们的实践能力和创新精神。

在实验项目的选择上,我们既重视传统实验技术在实验教学中的应用,又积极引进新的仪器、仪表和现代物理实验技术。这种融合传统与现代的教学方式，不仅让学生了解不同实验技术的适用范围及其局限性，还增强了他们对具体问题进行具体分析的能力。

2. 教学方法

本课程采用线上线下混合式教学，充分利用慕课等在线平台，鼓励学生课前预习、课后复习，培养自主学习的良好习惯。在课堂上，每位学生都配备一套实验仪器，亲自操作，教师则提供实时指导，并与学生进行讨论，确保每个学生都能得到充分的实践机会和个性化的指导。

课程注重研究性学习、探究性学习、协作学习等现代教育理念的应用。通过实验前的预习讨论、实验中的问题探究和实验后的总结反思，课程旨在培养学生的主动学习精神和团队协作能力。

3. 评估方法

为了全面评估学生的学习成果，本课程采用了多种评估方式相结合的综合考核体系，包括平时考查、笔试考核、操作考试和设计性实验答辩等多种形式。其中，设计性实验考核方式尤为独特，教师提供一系列设计性题目，学生自选题目进行调研、设计、实验和报告撰写。这一方式不仅考查了学生的实验操作能力和科学报告撰写能力，还锻炼了他们在文献检索与阅读、理论联系实际等方面的综合能力。

4. 课程特色

本课程以培养学生探索精神、科学思维、实践能力和创新能力为宗旨，分层次教学，既重视基础知识的传授，也强调综合应用与创新思维的培养。课程特色鲜明，实验内容丰富，覆盖面广，既包括传统的经典实验，也涵盖了反映现代科技发展的新实验。

此外，课程重视引进新技术，在国内较早地引进 Pasco 实验平台及

Labview 虚拟仪器，以促进学生的自主实验学习。这些技术的应用不仅提高了实验的趣味性和实用性，也为学生创造了更多实践探索和创新的机会。

(三)课程负责人简介

李晓文，拥有十余年主讲普通物理实验的经验。在教学过程中，她不仅关注学生的专业知识培养，也重视学生的全面发展，是将育人理念融入物理实验教学的先行者之一，在传授知识的同时，注重价值观念的引导。她还是教育部大学物理课程思政委员会的成员。

她主讲的"普通物理实验——光学"慕课，被评为 2023 年度"高校在线开放课程联盟联席会"慕课十年典型案例。她的教学成果"物含妙理、求真育人——通识教育的理论创新与实践"(作为第四完成人)荣获高等教育教学成果奖北京市二等奖，"普通物理实验"课程被评为本科教学改革示范课程和课程思政建设优秀课程。她曾获得优秀本科生导师、国创优秀项目指导教师、优秀辅导员、本科教学优秀奖等多项表彰。

二、课程育人目标

北京师范大学致力于建设"综合性、研究型、教师教育领先的中国特色世界一流大学"，其教育目标是培养具有远大理想、持续学习动力、扎实学科基础和创新探索精神的人才。据此，本课程的教学目标包括如下几点。

(1)系统训练学生的实验操作、数据分析和报告撰写技能，确保他们掌握科学实验的基础知识和技巧，养成良好的实验习惯，为进一步学习奠定坚实基础。

（2）培养学生严谨的科学思维和创新能力，提高他们将理论应用于实践、分析和解决实际问题的能力，以及适应科技发展和时代进步的创新能力。

（3）提升学生的科学素养，培养实事求是、认真严谨的科学态度，积极主动的探索精神，以及遵守纪律、团结协作、爱护公共财产的品德。

（4）启发学生思考物理学中的人文价值，培养他们成为既懂科学又懂人文、具有家国情怀、认同自身价值、关爱自然和人类的有责任感的人才。

三、课程思政案例

案例 1：迈克耳孙干涉仪系列实验之测量钠光波长

1. 结合章节（知识点）

利用等倾干涉条纹测量光的波长。

2. 案例意义

（1）物理观念：学生将了解迈克耳孙干涉仪的结构并掌握其调整方法，领会补偿板在干涉仪中的巧妙应用，掌握形成等倾干涉条纹的条件及其特征，从而深化对光的波动性的理解。此外，学生将学会如何运用迈克耳孙干涉仪和等倾干涉条纹来解释实际问题。

（2）科学思维：学生将认识到等倾干涉是一个理想化的模型，并学会使用等倾干涉条纹测量波长，以此提升科学推理能力。通过了解迈克耳孙—莫雷实验如何否定"以太"的存在，以及这一实验结果如何成为爱因斯坦提出光速不变原理的关键依据，进而为狭义相对论的建立打下基础，学生将明白科学结论的得出需要经过严格的科学论证。同时，通过解决实验结果与预期不符的问题，学生将进一步培养科学工作方式和创新能力。

(3)探究精神：学生将通过探讨形成等倾干涉和等厚干涉条纹的条件，发展问题意识。初步学习如何运用理论知识设计实验，基于实验寻找解决问题的证据，以培养观察能力和分析解决问题的能力。学生还将学习数据处理方法，能够根据实验数据解释结果，并能够对实验过程和结果进行反思与交流。

(4)科学精神：课程旨在培养学生的好奇心和探索精神，以及在解决问题时克服困难的信心和决心，追求精益求精的科学精神。通过了解迈克耳孙干涉仪对科学发展和社会进步的贡献，学生将体会到作为物理人的自豪感和价值感。同时，了解我国在光学领域的成就，将进一步增强学生的爱国情怀。

3. 案例描述

(1)环节一：教师介绍实验原理和迈克耳孙—莫雷的三项著名实验，包括以太漂移实验、光波波长标定米尺和测量谱线的精细结构。

(2)环节二：通过问题驱动法，引导学生进行讨论和实验，关键问题如下。

问题1：迈克耳孙和莫雷在以太漂移实验中未观察到预期的条纹变化，他们如何改进实验？

问题2：形成等倾和等厚干涉条纹的条件是什么？

问题3：如何利用圆条纹测定光波波长？

问题4：如何调整实验装置以产生等倾干涉条纹？

问题5：如何测量钠光的波长？

(3)环节三：学生将总结实验过程中遇到的问题，反思并交流实验结果，最后撰写实验报告。

4. 教学效果

通过实验和问题驱动的教学方法，学生不再是被动的知识接受者，而是积极参与探索，从而提升学习能力。

在教学过程中，学生通过实践操作和讨论，深入理解等倾干涉的条件和特征，掌握迈克耳孙干涉仪的调整技巧，并学会应用干涉条纹解决实际问题。这不仅加深了他们对光波动性的理解，也促进了科学思维的发展，使他们能够用理论知识解释实验现象。

我们强调科学探究的重要性，鼓励学生通过实验设计和数据处理来解决问题，从而培养他们的观察力和分析解决问题的能力。在实验中，学生不仅要进行操作，还要思考实验结果背后的物理规律，并通过数据分析来解释结果，以此提高科学探究能力。

除了传授知识和技能，我们还注重培养学生的科学态度和责任感。通过了解迈克耳孙干涉仪在科学发展和现代科技中的应用，学生体会到物理学的魅力，增强了好奇心和探索精神。同时，通过讨论实验结果与预期不符时的应对策略，学生学会了科学的工作方法，并培养了克服困难、追求卓越的科学精神。

实验后的反思和交流环节加深了学生对物理实验的理解，并提高了他们表达和分享科学观点的能力。通过这堂课，学生不仅获得了物理知识，还培养了科学思维、实验探究能力和科学态度，为他们未来的学习和科研奠定了坚实的基础。

案例 2：光的偏振的应用

1. 结合章节(知识点)

光的偏振系列实验。

2. 案例意义

我们引导学生认识自然与社会中与实验项目相关的现象，以及与实验项目相关的物理知识在科技和日常生活中的应用。我们强调这些知识如何改变人类生活，以提升学生对自我价值的认识，并激发他们作为物理学人的责任感和使命感。

3. 案例描述

在《光的偏振系列实验》的导入课中，学生在预习阶段通过观看慕课《偏振的应用》来了解相关概念。

在慕课中，教师通过引入偏振光在动物行为中的应用，如翠鸟捕鱼、蜜蜂的摇摆舞、非洲粪金龟利用月光导航和螳螂虾的隐私通信，向学生展示了自然界中偏振光的神奇之处。此外，教师还讲解了偏振光在日常生活中的应用实例，例如立体电影如何利用偏振光产生三维视觉效果，液晶显示器如何通过偏振技术提升显示质量，以及偏光太阳镜和汽车挡风玻璃的使用，这些都让学生深刻感受到物理学与日常生活的紧密联系。教师进一步阐述了偏振光在科学技术领域的应用，如电光开关、应力测量和偏振遥感探测等，使学生认识到物理学在推动科技进步中的重要作用。

4. 教学效果

通过这节导入课，学生认识到物理学广泛而深刻地影响着人类社会，改变了世界。物理学科为应用技术奠定了理论基础，它对工程和技术的发展产生了巨大推动力，引发了传统生产方式和产业结构的巨大变革，并向各个领域渗透，推动了社会的发展。这些变化也导致了人类生活方式的转变，从而改变了世界面貌。此外，这节导入课还提升了学生对专业的认可度，坚定了他们学习物理学的决心和信心，并提升了他们作为物理学人的价值感。

四、课程评价

本课程的建设成效获得了学生和同行的高度认可。相关的慕课被评选为 2023 年度"高校在线开放课程联盟联席会"的慕课十年典型案例。此外，教学成果"物含妙理、求真育人——通识教育的理论创新与实践"（其中本课程的思政内容是该成果的组成部分）荣获了北京市高等教育教学成果二等奖。

以下是来自同行、督导和学生的一些评价摘录。

华东师范大学的同行在观摩了"偏振光综合实验"后评价道："教师在引入偏振光概念时非常用心，从自然界生物的例子到偏振光在日常生活和科学领域的应用，内容丰富、引人入胜，显示出教师进行了大量的调研。实验内容的设计同样富有趣味。"

督导听课后的评价是："教师与学生之间的情感沟通做得很好。"

学生普遍认为，课程将理论与实践相结合，极大地改变了他们对物理实验的认识；教师擅长引导大家思考问题，循序渐进地进行教学；通过该课程学到了许多专业知识和学习方法，并培养了正确的学习态度；教师能够引导大家深入思考实验，理解和运用实验原理。

五、总结与思考

为建设符合新时代要求的一流物理实验课程，我们必须将立德树人作为课程的核心标准，并以此为基础来规划课程内容和设计课堂教学。物理课程蕴含着丰富的教育资源，包括物理学史、科学思维方法和物理学的应用等。今后，我们将持续关注物理学领域的最新发展，尤其是国内科学家的新成果，并及时将这些内容融入教学中，以培养学生的家国情怀和文化自信。

在融入思政元素的方式上，除了传统的课堂讲授和课程网络平台交流，我们还将探索更多样的教学方法，如通过作业、调研和讨论课等不同形式，来比较和优化各种教学策略的引导效果。

复杂性思维

一、课程概况

(一)课程信息

"复杂性思维"为本科生通识选修课程,共计 32 学时,2 学分。

(二)课程简介

1. 课程内容

本课程是传授系统科学思想与方法的科学素养类通识课程。2012 年,为普及系统科学思想和知识,狄增如教授在北京校区面向学院路高校共同体开设了"探索复杂性"公共选修课。2019 年,北京师范大学按照其一体两翼的发展战略建立了珠海校区,该校区在当年秋季学期即为首届本科生开设了"复杂性思维"选修课程,该课程于 2021 年被认定为北京师范大学课程思政示范课程。

进入 21 世纪以来,随着经济全球化、信息化的深入发展,世界变得越来越复杂化、系统化和全局化,科学技术的发展已经从时间和空间多尺度、多层次上，全面进入研究复杂性、调控复杂系统的时代。复杂性思维是应对这日新月异的科技进步及瞬息万变的后信息时代的生存之道。本课程立足于系统科学，普及复杂性科学的相关进展，培养学生的复杂性思维方式。

课程将简要介绍系统科学的基础理论，特别是对各类系统结构、功能和演化具有普遍意义的基本概念、方法和技术。教学内容将涵盖但不局限于自组织理论、混沌理论、分形几何、多主体模拟、复杂网络、大数据分析等领域，并专题讲解系统科学在自然、生物、社会、环境、气候等各领域的典型应用和最新进展。

2. 教学方法

本课程主要采用课堂教学方式进行授课，同时辅以多种教学手段，包括视频展示、模拟实验、组织课堂讨论和案例研究等。学生将通过听课、查阅资料、尝试编程和数据分析等活动来深入了解复杂系统的思维方式。

3. 评估方法

课程的评估方式结合了平时考核和期末考试。平时考核涵盖了学生的课堂表现、日常作业和案例研究等方面，而期末考试则采用闭卷形式进行。

4. 课程特色

"复杂性思维"课程作为一门面向未来的新兴学科，具有基础性、前沿性和交叉性的特点。它涵盖了各个学科发展中所需的系统科学思想和方法。

自党的十八大以来，国家在深化改革方面取得了显著成就，这些成就体现了治国理政的系统思维。这些政策的思考和具体的治理方案，为系统思维的教学提供了丰富的案例。此外，这些案例不仅有助于学生更好地理解和掌握系统思维，而且能够增强学生的道路自信、理论自信、制度自信和文化自信，从而坚定他们对党和国家未来发展的信心。

(三)课程负责人简介

狄增如，北京师范大学系统科学学院教授，同时担任珠海校区复杂系统国际科学中心主任。他是国际系统与控制科学院院士并且担任教育部高等学校教学指导委员会管理科学与工程类专业委员会委员、中国系统工程学会监事长、中国指挥与控制学会复杂网络专业委员会副主任等职务。狄教授还曾任国务院学位委员会系统科学学科评议组的召集人。他同时担任《系统工程理论与实践》《系统与控制纵横》杂志副主编，以及中国大百科全书第三版《系统科学卷》副主编。此外，他还是《经济行为与组织》(*Journal of Economic Organization & Behavior*)、《系统科学与复杂性》(*Journal of Systems Science and Complexity*)等学术期刊的编委。狄教授的主要研究领域为系统理论与应用、大数据分析、复杂网络及其在复杂系统中的应用等。2016年，由于在复杂系统分析、复杂网络等方面的杰出成就，他荣获中国系统工程学会第三届系统科学与系统工程科学技术奖理论贡献奖。

二、课程育人目标

本课程旨在普及系统科学的基本思想与方法，同时体现系统科学教育的深厚基础、宽广视野和强大适应性。通过学习本课程，学生将能够：（1）了解系统科学学科的历史和发展轨迹；（2）掌握系统科学的基本思维方法，包括整体论、涌现论、进化论和网络论等；（3）理解系统科学的核心概念，如自组织、稳定性、分支、混沌、分形、自适应和网络等；（4）通过实际案例和建模分析，熟悉 NetLogo 等建模仿真软件，了解大数据分析和复杂网络分析的方法。

在人才培养方面，本课程致力于：(1)培养学生的辩证思维和系统思维能力；(2)提升学生的科学素养；(3)帮助学生理解还原论和系统论在科学研究和实施方案中的指导作用；(4)引导学生树立正确的世界观；(5)建立学生的基本科学规范意识。

三、课程思政设计案例

案例1：课程引论——超越还原论

1. 结合章节(知识点)

第一讲《科学前沿概述与系统科学的发展》。

2. 案例意义

(1)在科学研究中，强化世界观和方法论的指导作用至关重要。科学问题的选定和技术路线的制定都要在正确的思想指导下进行。

(2)系统思维超越了还原论，是认识现实世界和确定正确发展路线的基本思维方式。坚持系统观是推动改革开放深化和实现民族复兴的基本原则。

3. 案例描述

还原论是现代科学发展的重要方法论基础，自19世纪以来，它一直是科学技术取得巨大进步的源泉。同时，由于还原论在科学研究中的显著成功，它也成为我们思考生活和管理问题的重要方法论。在还原论的思维方式下，分析问题的路径通常是简单、统一和线性的，这种思维方式在思考社会发展问题时也有所体现。然而，面对高度关联的复杂系统，我们需要超越还原论，以获得更深刻的科学认识。社会经济系统无疑是一个复杂系统，只有超越还原论，进行系统思考，我们才能科学地理解我国自改革开放以来在民族复兴征程上取得的巨大成就。

在社会经济发展中，面对种种现象和问题，超越还原论是获得正确认识的关键。例如，对于1992年苏联解体以及国际共产主义运动所遭遇的挫折，社会学者弗朗西斯·福山从还原论的角度，简单地将其解读为美国资本主义民主政治成功的预兆，这是一种简化的思维方式，也称化约思维。

复杂性思维如何看待这个问题呢？任何复杂系统的运行和发展都是系统性问题，不可能由单一要素决定。社会学家明茨伯格认为，社会经济的良好运行和发展一定是多要素共同作用的结果。苏联解体的原因在于社会发展的三个主要治理结构——政府、市场和社会——之间的不平衡。系统的良性运行需要各种要素和机制的动态平衡。在苏联，政府治理模式变得过于强大，以至于压制了市场和社会的其他治理模式，导致社会发展出现问题。

从系统整体和动态平衡的视角来看，当某一股力量变得过于强大，甚至抑制了所有其他力量时，整个系统就存在失效和崩溃的风险。明茨伯格指出，民主和市场并不是决定社会良好发展的唯一要素。美国不应过于乐观，不应相信福山所断言的资本主义和民主政治是社会发展和成功的保证。当美国的商业力量强大到足以消灭社会和控制白宫时，社会经济迟早会出现问题。不久之后，金融海啸的爆发证明了这一点。明茨伯格的思维体现了复杂性思维的特点，强调了一个动态和平衡的过程。

4. 教学效果

作为"复杂性思维"课程的第一节导论课，本课程聚焦于人类科技文明的核心进展，强调了世界观和方法论在科学研究中的重要性和价值。它旨在引导学生在进入大学，尤其是接触系统科学之后，更加关注知识发现背后的深层次哲学思考。

世界观和方法论不仅对科学研究具有指导作用，也对社会实践有着深远影响。回顾我国深化改革的成功历程，我们可以看到，社会经济发展的系统性考量、系统性、整体性和协调性的发展，以及党和国家一直坚持的科学发展观和五位一体的建设思路，都是坚持系统观念的具体体现。这些原则和思路正是我们国家实现民族复兴的必由之路。

案例 2：自组织理论

1. 结合章节(知识点)

第二讲《时间箭头与自组织理论》。

2. 案例意义

本课程旨在引导学生观察世界、总结规律，并进一步思考表面现象背后的深层核心规律。通过分析简单世界和复杂世界的时间演化现象，课程探讨了时间箭头存在与否及其方向性问题。

自组织理论不仅阐释了物质世界有序结构的生成机制，还架起了物质自然与生命社会之间的桥梁。它帮助同学们认识到现实世界运行规律的普遍性，从而理解我们党坚持改革开放、倡导构建人类命运共同体的科学基础，增强了我们的理论自信和道路自信。

3. 案例描述

自组织理论是系统科学的基础理论之一，它主要研究复杂自组织系统(如生命系统和社会系统)的形成和发展机制。具体来说，它探讨在特定条件下，系统是如何自发地从无序状态过渡到有序状态，并产生新的结构、性质和功能的。

在系统演化的过程中，存在两个核心问题。在微观世界中，量子力学的薛定谔方程描述的演化规律，以及在宏观世界中，牛顿三定律描述的演化规律，都显示出时间反演对称性，这意味着演化过程不区分过去和未来，时间箭头似乎不存在。然而，在现实世界的复杂系统宏观领域中，时间箭头却无处不在，例如我们的生命是不可逆转的。这进一步引出了时间箭头方向性的问题。热力学第二定律指出，孤立系统总是趋向于无序和混乱。但在自然界中，我们却能观察到与之相反的演化趋势，即从低级到高级，从无功能到有功能的演化，生命的产生和演化以及人类社会的发展都是这种趋势的典型例子。自组织理论正是在探讨有序结构如何产生这一根本问题的过程中形成的。

自组织理论指出，一个复杂系统要形成和维持有序结构，至少需要满足三个基本条件：首先，系统必须是开放的，孤立或封闭的系统无法产生耗散结构；其次，系统必须处于远离平衡的非线性区域；最后，系统中必须存在个体或单元之间的非线性相互作用，如正反馈和负反馈机制等。正是这种非线性相互作用促使系统内各要素产生协同作用和相干效应，从而使系统从无序状态转变为有序状态。

4. 教学效果

本课程在帮助学生获取新知识的同时，也在以下两个方面启发学生。第一，鼓励学生在观察现象和总结规律的基础上，进一步思考更深层次的问题，意识到日常现象背后可能隐藏着深刻的科学问题。第二，强调科学规律的普适性，即在自然与社会的各个领域，都存在着普遍适用的基本科学规律。

通过学习，学生能够认识到坚持改革开放的决策具有坚实的科学基础。一个封闭和孤立的系统无法自发地走向有序、结构化和功能化。相反，只有开放和高度关联的系统才能形成并维持其功能结构。在信息技术迅猛发展的今天，在新质生产力的推动下，加强各领域的联系，坚持改革开放，积极推进"一带一路"倡议的实施，以及构建人类命运共同体，是实现人类社会可持续发展和民族复兴的关键路径。

四、课程评价

为了响应党中央关于坚持系统观念的原则要求，并满足社会经济发展对系统思维的迫切需求，"复杂性思维"课程的影响力日益扩大。主讲人狄增如教授受邀在各级各类干部培训班上宣传系统思维，包括北京师范大学党校司局级干部培训班、中国船舶集团系统工程研究院、中国电信、宁德时代、中国人民银行、中华人民共和国审计署等。这些培训活动不仅扩大了系统科学的影响，也为"复杂性思维"的课程思政带来了更加鲜活的资料。

本课程的教学和课程思政工作获得了同学们的好评。

2019—2020 学年第一学期：教师教学的总体评价 97.5 分；本课程的总体评价 95 分。

2020—2021 学年第一学期：教师教学的总体评价 4.97 分，本课程的总体评价 4.95 分。

2022—2023 学年第一学期：教师总评得分：4.92 分。

2023—2024 学年第一学期：教师总评得分：4.99 分。

五、总结与思考

第一，我们将继续收集和整理我国在治国理政中成功应用系统思维的典型案例，在充实课程案例教学内容的同时，进一步加强课程思政建设。

第二，我们将开发网络 MOOCs 课程等基于互联网的教学模式，以扩大系统思维的影响力，这不仅能够发挥北京师范大学在系统科学学科建设方面的优势，还能使系统思维成为推动国家进一步繁荣富强的重要保障。

数字图像处理

一、课程概况

(一)课程信息

数字图像处理是计算机相关学科中一个持续活跃的研究领域,同时也是人工智能方向的核心技术。"数字图像处理"课程系统讲授数字图像处理的基本概念、基本原理、典型方法、实用技术,以及国际上最新的研究成果。同时,课程还将思政教育融入图像处理的教学中,以实现立德树人的根本目标。本课程共包含32学时,2学分。本课程属于人工智能学院开设的专业选修课程,适合人工智能学院人工智能专业与计算机科学与技术专业二、三年级学生选修,同时也适合人工智能学院计算机科学与技术、人工智能及信息与通信工程专业研究生一年级学生学习。学生在选修本课程前,应已修读过高等数学、线性代数、概率论与数理统计等数理基础课程。

(二)课程简介

1. 课程内容

"数字图像处理"课程涵盖了以下主要内容：图像采集、空域增强、频域增强、图像恢复、图像去雾、彩色增强、图像压缩、图像分割、基元检测、二值数学形态学、人工神经网络与深度学习等。课程重点讲解直方图均衡、空域滤波、频域滤波、图像去噪、图像恢复、哈夫变换及图像编码理论等关键知识点，同时介绍基于深度学习的数字图像处理、视觉选择性注意机制、遥感影像目标识别、JPEG2000编码标准，以及感兴趣区域图像压缩等数字图像处理领域的热点研究课题，并探讨数字图像处理今后的发展方向。

2. 教学方法

本课程采用多种教学方法，包括课堂讲授、专题讨论和课后答疑。

3. 评估方法

课程成绩采用百分制，由平时成绩和期末作业两部分组成，各占总成绩的50%。平时成绩由以下几部分组成：平时表现(占20%)，课后作业(占10%)，课堂测验(占10%)，以及上机实验(占60%)。期末作业要求学生选择数字图像处理领域的一个热点话题，进行详细的梳理和深入的分析，并撰写一篇不少于4000字的综述性论文。论文应包括英文摘要和参考文献，其中参考文献不少于20篇，英文文献不少于10篇，近5年内的文献不少于10篇，并在论文中适当标注。

4. 课程特色

(1)课程思政融合：课程积极融入思政元素，将知识点与思政培养目标相结合。在讲授环节注重学思结合、知行统一，在实践环节培养学生解决问题的能力，鼓励学生在实践中增长智慧和才干，锤炼意志品质。

（2）教学内容创新：课程结合学院的人工智能特色，引入最新的深度学习方法，如"卷积神经网络及其在图像恢复中的应用"和"深度学习及其在遥感图像处理中的应用"。课程课件中使用我国自主研发的遥感卫星图像，挖掘课程的专业属性，激发学生的家国情怀和使命感。

（3）教学方法创新：鉴于图像处理课程理论学习与实践并重的特点，主讲教师基于 C＋＋语言自主开发了"数字图像处理辅助教学演示系统"，包含各种典型算法。该系统在课堂上分步骤演示算法效果，使学生在理论学习中能够直观感受，加深对课程内容的理解。

（4）考核方式革新：课程考核采用全过程覆盖形式，以提高学生参与和学习的积极性。一方面，通过配套实验加强学生的实践能力；另一方面，鼓励学生结合图像处理理论知识自由探索思政元素，提倡"精益求精"和"大国工匠精神"。

(三)课程负责人简介

本课程的负责人张立保教授自 2005 年至今，一直在人工智能学院（原信息科学与技术学院）为本科生、研究生讲授数字图像处理课程。他深入剖析理论基础，结合上机实践，融入前沿技术，并推进思政建设，不断丰富和完善数字图像处理课程体系。

张教授运用其专业技术，基于 C＋＋自主开发完成了"数字图像处理演示系统"，以辅助课堂教学。该系统包含图像处理与计算机视觉的各种典型算法。在课堂讲授过程中，张教授通过演示各种算法在不同图片上的效果，直观地展示了算法效用。他将自己在人工智能与计算机视觉领域的科研经验与成果融入教学，在授课内容中引入了神经网络、深度学习以及智能图像理解等热点研究课题，以此扩宽学生的研究视野。

二、课程育人目标

本课程通过将理论与应用相结合、专业知识与思政教育相融合的方式，深入挖掘课程中的思政元素，并开展系统性的课程思政建设。这样的教学设计旨在充分发挥专业课程在立德树人方面的教育作用，为国家新兴产业培养具有坚定政治思想和勤奋拼搏精神的建设人才。

一方面，课程利用教师自主开发的辅助教学演示软件进行教学，以激发学生的研发热情，并鼓励他们运用自己的智慧开发数字图像处理系统。另一方面，课程在演示中引入了我国自主研发的遥感卫星获取的高分辨率遥感影像，突出展示我国在航天遥感领域的重大成就，增强学生对国家科技实力的信心，激发他们的学习热情，并培养他们的求知欲和进取心，鼓励他们积极投身于祖国的建设之中。

通过学习"数字图像处理"课程的基础知识和前沿热点问题，学生不仅能够掌握图像处理的理论体系，提高运用相关方法与技术解决实际问题的能力，而且能够了解该领域的最新成果和发展动态，激发对数字图像处理领域的研究热情和创新能力。同时，学生还能树立正确的人生观和社会主义核心价值观，提升科学思维和创新思维能力，培养学以致用、理论联系实际的务实精神。这为学生日后学习数字视频处理、计算机视觉以及模式识别等课程打下了坚实的基础，并为他们未来在本领域的工作、深造和研究做好了准备。

三、课程思政案例

案例1：图像的傅里叶变换

1. 结合章节(知识点)

图像变换。

2. 案例意义

傅里叶相关理论最初提出时遭到了科学家的质疑。尽管如此，傅里叶没有放弃，而是坚持精益求精的科学精神，不断修改自己的论文，最终使得该理论得到了科学家们的广泛认可和接受。通过傅里叶的例子，我们鼓励学生在科研和工作生活中培养坚持不懈的精神，不盲目迷信权威，敢于创新和大胆设想。在追求真理的道路上，要持之以恒、追求卓越。

此外，通过这个案例，学生应该认识到人工智能是一个理论快速发展、技术不断革新的领域。在学习与科学研究过程中，他们需要脚踏实地，打下坚实的理论基础。同时，要充分培养学生分析问题、解决专业领域内的前沿和关键问题的能力，培养他们的爱国情怀，弘扬科技创新精神，并鼓励他们用科研成果来报效祖国。

3. 案例描述

环节一：创设情境，任务引入。

教师首先介绍傅里叶变换理论的发展历程。通过讲述傅里叶在面对质疑时的坚持不懈和精益求精，最终发表了开创性的科研成果，为后续技术的发展奠定了坚实的理论基础。这一经历引导学生思考科学研究中的重要精神和品质。

环节二：解决重难点。

教师通过适当的引导和归纳，详细讲解傅里叶变换的定义、傅里叶积分、二维离散傅里叶变换的定义及性质、快速傅里叶变换等重难点知识。在讲解中，教师指出二维傅里叶变换后图像的变换系数矩阵的性质：若变换矩阵原点设在中心，则频谱能量集中分布在中心附近；若原点设在左上角，则能量集中在四个角上。这反映了图像能量通常集中在低频区域。图像灰度变化缓慢的区域对应低频分量，而灰度呈阶跃变化的区域对应高频分量。颗粒噪音除外，图像的边缘和轮廓等灰度变化突变区域具有高频分量特征。教师采用由浅入深、化繁为简的方法展开教学，帮助学生理解并应用这些概念。

环节三：在教学演示中提高。

教师利用自主开发的辅助教学演示软件，演示傅里叶变换的过程。通过展示我国自主研发的遥感卫星获取的高分辨率遥感图像经过傅里叶变换后的幅值谱和相位谱，学生可以观察演示效果并积极思考其背后的知识原理。

环节四：课堂小结。

教师通过课程回顾与总结，概括学习的重点和难点，深化学生对理论知识的理解，增强学习的针对性和实效性。教师将重点和难点知识点按逻辑顺序梳理，并集中回顾，通过举一反三的方式丰富学生的知识认知。同时，教师注重与学生的互动，采用启发式教学方法，引导学生主动思考和探究，激发他们的学习热情，培养求知欲和进取心，以促进学生的学习深度和广度。

4. 教学效果

通过本节课的教学，学生对图像的傅里叶变换有了更深入的理解和认识。他们在课堂上积极参与讨论，提出问题，并且通过教师的引导和解答，逐渐解决了自己的疑惑。学生们在课后的反馈中表示，通过对傅里叶实例的深度分析，他们更加清晰地认识到在科学研究中坚持不懈、勇于创新的重要性。此次学习还激发了学生们对人工智能和计算机视觉领域的学习兴趣和热情，让他们明白在这一领域中获得突破必须既有坚实的理论基础又勇于创新。学生们在此次学习中深刻意识到了脚踏实地打下理论基础、勇于创新与不断钻研的重要性，为今后的学习和科研奠定了坚实的基础。

案例2：图像的退化与逆滤波

1. 结合章节(知识点)

图像恢复。

2. 案例意义

案例选用的意义在于鼓励学生培养好奇心和热爱、怀疑和理性思考的习惯，并坚持勇于探索、永无止境的科学探索精神。同时，它旨在帮助学生树立远大理想，并培养他们坚持不懈、不屈不挠、奋发图强的优秀品质。

此外，教师利用自主开发的辅助教学演示软件，对教学的重点和难点进行现场演示。为了提升课程思政育人的针对性和实效性，演示中使用的图片均选用我国自主研发的遥感卫星获取的高分辨率遥感图像。这不仅有助于巩固学生所学的专业知识，还突出展现了我国在航天遥感领域的重大成就，增强了学生对国家科技实力的信心。

通过这种方式，教师激发了学生的学习热情，并培养了学生的求知欲和进取心，鼓励他们积极投身于伟大祖国的建设之中。

3. 案例描述

环节一：创设情境，任务引入。

教师首先介绍我国遥感卫星技术的发展现状，并强调遥感图像数据量的大幅增加。然后，通过分析遥感图像在形成、传输和记录过程中，由于成像系统、传输介质和设备的不完善导致的图像质量下降问题，引出图像退化的概念。最后提出利用逆滤波方法恢复原始图像的解决方案。

环节二：解决重难点。

教师通过适当的引导和归纳，详细讲解图像退化的成因及现象、退化模型的构建、逆滤波的实现原理和方法等重难点知识。通过分析图像的退化模型及图像复原的基本过程，强调复原处理的关键在于对系统的基本了解。教师解释，根据信号与系统的时域和频域分析与处理理论，退化图像的恢复可以在时域或频域完成。时域处理通过卷积实现，而频域处理则通过乘积实现。由于乘法计算比卷积计算简单，且傅里叶变换的快速实现使得频率域处理更为简单，因此可以在频率域解决该问题。最简单的图像复原方法是直接进行逆滤波，即使用退化函数除以退化图像的傅里叶变换，以估计退化前图像的傅里叶变换。教师采用由浅入深、化繁为简的教学方法，帮助学生理解并应用这些概念。

环节三：在教学演示中提高。

教师利用自主开发的辅助教学演示软件，演示逆滤波恢复存在聚焦不准、抖动等退化现象的效果。演示中使用的遥感图像均为我国自主研发的遥感卫星获取的高分辨率遥感图像。这不仅有助于巩固学生所学的专业知识，还突出展现了我国在航天遥感领域的重大成就，增强了学生对国家科技实力的信心。

环节四：课堂小结。

教师进行课程回顾与总结，概括学习的重点和难点，进一步加深学生对理论知识的理解。教师还激发学生的学习热情，培养学生的民族自信心与社会责任感，并激励学生投身科学研究与技术创新。教师鼓励学生以国家科技发展为己任，不断钻研、不懈进取。

4. 教学效果

通过本节课的教学，学生对图像的退化与逆滤波恢复技术有了更深入的理解。在课堂上，通过教师的引导和演示，学生清晰地掌握了图像退化的原因、逆滤波的原理及其应用方法。学生积极参与课堂讨论，提出问题，并在与同学的交流及教师的指导下，逐步解决了自己的疑惑。

在教师展示我国自主研发的高分辨率遥感图像的过程中，学生不仅加深了对专业知识的理解，还对我国在航天遥感领域取得的成就有了更深刻的认识，从而增强了对国家科技实力的信心和自豪感。

总体来看，学生在本节课中获得了丰富的知识和启发，这不仅激发了他们对科学探索的热情，也加深了他们对国家科技发展的关注。课程培养了学生的民族自信心和社会责任感，为他们未来的学习和成长奠定了坚实的基础。

四、课程评价

将思政元素融入数字图像处理课程，并增加案例分析，有效提升了学生的参与度。在专业知识理论中穿插思政案例，不仅缓解了学生因理论难度而产生的焦虑，也活跃了课堂氛围，显著提高了学生回答问题的积极性。在"北京师范大学 2022—2023 学年秋季学期教师教学质量评价"中，该课程的"教师教学总体评价"得分为 4.92 分（满分 5 分），远超全校平均水平。教师在数字图像处理课程中，通过引入思政元素、更新教学理念、创新教学内容，将思政案例融入专业知识讲解，并引入最新研究动态，极大提升了教学效果和学生的学习热情。

通过本课程的学习，主讲教师成功将专业课程内容与思政教育相结合，充分发挥了立德树人的教育作用。教师深入挖掘课程中的思政元素，引导学生将专业知识与思政教育相结合，有效激发了工科学生对思政理论学习的兴趣。此外，课程还培养了学生的奉献精神、团队合作意识、实践能力和自强不息的意志品质，帮助学生建立了正确的价值观。

五、总结与思考

在新工科背景下，课程思政建设是为我国现代化建设打造勇担当敢作为、有理想讲奉献、勤思考常创新的人才队伍的关键环节。本课程将思政教育融入图像处理教学过程中，旨在实现立德树人的根本任务，形成图像处理课程思政体系。首先，通过挖掘授课目标与内容的思政元素，引入载人航天、探月工程等内容，把思政教育元素渗透在教学过程中。其次，从创新的教学思路与教学方法中，发掘解决当前专业领域内科学问题对社会发展所造成的影响以及解决这些问题的重要意义，培养研究生分析、解决专业领域前沿问题的能力，激发学生的家国情怀。最后，通过完善课程实践环节、增加课程实验，全面评价学生的学习效果。

今后，本课程将主要从以下三个方面持续推进思政建设：第一，加强教学研究，收集人工智能重点研发领域的前沿技术信息，引导学生从中提炼科研问题，以激发他们的创新和务实意识。第二，优化并完善教学过程，通过设计与学生知识储备相匹配的问题，以学生学习兴趣培养为导向，以解决复杂工程问题为目标，增强学生的主观能动性和实践能力。第三，改革考核方式，在考核环节增加思政评价内容，通过更加全面与客观的综合评价、全程覆盖的思政元素，以及鼓励学生全程参与的机制，进一步提升预期教学效果。

物理化学

一、课程概况

(一)课程信息

"物理化学"是化学及相关专业本科生的重要理论基础课程,该课程从研究化学现象和物理现象之间的相互联系入手,找出化学运动中最具有普遍性的基本规律,先修课程包括"普通化学""无机化学""分析化学""高等数学""普通物理"等。课程共计96学时,6学分。

(二)课程简介

1. 课程内容

本课程内容包括化学热力学、化学平衡、相平衡、统计热力学、电化学、表面和胶体化学、化学反应动力学基础、分子反应动力学。

2. 教学方法

由于涉及数学、物理学等学科的知识,概念相对抽象、难懂,很多学生害怕学习"物理化学"。如何让"物理化学"成为学生喜欢的一门课,同时激发他们的自主学习兴趣，并提高创新思维的能力，是这门课程教改的目标。在教学过程中采用了下列方法和措施以激发学生的学习兴趣，提高学生自主学习能力，扩大学生的国际视野，提高学生的创新能力。

(1)学生自学内容，小组讨论和展示。教学团队每学期都会设计自学内容，学生分组自学讨论，选派代表课上展示。

(2)期中考试采取开卷"带回家"(take home)方式。期中考试不但允许开卷，而且允许学生在5天内完成。学生可以在家查阅文献和资料，但是不允许互相讨论和询问。

(3)引入英国曼彻斯特大学MOOC，开展互动式视频课堂，开创了信息化教学的新模式。

3. 评估方法

线上学习和作业10分，视频连线讨论、小组讨论和展示10分，期中考试20分，期末考试60分。

4. 课程特色

"物理化学"课程通过教师、学生、信息化教学新技术三维度的协同合作，将课程思政和物理化学课程融为一体，以润物无声的方式培养学生的科学精神，激发他们科技报国的家国情怀和使命担当。

(三)课程教学团队简介

北京师范大学化学学院"物理化学教学团队"正式成立于2010年，成员包括方维海院士、祖莉莉、范楼珍、李运超、李晓宏、高靓辉教授等。这是一个具有优秀文化传承、师资质量过硬、教育理念先进、注重课程思政教学显著成果的教学团队。2018年，团队建设和上线了"物理化学"慕课。2019年，"物理化学"课程被评为"北京高校优质本科课程(重点)"。2020

年，课程被认定为首批国家级"线上线下混合式一流本科课程"。2021 年，课程获教育部"课程思政示范课程"称号，教师团队也获得了教育部"课程思政教学名师和教学团队"。2022 年，团队获评"北京市优秀本科育人教学团队"，并成为国家级虚拟教研室建设试点"师范院校物理化学课程虚拟教研室"。2023 年，团队获批"全国高校黄大年式教师团队"称号。

二、课程育人目标

北京师范大学作为一所致力于建设"综合性、研究型、教师教育领先的中国特色世界一流大学"，其办学定位明确了培养面向未来的化学卓越教师和拔尖创新人才的目标。在这样的背景下，"物理化学"课程通过精心设计的课程思政教学，旨在激发学生的自主学习兴趣和提高他们的创新思维能力。

课程致力于培养学生具备以下素质：扎实的化学及相关理学知识和实验技能；对国际化学教育前沿动态的了解；掌握科学研究方法；具有科技报国的家国情怀和使命感；拥有自主研究能力、创新意识和开拓精神。

三、课程思政案例

案例 1：人工合成淀粉相关化学反应的热力学

1. 结合章节(知识点)

利用 $\triangle G$ 判断化学反应自发进行的方向。

2. 案例意义

(1) 科学素养：引导学生关注最新的科学研究前沿成果，通过自主查阅文献，获得课本以外的数据（如反应涉及物质的规定熵、生成焓、生成 Gibbs 自由能等热力学常数），并将所学知识应用于实际化学反应的自发性判断。

（2）民族自豪：依托我国科学家在科研领域取得的重大突破和世界领先成果，以潜移默化的方式激发学生的民族自豪感。

（3）责任担当：通过让学生了解化学在实现"双碳"目标中的作用，激发他们探索未知、勇攀科学高峰的责任感和使命感，体现化学家开发新原理、新方法服务"双碳"目标的责任和使命。

3. 案例描述

这是"热力学定律"学习后的期中考试题目之一。考试采用"带回家"(take home)的开卷方式，要求学生在一周内查阅资料、独立思考，不得咨询和讨论。这种考试方式可以提升学生的信息化素养，培养他们的自主学习能力，以及终身学习习惯和独立思考、独立判断的能力。

题目：2021 年，我国科学家首次在实验室实现了从二氧化碳到淀粉的人工合成。

(1)请自主查阅文献，简述该合成的机理和意义(100 字以内)。

(2)通过查阅文献，获得与合成淀粉相关的热力学常数(规定熵、生成焓等)，说明在室温和标准压力下，反应 $6CO_2 + 5H_2O \Longrightarrow C_6H_{10}O_5 + 6O_2$ 在热力学上是否能够自发进行？为什么？

(3)合成淀粉的第一步反应 $CO_2 + H_2 \longrightarrow HCOOH$ (l) 与"固碳"有关。请通过查阅相关热力学数据，计算在室温和标准压力下该反应的 ΔG_m^{θ}，说明在室温和标准压力下该反应的反应方向。试简述实现该反应对推进"碳达峰"和"碳中和"的意义。

4. 教学效果

所有学生都查询并阅读了相关文献，独立描述了实验室合成淀粉的机理和意义。他们通过查阅文献获得的热力学数据，对指定反应在室温、标准大气压下自发进行的方向进行了判断，进一步讨论了如何通过改变反应条件，使化学反应向非自发方向进行。

部分学生不仅查阅了指定文献，还扩展阅读了与淀粉相关的其他研究文献，给出了特定淀粉的热容、生成焓和规定熵等热力学常数及其测定方法。这体现了学生的探索精神和自主学习的热情。

通过对"固碳"反应的热力学判断，一些学生特别强调了发展清洁能源对于实现"双碳"目标的意义，并表达了通过努力学习成为未来化学家的强烈愿望。

案例 2：超临界 CO_2 在北京冬奥会中的创新应用

1. 结合章节(知识点)

单组分相图——CO_2 相图。

2. 案例意义

超临界状态是二氧化碳相图中的一个知识难点，同时也是应用的热点，它具有重要的科学意义和广泛的应用价值。本案例旨在引导学生理解二氧化碳超临界状态的特性，并鼓励他们自主探索超临界二氧化碳在北京冬奥会中的创新应用。这有助于打破学生对物质状态仅限于气态、液态和固态的传统认识，同时强调物理化学基本原理在满足国家重大需求中的关键作用。通过此案例，我们旨在弘扬我国企业和科技工作者的自强不息、开拓创新精神，以及他们以国家重大需求为己任的责任感。

本案例有助于提高学生对物质世界的认知水平，增强他们对学科的兴趣和认同感；激发学生攀登科学技术高峰的使命感，以及积极服务国家重大需求的责任感；培养学生的创新精神和低碳"绿色"发展理念。

3. 案例描述

知识点精讲：CO_2 的超临界状态及其特征

超临界状态是 CO_2 相图中的知识难点和应用热点，通过教师的讲授和学生课前自学相结合，对这一知识点进行详细解读和深入理解。

提出问题

超临界 CO_2 在北京冬奥会中有哪些创新应用，其背后的物理化学原理是什么？

思政案例导入

以学生课堂分组汇报结合教师总结点评的形式导入完整的思政案例，具体内容如下。

常温常压下的气态 CO_2 被施加一定高压后会转变为超临界状态的流体。这些流体具有良好的流动性和传热性，当被高效输送到需要制冷的区域后，可通过蒸发来大量吸热，从而达到降温制冷的效果。目前开发的 CO_2 制冷系统大多采用跨临界循环(在常态和临界状态间来回转换)，其工作原理可分为：(1) 液态 CO_2 制冷剂在蒸发器中通过蒸发吸热，使周围环境温度降低；(2) 常压气态 CO_2 制冷剂被压缩机压缩，转变为高温高压超临界 CO_2；(3) 高温超临界 CO_2 制冷剂进入气体冷却器进行定压放热(即在超临界状态下发生无相变放热，此过程的废热可回收利用)；(4) CO_2 制冷剂通过节流膨胀而降压降温，变成常压低温液体，之后进入蒸发器完成一个制冷循环。这种 CO_2 跨临界制冷循环系统因具有突出的环保和节能减排优势，特别适合于满足大型设施/场馆的制冷需求(尤其是在高质量冰雪场地和赛道的建造和维护方面)。遗憾的是，CO_2 跨临界制冷技术之前一直掌握在欧美等国家高技术企业手中，并对我国实行技术封锁。

为了办好 2022 北京冬奥会，为世界各国冰雪运动员提供高质量的比赛专用冰道和雪道，我国科技工作者以国家重大需求为己任，发奋自强，开拓创新，通过产学研协同攻关，打破国外技术封锁，研发出达到国际先进水平的 CO_2 跨临界直冷制冰和 CO_2 超临界制雪技术，打造了"最美、最快的冰面"和零上高品质"冰状雪"。北京国家速滑馆是世界上首个采用"CO_2 跨临界直接蒸发制冷技术"的冬奥场馆，其冰面温差可控制在 0.3℃～0.4℃以内，可为运动员提供一个软硬度均匀、稳定的优质冰面，并可实现 2 小时内的快速、高效冰面转换。该场馆仅在制冷环节每年就能节电 200 余万度，无论是在综合能效还是在冰面温差控制方面均达到国际先进水平。此外，开发的零上高品质动态人工造雪和储雪一体化技术与装备，可在气温处于 0～15℃时，利用 CO_2 超临界制冷技术实现安全、高效、低成本、高品质的人工造雪，成功保障了北京冬奥会和冬残奥会雪道各项赛事的顺利举办。

课堂讨论与价值引领

引导学生分析总结 CO_2 跨临界状态特征、CO_2 跨临界制冷循环各步骤的物态变化及包含的物理化学基本原理，从而提升学生对物质世界的认知水平，提升学生的学科兴趣和认同感。通过鼓励学生结合以上素材发表个人感想，引导他们自主挖掘提炼以上事例中所蕴含的科学创新精神、以国家重大需求为己任的责任担当、低碳"绿色"发展理念以及民族自豪感。

拓展提升

要求学生课后拓展了解并总结超临界 CO_2 在我国国民经济不同行业（如在中药材萃取、食品加工及合成化学等领域）中的特色应用案例及其启示，以加深对超临界 CO_2 物性和特色应用的理解，感悟其中所蕴含的思政精神。

4. 教学效果评价

通过综合评价学生在资料查阅、PPT 制作、课堂发言及课后总结等方面的表现，对思政教学效果进行多元评价。

该案例加深了学生对物理化学基本原理的理解，提升了他们学以致用的意识和能力，同时激发了学生的创新精神、家国情怀和责任担当。这种教学方式实现了价值塑造、知识传授和能力培养三位一体的教学目标。教学实践表明，这种具有"熟知性"、"隐喻性"和"自主性"特征的思政教学模式，更容易被学生接受。

四、课程评价

2023 年 4 月 15 日，范楼珍教授在"2023 年高校课程思政建设系列专题研讨会"上发表了题为《物理化学课程思政教学设计与实践》的演讲。

同年，根据教育部高等教育司的要求，我们对课程思政进行了数字化转型，并通过"全国高校教师网络培训中心"对高校教师进行了课程思政的培训。

中国科学院化学研究所的李永舫院士评价道："我非常高兴地看到，北京师范大学物理化学教学团队在"物理化学"课程中不仅清晰地讲解了基本原理，紧密地结合了理论与应用，更难能可贵的是，他们成功地将思政素材有机地融入到专业知识的讲授中，合理地实施了课程思政教学。这种教学方式既不喧宾夺主，又能被学生所接受，确保了课程思政的育人效果，值得推广和借鉴。"

北京师范大学的方维海院士评价说："北京师范大学物理化学教学团队在课程思政的探索和实践中表现出色，无论是在课程思政资源的建设、教学手段的创新，还是在课程思政的实际效果方面，都取得了显著成绩，值得在更广泛的范围内推广和借鉴。"

五、总结与思考

习近平总书记在 2016 年全国高校思想政治工作会议上提出，各门课都要守好一段渠、种好责任田，使各类课程与思想政治理论课同向同行，形成协同效应。教育部在《高等学校课程思政建设指导纲要》中明确指出，理学专业课程的思政教育要注重科学思维方法的训练和科学伦理的教育，培养学生探索未知、追求真理、勇攀科学高峰的责任感和使命感。

我们将深入学习贯彻党的二十大精神，切实推动习近平新时代中国特色社会主义思想，进一步推进课程思政高质量建设，以春风化雨、润物无声的方式培养学生的科学精神，激发学生科技报国的家国情怀和使命担当。

化学分析

一、课程概况

(一)课程信息

"化学分析"是化学专业教育中的基础学科课程，也是化学专业本科生的专业必修核心课程，需要先修"普通化学""高等数学""普通物理"等基础课程。本课程在大二秋季学期开设，共计 48 学时，3 学分。

(二)课程简介

1. 课程内容

分析化学是研究获取物质化学信息（包括组成、含量、结构和状态等）的方法、原理和策略的科学。"化学分析"课程是分析化学的重要组成部分。本课程以定量分析的基础知识为主，重视"量"的概念，有很强的实验性与实用性，同时，它也拥有严密、系统的理论体系，是理论与实际密切结合的课程。

本课程主要讲授定量分析的误差及数据处理、化学分析的基本原理、基本知识和基本方法，帮助化学专业本科生正确树立定量分析的概念。通过讲授酸碱滴定、络合滴定、氧化还原滴定、沉淀滴定、重量法、紫外可见分光光度等多种方法，研究、讨论、确定各种化合物、金属离子及混合物的定量分析方法。课程中还穿插讲授化学分析的发展历史、重要贡献人物、前沿科学研究及重大成果，帮助学生认识到化学分析对社会发展、人类健康的重要作用。

2. 教学方法

本课程主要采用线上线下混合式教学模式，即课堂讲授结合线上慕课、长江雨课堂等网络课程。同时，辅以案例分析、分组讨论、翻转课堂等多元化教学方法，以增强教学的互动性和实效性。

3. 评估方法

课程评估采用过程性评价（平时成绩，40分）与结果性评价（期末成绩，60分）相结合的方式。过程性评价包括在线学习和测试（占50%）、分组讨论及课堂汇报（占25%）、作业（占25%）等；结果性评价则以期末闭卷笔试为主。

4. 课程特色

(1)注重价值引领。本课程以立德树人为根本，挖掘课程的专业属性，将社会主义核心价值观、科技创新、社会热点和学科前沿等分析化学相关内容融入教育教学全过程，培养学生的科学素养和专业素质。

(2)注重能力提升。课程以学生发展为中心，依据现代学生的特点将课堂内容实验化、信息化、数字化，注重培养学生获取信息、加工信息、应用信息的能力，以及解决问题的能力。

(3)注重教研融合。以教学目标为导向，分段布置教学任务，将多元化的教学资源与科研资源汇聚，注重教研融合和学科交叉，注重理论与实践相结合，鼓励学生学以致用，强化培养学生的创新能力。

(三)课程教学团队简介

北京师范大学化学学院的化学分析教学团队具有优良的学风传承，在林树昌、曾泳淮、胡乃非、赵慧春、欧阳津、晋卫军等老一代学者的带领下，逐渐形成一支师德高、业务精、理念新、能力强的教师队伍。当前，课程负责人是刘红云。团队教师秉承守正创新、与时俱进的教学理念，潜心进行教育教学改革与研究，教学团队建设和上线了"化学分析"MOOC，教学成果获评北京师范大学教育教学成果奖一等奖(2021年)，"化学分析"课程被评为本科课程思政优秀示范课程(2021年)。团队编撰的教材《分析化学(化学分析部分)》曾获第三届全国普通高校优秀教材二等奖、北京市高等教育精品教材、"十二五"普通高等教育本科国家级规划教材等多项荣誉，2024年修订出版的第4版获得北京高校本科优质教材奖。

二、课程育人目标

在北京师范大学"综合性、研究型、教师教育领先的中国特色世界一流大学"的办学定位指导下，结合化学专业特色和人才培养需求，"化学分析"课程深化教育改革，以培养"高素质、强实践、创新型"的高师创新人才为育人目标。

通过化学分析的基本原理、基本知识和基本方法的学习，能够扎实掌握并深入理解化学分析方法的基本原理、内在规律，提高分析问题和解决问题的能力；通过理论联系实际，培养科学实验的技能，具备综合运用相关知识研究、讨论、确定物质的定量分析方法，提高综合素质和创新能力；

通过定量误差与数据处理的学习，能正确计算、评价和表达分析结果，正确树立定量分析的概念，培养严谨的科学态度和实事求是的科学作风；通过了解前沿知识和多学科知识交叉，形成科研创新能力；通过化学分析的发展史、重要贡献人物、重大成果等案例学习，培养具有良好道德情操，具有家国情怀和社会责任感的素质全面的人才。

三、课程思政案例

案例 1：嫦娥五号月壤样品成分分析

1. 结合章节(知识点)

试样分析测定过程。

2. 案例意义

(1)科学素养：本案例将引导学生关注嫦娥五号返回地球携带的月壤分析的最新进展。通过查阅文献和小组讨论，学生能够将所学的分析方法、分析测定过程等基础知识灵活运用到实际科学样品的分析中，培养理论联系实际和严谨求实的科学精神。

(2)爱国情怀：案例依托我国航天领域的重大突破和化学科研领域取得的重要成果，结合理论知识，激发学生的民族自豪感和文化自信心。

(3)责任担当：通过了解分析化学在航天研究领域发挥的重要作用，案例旨在激发学生勇于创新和攀登科学高峰的责任感和使命感，体现作为分析化学家开发新方法、新技术服务于建设航天强国的责任担当。

3. 案例描述

中国在月球探测领域取得了重要的突破和重大研究成果。分析显示，嫦娥五号带回的月壤样品提供了前所未有的证据，揭示了 20 亿年前月球上年轻的火山活动证据，以及显著特征的物质组成。月壤的成分分析研究不仅为中国探月工程提供了新的研究方向和思路，也进一步展示了中国在太空探索领域的实力和成就。

本案例是在绪论学完"分析测定过程"之后布置的课后作业。通过让学生自己查阅资料、分组讨论等，引导学生对分析化学的任务、作用、分析方法的分类与选择、分析测试全过程等基础知识进行梳理，以提升科学素养，并增强自主学习能力，进一步培养信息获取、加工和应用的能力。

题目：嫦娥五号月球探测器于 2020 年 12 月 17 日成功地完成了采集月壤样品并返回地球的任务，携带回来 1731 克珍贵的月壤样品。月壤中微小的石块和土壤都是研究月球的独特资源，通过对这些月壤样品的化学组成和元素含量的精密分析和深入研究，可以为深入研究月球的形成和演化提供重要参考。

(1)请自主查阅文献，简要回答分析月壤样品的意义和挑战度。

(2)通过查阅文献，根据月壤样品的特点和分析目的，简要说明如何取样、选择何种分析方法、处理数据等分析过程，并解释原因。

(3)举例说明一种分析测定月壤的方法，并简述该分析方法在航天科学研究中的应用。

4. 教学效果

学生对这种内容新颖的作业表现出极大的兴趣。他们通过查询和阅读相关文献，全面描述了月壤样品分析的特殊性。他们不仅深刻理解了化学分析与仪器分析方法的重要特征和应用范围，还对微量分析、痕量分析、定性分析、结构分析、表面分析、区域分析、无损分析等容易混淆的方法有了理性认知。此外，他们也开始了解同步辐射分析技术、扫描电子显微镜、能量色散 X 射线光谱法、激光拉曼光谱法等非破坏性的前沿分析方法的具体应用。

在作业中，学生展现了科学探索精神和自主学习的热情。例如，一些学生在查阅文献时发现，月壤中水的分析方法与普通样品的分析方法存在显著差异，这一点在 2023 年南京大学惠鹤九教授发表的论文中有所体现。他们通过头脑风暴提出了从月球的玻璃珠中提取水的初步设想。还有学生通过文献发现，深度学习技术适用于月壤分析中的大量数据处理。他们查阅了吉林大学主导、中国探月工程首任首席科学家欧阳自远参与发表的论文，惊喜地发现采用深度学习技术可以综合分析中国嫦娥五号、美国阿波罗(Apollo)和苏联月球号(Luna)的样品数据，并能够绘制月球表面主要化学元素的分布图。

学生还指出，月壤的研究不仅展示了中国在探月工程领域的实力和成就，也进一步推动了国际科研合作的发展和进步。他们甚至讨论了将嫦娥 5 号带回的月壤样品在世界范围内进行科研共享的问题，这体现了中国未来科学家的宽广胸怀和非凡气度。

该案例已被收录在自主编写的教材《分析化学(化学分析部分)》第 4 版第 10 章中。

案例 2：指尖上的光谱仪——血氧仪工作原理

1. 结合章节(知识点)

分光光度法。

2. 案例意义

(1)创新意识：本案例旨在引导学生使用指夹式血氧仪检测血氧饱和度。通过查阅文献，分析对比指夹式血氧仪和实验室中光谱仪的工作原理、仪器结构，学生可以亲身体验到检测速度快、成本低的小型光学分析仪器在生活中的便捷性，切实感受到科学创新在保障人民生命健康中的重要性，并培养他们理论联系实际和以实用性为导向的创新意识。

(2)审辨思维：案例引导学生讨论手机小程序测血氧饱和度、"火腿肠也有血氧饱和度"等话题。结合课程中的理论知识，学生将学会如何进行合理质疑和有效论证，去伪存真，培养批判性思维。

(3)责任担当：通过了解分析化学基础知识在维护人民生命健康中发挥的重要作用，案例旨在激发学生以应用为导向进行科学探索的责任感和使命感。这体现了分析化学工作者研发新原理、新技术服务于人民健康方面的担当和使命。

3.案例描述

血氧仪是一种无创的血氧饱和度监测仪器，能够有效监测体内血氧水平，对预测病情变化起到关键作用。经过装置简化和数字化处理，目前市场上的指夹式血氧仪价格在百元左右，已成为普通家庭常用的医疗器械之一。然而，关于其检测结果的准确性也存在一些争议，例如火腿肠和矿泉水瓶盖也能测量血氧饱和度，这影响了公众对血氧仪科学性的判断。

本案例是在讲授完分光光度法章节后布置的小组讨论作业。首先，向学生展示一个商业化的指夹式血氧仪，并让他们现场试用。随后，布置作业，要求学生自主查阅文献，分组讨论血氧仪的工作原理，引导他们运用已学的理论知识，对比实验室光谱仪的测量原理和仪器结构，运用批判性思维分析现有指夹式血氧仪的科学性。这将增强学生将理论知识应用于科普的意识，并在审辨性思考中培养他们的创新能力。

题目：指夹式血氧仪能够无损检测血氧饱和度，通过检测充血的人体末梢组织(如手指或耳垂等部位)，推算出人体的动脉血氧饱和度。

(1)请自主查阅文献，简要回答血氧仪定量测量血氧饱和度的光学原理。

(2)对比理论教学中光谱仪的原理和结构，分析讨论指夹式血氧仪和手机小程序在检测血氧饱和度上的异同与优劣。

(3)分析讨论如何合理减少指夹式血氧仪的测量误差，提高测量准确度。

4. 教学效果

学生展现了将理论知识与实践相结合的强大能力，他们能够轻松理解朗伯-比尔定律是血氧仪定量分析的基础原理，并能清晰地将动脉血中血红蛋白与氧结合的络合平衡，以及含氧血红蛋白对光的选择性吸收等生物医学和光学知识，与血氧饱和度的检测原理联系起来。然而，当他们将手掌大小、价格接近百元的微型仪器与实验室中价值数万甚至数十万的大型仪器进行比较时，他们感到非常震撼，深刻体会到科技创新带来的小型化仪器的便捷性和重要性。

所有学生都能顺利完成作业，并在作业中详细分析了使用血氧仪时的注意事项。例如，他们指出，不宜在涂有指甲油或做过美甲的手指上使用血氧仪，不宜在强烈的太阳光或有红外遥控装置的环境下使用，最好在暗处或用黑色布遮盖的情况下使用，以提高检测的准确度。他们还提到，在没有血氧仪的特殊情况下，可以使用手机小程序代替检测血氧饱和度，但应注意其结果的可靠性较低。

学生表示，通过这次作业，他们不仅进一步认识到仪器小型化、便携化对人民健康的实质性意义，认识到误差分析在分析检测中的重要性，培养了严谨求实的科学素养，而且更深刻体会到科技创新的重要性，即科技创新要"面向世界科技前沿、面向经济主战场、面向国家重大需求、面向人民生命健康"。

四、课程评价

学生对本课程的教学设计和教学方法给予了高度评价，他们的学习主动性得到了显著增强，学习热情高涨，并能自觉地将所学知识应用到学科学习和科研过程中。近年来，学生的培养质量稳步提升，仅课程授课教师指导的本科生就完成了 11 项创新训练项目，发表了 13 篇 SCI 论文，并获得了 41 项省部级以上奖项。已毕业的学生纷纷表示，通过化学分析课程的学习，他们将理论知识应用于实践的能力得到了显著提升，升学或就业的信心也得到了增强。

本课程在 2021 年荣获北京师范大学第三批课程思政建设优秀课程。校内督导专家在听课后评价道："内容逻辑清晰，层次分明，教学方法多样，注重启发学生思考，培养学生理性思维，同时能结合教学内容，自然而然地融入课程思政。"

课程具有良好的示范和辐射作用。课程授课教师主编了 1 部教材，参编了 2 部教材；在中文核心期刊《化学教育》《大学化学》等发表了 8 篇教育教学改革论文；积极参与国内外化学教育教学会议，并在会议上展示教学研究成果。

五、总结与思考

针对化学卓越教师和拔尖创新人才的专业培养目标，化学分析教学团队通过"案例切入—互动讨论—迁移转化—总结升华"的实践方式，吸取国内外最新的教学与科研成果，精心编排教学内容，有效组织课堂教学，将

"知识传授、价值引领和能力培养"有机融合，激发了学生的学习兴趣，切实达到了立德树人的目的。

今后，还要进一步加强课程思政建设，扩大课程影响力，主要建设方向有：(1)加强课程思政的数字资源建设。持续开发数字化课程资源，如重难点知识微课、经典教学案例、知识图谱的构建等，依托自编教材的开发和推广，依托线上 MOOC 平台，加强课程思政资源的共建共享。(2)继续探索混合式教学模式，加强信息技术在课程思政建设中的应用。(3)加强团队建设。吸纳年轻教师，补充新鲜血液；不断优化成员的知识和能力结构；更新教育教学理念，把立德树人、产出导向、持续改进的理念贯穿教学的全过程。

电化学

一、课程概况

(一)课程信息

"电化学"是面向化学及相关专业一年级硕士研究生开设的专业选修课程,共计48学时,3学分。该课程是电化学、能源化学、电分析化学、材料化学等专业的核心基础课,需要先修"物理化学"课程。

(二)课程简介

1. 课程内容

电化学是一门探索化学能与电能相互转换的学科,它跨越化学、物理、材料、生物等多个领域,为能源、材料、环境等重大问题的解决提供了重要的理论和技术支持。化学学院长期开设"电化学"选修课,目的是为我校研究生提供从事能源、材料和分析化学相关研究所需的电化学理论基础和实验技能。课程内容涵盖了电化学基础理论(包括电化学热力学、电极/溶液界面、液相传质、电极过程动力学、半导化学电/光电化学、化学电源等)、电化学测试技术与方法，以及电化学研究的热点和前沿进展。

2. 教学方法

根据教学内容的特点，课程灵活运用多种教学模式，如在基础理论部分常采用讲授和引导探究相结合的方式，在电化学测试技术部分常采用案例分析与问题探究相结合的方式，而在电化学研究热点及前沿部分常采用任务驱动的专题汇报与集中探究相结合的模式。这些多样化的教学方法旨在实现知识传授、能力培养和价值塑造的"三位一体"教学目标。

3. 评估方法

在考核方式上，除了期末考试(占60%)和课堂专题汇报(占30%)，课程还增加了对学生自主学习、课堂研讨和知识应用环节的考评(占10%)。在考核内容上，注重将前沿成果和思政素材融入课堂教学和考试内容中，以此提升考核的难度和引导效果。

4. 课程特色

本课程是由偏重理论基础的"理论电化学"和偏重实践应用的"电化学研究方法"两门课程整合而成的，强调理论与实践相结合、基础与前沿相交融、专业培养与思政引领互通。

(三)课程教学团队简介

北京师范大学电化学教学团队以其深厚的文化传承、先进的教育理念、对课程思政的重视以及显著的教学成果而著称。教学任务的分工明确如下：李运超教授负责基础理论部分与前沿展望，李晓宏教授负责电化学研究方法和课堂汇报，范楼珍教授负责课程的总体规划，张洋副教授负责电催化理论及其应用，袁方龙教授负责电化学前沿专题讲座。

团队中的多位成员也是"物理化学"国家级线上线下混合式一流课

程(2020 年)和教育部课程思政示范教学团队(2021 年)的核心骨干。该教学团队已连续两次荣获北京师范大学优质研究生课程奖,其教学成果也获得了北京师范大学教学成果奖二等奖(2021 年)以及校级课程思政建设优秀课程的荣誉。团队成员各司其职,共同致力于提升课程的教学质量和学生的学习体验。

二、课程育人目标

根据习近平总书记的指示,课程思政建设就是要充分发挥课堂教学"主渠道作用",全面落实立德树人根本任务,培养出德智体美劳全面发展、能担当民族复兴大任的时代新人。北京师范大学以建设"综合性、研究型、教师教育领先的中国特色世界一流大学"为办学定位,以培养"面向未来的卓越教师和拔尖创新人才"为己任。

电化学是一门研究化学能和电能相互转换的学科,与多个学科联系紧密,可为解决能源、材料、环境等重大前沿问题提供理论和技术支撑,是关系全球可持续发展的关键科技领域。为此,化学学院多年来坚持开设"电化学"专业选修课程,旨在为我校从事能源、材料及分析相关研究的研究生提供电化学理论基础、实验技能及学科素养的培养。为了契合新时代育人需要和我校办学定位,培养出胜任上述挑战任务的"德才兼备"高素质后备人才,教学团队主动对标新时代创新人才的培养要求,针对本课程与实际应用、科技前沿、关键科学技术联系紧密的特点,深入挖掘整理相关思政素材,将其有机融入课程固有知识体系和日常教学实践中;针对当代大学生个性鲜明、思想独立的特点,坚持将思政元素与教学内容有机结合,倡导在"春风化雨、润物无声"中将"科学精神、家国情怀、使命担当"等思政元素播撒于学生的头脑中,全面落实"立德树人"的目标。

三、课程思政案例

案例 1：电解海水制氢的挑战与解决方案

1. 结合章节(知识点)

析氢和析氧电极反应。

2. 案例意义

本案例围绕课程核心内容，以拓展学习为切入点，通过问题驱动，引导学生关注学科热点与前沿，了解我国乃至全球在电解水制氢方面重大需求和发展瓶颈；鼓励学生通过自主查阅文献，结合所学知识，总结出电解海水制氢面临的挑战及解决方案，从而拓宽了学生的学科视野，提升了学科认同感，培养了知识运用能力、问题解决能力、科学思维能力及工程思维能力。同时引导学生通过自主发掘、同辈分享、课堂点评了解我国学者在此领域创新成果，激发民族自豪感、创新精神和责任担当。

3. 案例描述

知识点精讲：析氢和析氧反应的微观机理与实际应用

(1)深入讲解析氢和析氧反应的微观机理，并引入电催化原理。

(2)总结不同反应环境(包括干扰离子)对反应历程和反应动力学的影响。

(3)简要介绍析氢和析氧反应的耦合应用，包括电解水的技术方案、发展现状及面临的挑战。

提出问题

(1)电解海水制氢的优势及面临的重大挑战是什么？

(2)如何实现低成本、高效率、规模化的电解海水制氢？

思政案例引入

通过课堂汇报，引入我国科学家在电解海水制氢方面的最新进展——"疏水透气膜助力海水无淡化原位直接制氢"技术。该技术通过多项创新设计解决了海水制氢过程中多种杂质离子干扰的技术难题，并初步实现了产业化示范应用。创新点包括：(1)在工作电极和对电极外侧设计疏水界面，形成只允许气体通过而阻隔杂质离子进入的"离子屏蔽型"电解器，为电解海水创造了"隔离的"阴极和阳极电解室。(2)利用水蒸气在疏水界面内外两侧的压力差，驱动海水自发汽化后输运进膜内再液化，实现海水自驱式淡化，为原位电解提供淡水来源。(3)通过优化疏水界面微结构、电解室内电解质溶液以及电解条件，保障了电解室内淡水供应和消耗的平衡，实现了长时间(3200小时)、准工业级电流密度下直接电解海水产氢。

课堂讨论

引导学生结合该案例和课前调研，讨论：(1)为什么疏水界面允许气体穿透而阻碍离子的传输？(2)为什么在疏水界面两侧会出现压力差，以及如何实现自驱式液－气－液相变？(3)该制氢技术的最大创新之处是什么？它给我们带来了哪些启发？

拓展任务

讨论分析如何实现多元非常规水资源(如海水、废水、盐湖水等)的工业级原位电解制氢。

4. 教学效果

通过结合自主学习和课堂上的"头脑风暴"活动，学生能够理解氢能在支持我国实现"双碳"战略和可持续发展中的关键作用；认识到灵活运用物理化学原理解决实际问题的重要性，以及重大技术突破往往源于大量"小技术"的积累、融合和创新；感受到我国科学家在解决关键技术难题时所展现的创新能力、创新精神和责任感。

具体来说，本案例的学习不仅加深了学生对电化学和物理化学原理在能源、材料等学科前沿研究中的支撑作用的认识，也体现了多学科交叉的重要性。这有助于加强学生的科学素养、培养科学精神、提升实践能力。同时，它还鼓励学生针对国家重大科技需求开展创新研究，为民族振兴贡献力量。这样，专业知识传授、创新能力培养和价值理念塑造的教学目标得以实现。

特别是，本案例中的课程思政主要通过学生的自主探索、自我教育和同辈分享等方式实施，具有"隐喻性"和"自主性"的特点，因此更容易被学生接受、认同和产生共鸣。

案例 2：锂离子电池前生、今世和未来

1. 结合章节（知识点）

二次电池。

2. 案例意义

锂离子电池是目前应用最为广泛的电化学体系之一，为支撑人类社会的发展发挥了重要作用。本案例要求学生通过自主学习，总结汇报"锂离子电池前生、今世和未来"，从而引导学生理解锂离子电池涉及的诸多电化学历程和原理，了解锂离子电池的发展简史以及其中有趣的人物和故事。该案例可鲜活地说明重大发明成果往往是在反复挫折中通过一步步的小进展积累而成的，从而启发学生在科学研究中培养坚忍不拔和不断进取的精神。

从锂离子电池的发展历程来看，其性能的不断提升与关键材料的发现和改进紧密相关，因而本案例有助于培养学生的科学思维和工程思维，启发他们抓住事物发展的主要矛盾来解决问题。此外，锂离子电池是支撑国家发展

的关键产业，是世界各国竞争的关键领域。我国在该领域厚积薄发，通过不断进取和创新，目前无论是在基础研究还是产业应用方面都已达到世界先进水平。因此，本案例有助于激发学生的民族自豪感、创新精神和责任感。

3. 案例描述

思政案例引入

在锂离子电池近半个世纪的发展史中，古迪纳夫(J. B. Goodenough)教授无疑是最具传奇色彩和影响力的人物之一。他 54 岁才开始研究电池材料，58 岁时发明了著名的钴酸锂，75 岁创造了磷酸铁锂新材料，90 岁探索固态电池并尝试用钠替代锂，最终在 97 岁荣获 2019 年诺贝尔化学奖，成为史上最年长的诺贝尔奖得主。

同样，陈立泉研究员被誉为中国"锂电池之父"，他致力于锂电池研究近半个世纪，开创了中国固态离子学的新学科领域，为中国锂电池产业的发展作出了巨大贡献，并培养了一批在锂电池行业中发挥关键作用的科学家和企业家。

近年来，以宁德时代新能源科技股份有限公司(CATL)为代表的中国企业，通过不断的创新和突破，使中国在动力和储能锂电池市场的占有率连续多年位居世界第一。

课堂讨论

引导学生结合汇报人的分享和上述案例，讨论以下问题：

(1)锂离子电池研究及行业的发展总体思路是什么？为什么会出现从锂金属电池到锂离子电池，再到锂金属电池的曲折发展过程？这背后涉及哪些原理与技术进步？

(2)古迪纳夫教授和陈立泉研究员的事迹对你有何启示？

(3)中国锂电池行业目前还存在哪些"卡脖子"的环节？

拓展任务

布置课后作业，让学生了解中国锂电池行业目前还存在哪些"卡脖子"的环节及其解决思路。

4. 教学效果

介绍中国在全球锂电池行业中从追随者到领跑者的转变，可以激发学生的民族自豪感、创新精神和责任感。通过自主学习、课堂汇报、案例研讨以及师生互动点评，大部分学生能够理解锂离子电池的电化学原理和核心组件、发展思路和面临的挑战；熟悉锂离子电池的发展历史和现状，认识到锂电池作为新能源重要组成部分，对我国国民经济、社会发展和环境保护的重要作用；了解中国锂电池行业的先进技术、产品以及存在的瓶颈；从锂离子电池的曲折发展历程和杰出人物的事迹中，汲取坚忍不拔和持续进取的精神，并学会通过抓住主要矛盾来推动事务进展的策略，进而提升他们的科学思维、工程思维和科学精神。

更令人鼓舞的是，部分学生通过本案例的学习，坚定了从事锂电池"卡脖子"技术研究的决心，他们中的许多人已经成为锂离子电池研发行业的新生力量。

四、课程评价

本课程通过学生网上评教、课堂交流、课后访谈、平台反馈等多种方式进行课程评价。总体来看，教学效果和反馈都十分积极，学生评教得分通常在 95 分以上（百分制）。多届学生评价课程时表示："老师与同学的共同讨论与交流，非常具有启发性""注重理论与实践的结合，理论知识服务于实际操作，非常实用"。许多选修本课程的学生后来开展了电化学相关课题的研究，不少学生荣获"国奖"和"北京市优秀毕业生"称号，成为新能源领域的新生力量。

教学团队也多次受邀在免费师范生专业硕士暑期培训班中分享电化学课程改革与课程思政的成果，为西部及边远地区的高水平师资队伍建设作出贡献。"电化学"课程的教改成果也惠及我校本科"物理化学"(电化学板块)的教学，助力"物理化学"课程获评首批国家级线上线下混合式一流课程。课程团队的多位成员入选"物理化学"教育部课程思政教学名师和教学团队。范楼珍教授多次在全国物理化学教学研讨会上分享课程思政教学经验；李运超教授受邀在首届全国青年教师(理科)大讲堂上分享课程思政经验，并为教育部教师培训中心录制课程思政示范课，向全国高校推广。

五、总结与思考

本课程在课程思政建设方面的特点包括：第一，坚持基于思政素材与课程专业知识体系的内在联系，在课堂教学中自然地引入思政元素。第二，通过问题和任务导向的自主学习，结合课堂深度讨论，引导学生自主发掘思政素材，实现自我教育。第三，注重将科研前沿成果和实用化成果引入课堂，用最具代表性的案例激发学生，实现"头脑风暴"，从而激发创新精神和责任感。

根据课程思政教学的需要，未来课程建设中应实现课程思政的信息化教学，深入系统地挖掘课程相关的思政素材，建立数字化思政数据库，探索有效的教学模式。同时，要根据电化学学科的最新发展及时调整教学内容，并将其融入教材中，推广课程思政教学的新模式，扩大其影响力，使更多学生受益。团队成员应坚持育人为本，不断吸收新知，构建与时俱进的高质量课程思政教学内容和方法。

中国政府统计学

一、课程概况

(一)课程信息

"中国政府统计学"是应用统计专业硕士一年级核心课程,也可供经济类、管理类相关专业研究生选修,共计 32 学时,2 学分。

(二)课程简介

1. 课程内容

统计工作是党和国家事业的重要组成部分,统计数据是推动国家治理体系和治理能力现代化的重要基础。统计数据的真实性和可靠性是统计工作的核心。自党的十八大以来,以习近平同志为核心的党中央对统计工作给予了高度重视。习近平总书记多次就提升统计数据质量发表重要讲话并作出指示,中办、国办也相继发布了 9 份重要的统计改革文件,其核心目标和基本要求是提高统计数据的质量。

本课程旨在培养新时代中国政府统计的高层次专业人才,以服务我国现代化统计调查体系的建设。课程内容涵盖了统计职能、统计标准、统计调查、专业统计、部门统计、统计保障六个方面，共计 32 节。本课程以习近平新时代中国特色社会主义思想为指导，深入贯彻习近平总书记关于统计工作的重要讲话和指示精神，紧密围绕推进"五位一体"总体布局和"四个全面"战略布局，准确把握新发展阶段，全面贯彻新发展理念，加快构建新发展格局。课程从完善统计体制机制、改革统计制度方法、变革统计生产方式、发挥统计监督职能、提升统计服务水平、增强统计保障能力等方面，全面讲解了与国家治理体系和治理能力现代化要求相适应的现代化统计调查体系，旨在为全面建设社会主义现代化国家培养具有扎实统计理论基础和实践能力的政府统计专业人才。

2. 教学方法

本课程将思政教育纳入常规培养体系，通过专题讨论的方式，将与国计民生密切相关的重要统计问题引入课堂。学生需要通过学习掌握统计方法及其背后的国家政策，分析统计现代化改革的重点和方向，从而增强"掌握国情、服务决策、统计报国"的情怀。

同时，课程将习近平总书记和党中央关于提高统计数据质量、防范和惩治统计造假、完善统计督察体系建设等重要指示精神融入教学案例，使学生在课程学习中自觉增强"四个意识"，坚决做到"两个维护"。

3. 评估方法

本课程考核由平时考核和期末考核两部分组成，平时成绩占 60%，期末成绩占 40%。平时考核由四部分组成。其中，出勤考核占 10%，在线课程（SPOC）学习占 15%，课堂讨论成绩占 35%。期末考核则通过提交论文的形式进行。

4. 课程特色

本课程自 2016 年起正式开设，目前已经在北京校区和珠海校区开设 12

次，累计有近千名学生选修。本课程 2021 年获评北京师范大学课程思政优秀课程，2022 年完成数字化建设，是我校应用统计专业硕士人才培养的重要统计实务课程。课程特色如下：一是形成"数据思政"为特色的教学模式，并在课程实践中广泛应用。二是充分发挥科研育人的功能，将课程团队承担的国家重大项目与课程建设充分结合起来，鼓励学生利用课堂知识参与国家科研项目研究。三是名师引领，课程中邀请了国家统计局的业务专家走进课堂，讲解具体的统计实务，这不仅开阔了学生视野，而且使他们在学习专业知识的同时提高了职业素养。

(三)课程负责人简介

宋旭光，北京师范大学统计学院教授，博士生导师。他的研究领域主要包括政府统计学、国民经济核算、教育经济与管理研究。宋教授还兼任国家统计专家咨询委员会委员、国务院学位委员会学科评议组成员、教育部高等学校统计学类教学指导委员会委员、中国统计学会副会长、中国国民经济核算研究会副理事长、中国数量经济学会常务理事、全国统计教材编审委员会委员、全国经济普查专家咨询组成员，以及《统计研究》《数量经济技术经济研究》《调研世界》《北京师范大学学报(自然科学版)》等杂志编委。他曾三次担任国家社会科学基金重大项目首席专家。

宋教授曾获得北京高等学校优秀公共课主讲教师、北京市高等教育教学成果二等奖、北京师范大学"四有"好老师金质奖章、北京师范大学教学名师、北京师范大学高等教育教学成果一等奖、北京师范大学优秀博士论文指导教师等荣誉。

二、课程育人目标

百余年来，北京师范大学统计学科培养了众多杰出人物，包括中国共产党的十大、十二大代表、全国三八红旗手等，并吸引了大批专家在此致力于学术研究和教学工作。课程团队深入挖掘师大的红色教育资源，利用本学科在定量指标分析方面的优势，结合我校老一辈统计学者对中国统计工作的巨大贡献，深入开展了国情分析与统计改革发展教育。这使得学生在新时代思想政治理论学习时，不仅具有强烈的专业认同感，还怀有深厚的历史使命感，实现了思政教育的深入人心。

本课程还将新发展理念、新发展格局、国家治理体系与治理能力现代化建设、全面建设社会主义现代化国家的新目标、现代化产业体系建设的前沿理论纳入课程体系中。我们形成了"以数据解读中国发展成就，用统计服务国家现代化发展"的鲜明教学特色。许多学生通过本课程的学习，增强了利用统计知识报效国家的信心。毕业后，他们在国家统计系统中担任职务，将课程内容与实践紧密结合，密切跟随国家重大发展战略。毕业生们普遍反映，这些内容不仅具有理论深度，还具有实践指导价值，为他们的职业发展奠定了坚实的基础。

三、课程思政案例

案例 1：京师统计 001 号学员——范熙壬

1. 结合章节(知识点)

第一章第一节《统计与政府统计》。

2. 案例意义

(1) 结合案例学习，学生能够了解我国早期政府统计发展的历史变迁，领会前人探索未知、勇攀科学高峰的责任感和使命感，从而坚定以统计知识服务国家治理的专业信念。

(2) 课程介绍了北京师范大学在我国统计学教学及政府统计人才培养方面的优良传统，以激发同学们爱国爱校、努力学习的情怀。

(3) 主讲人通过分析 20 世纪初和当前我国政府统计发展的背景，让学生体会学习机会的来之不易，激发他们珍惜新时代的伟大历史机遇，并承担起推进统计现代化、服务社会主义现代化建设的历史责任。

3. 案例描述

案例教学设计

通过展示历史图片等资料，本课程旨在讲述京师大学堂初创时期的历史沿革，追溯我国统计学教育的起源和最早一批统计学学员的故事。案例分析将帮助学生了解政府统计在国家治理中的关键作用，从而增强他们从事政府统计工作的使命感和荣誉感。

案例素材

范熙壬(1878—1938)，湖北黄陂人，15 岁考中秀才，16 岁考入湖广总督张之洞创办的两湖书院，主修史学，同时研究辞章训诂。1897 年，他与其父范轼同科考中举人，光绪帝特赐"父子同科"御笔金匾以示表彰。1902 年 10 月，范熙壬以初试和复试第一名的成绩考入京师大学堂速成科。1903 年，因学业成绩优异且得到张之洞的推荐，他被选为京师大学堂首批留学生之一，也是我国最早修读统计学专业的学生。1904 年至 1907 年，他在日本东京第一高等学校留学，并在 1906 年主导创办了中国第一份翻译杂志《新译界》。1907 年暑假回国期间，他随张之洞赴京参与清廷资政院的筹建，并在法律修订馆参与修订民法、刑法、商法及民事、刑事诉讼法。1908 年他再次赴日，1909 年毕业于京都帝国大学法科。归国后，他先后在资政院担任秘书厅一等秘书官兼机要科长，并兼任速记学堂教务长和北洋法政专门学校教习。1911 年辛亥革命爆发后，范熙壬作为拥护共和的代表，南下祝贺孙中山就任临时大总统，随后被黎元洪任命为武昌军政府总务一等秘书。1913 年，他在湖北选区以高票当选为众议院议员。同年，他作为国会众议院议员和宪法起草委员会候补委员，在国会中以非凡的道德勇气为民请命，质询袁世凯政府的"善后大借款"案，弹劾顾维钧、王克敏的"金佛朗案"以及曹锟等人的贿选丑闻，因此险遭不测。

1924 年，范熙壬代表国会在天津欢迎孙中山北上，并与李大钊一同在孙中山身边工作。1927 年李大钊被捕后，范熙壬与好友章士钊、杨度等人四处奔走设法营救。此后，《益世报》透露了"范熙壬加入共产党"的消息，迫使他离京避难。北伐结束后，范熙壬逐渐退出政坛，转而在多所大学任教。1938 年，范熙壬因病逝世。

4. 教学效果

本案例迅速拉近了学生与课程的距离，同时通过前辈学长的经历生动揭示了政府统计与时代发展的关系，激发了学生对后续课程的学习兴趣。

在延展讨论中，学生了解到新中国成立前我国政府统计的发展历史，认识到北京师范大学在我国统计学发展史中的重要作用，并体会到政府统计在不同历史时期的关键作用。同时，他们也学习到范熙壬学长以天下为己任、忠诚于国家和民族的崇高情怀，深刻体会到当前幸福生活的来之不易，从而增强了努力学习、报效国家的使命感。

案例讨论引导学生进一步收集我国早期政府统计实践的历史资料，以增强他们的主动探索和自主学习能力。

案例 2：教育经费统计："4％"的由来和发展

1. 结合章节(知识点)

第五章第五节《教育统计》。

2. 案例意义

(1)党中央高度重视教育工作，始终把教育放在优先发展的战略位置。近年来，国家财政性教育经费支出占国内生产总值比例持续保持在 4％以上，投入机制逐步健全，支出结构不断优化，有力推动了教育事业的全面发展。通过案例分析，全面展示国家教育发展成就。

(2) 结合"4％"指标的论证和发展过程，本课程将介绍重要指标的分析和优化方法，提高学生运用国际比较和教育经济方法解决具体问题的能力。

(3)通过分析我国财政性教育投入数据，学生将认识到教育强国建设的重大历史机遇。本课程鼓励学生秉持"学为人师、行为世范"的校训精神，努力成为党和人民满意的"四有"好老师，为培养德智体美劳全面发展的社会主义建设者和接班人贡献自己的力量。

3. 案例描述

案例教学设计

本课程全面回顾改革开放以来我国教育事业的发展历程，结合党和国家在教育领域的重要决策，深入分析教育财政政策的背景，全面梳理教育经济统计的演变，并系统展示我国教育财政政策的关键作用。通过案例分析，学生将系统学习习近平总书记关于教育经费统计指标的重要论述，以增强利用政府统计数据服务教育强国建设的使命感和责任感。

案例素材

2014 年，习近平总书记在与北京师范大学师生座谈时强调，我国人口众多、地域广阔、地区差异显著，拥有 2.6 亿学生和 1400 万教师，发展教育事业任务艰巨。党和政府一直将教育放在优先发展的战略位置。自 2012 年以来，我国财政性教育经费支出占国内生产总值的比例已达到 4%，这是非常重大的成就。尽管我国经济总量位居世界第二，但作为世界上最大的发展中国家，仍处于社会主义初级阶段，教育资源的历史积累不足，地区间教育发展不平衡，教育总体条件有待改善，教师尤其是基层教师的收入水平和办学条件需要提升，教育管理水平亟须加强。因此，我们必须坚持科教兴国和人才强国战略，继续推动教育改革发展，使我国教育事业越来越好、越来越强。

2016 年，习近平总书记主持中央全面深化改革领导小组第三十一次会议，审议并通过了中央有关文件，明确指出国家财政性教育经费支出占国内生产总值的比例一般不低于 4%。4% 成为唯一一个与 GDP 挂钩并保留下来的指标。

2017 年，《关于深化教育体制机制改革的意见》再次明确指出，保证国家财政性教育经费支出占国内生产总值比例一般不低于 4%。

2018 年，国务院办公厅发布了《关于进一步调整优化结构提高教育经费使用效益的意见》，重申保证国家财政性教育经费支出占国内生产总值比例一般不低于 4%，并确保一般公共预算教育支出逐年增长，以及确保按在校学生人数平均的一般公共预算教育支出也逐年增长。

4. 教学效果

通过本案例，学生系统地学习了教育强国的重要思想，并加深了对党的二十大提出的"坚持教育优先发展""加快建设教育强国""加快建设高质量教育体系""推进教育数字化"等战略部署的理解。同时，学生对"4％"指标的重要作用有了更深刻的认识，使得本节教育经济统计课程的学习内容更加具体化。

通过重温习近平总书记关于教育经费统计指标的重要论述，学生感受到了国家教育发展的显著成就，体会到了党和国家对教育工作的高度重视，以及教育事业发展为莘莘学子创造的优越条件，从而激发了他们立志报效国家的情怀。

在案例讨论后，根据我校中国教育经济信息研究中心的工作安排，一部分学生将会被选拔参与教育经费统计研究工作。

四、课程评价

依托本课程的建设，我们开展了一系列教学研究活动。2021 年，本课程被选为数字化建设项目，我们开始探索"数字思政"教学模式，并被评为北京师范大学课程思政优秀课程。相关成果也被评为北京师范大学课程思政优秀案例。

2022 年，本课程的小规模限制性在线课程(SPOC)正式推出。在此基础上，我们的教学项目"数据思政教学模式探索与课程群建设应用"获得北京师范大学课程思政建设项目的批准。同时，"统计学专业课程思政教学资源建设"被评为校级优秀教改项目。这些教学成果先后获得了北京师范大学高等教育教学成果一等奖和北京市高等教育教学成果二等奖。

在本课程建设的基础上，课程团队还成功获批两门北京师范大学课程思政优秀课程。其中一门课程还被评为北京高等学校优质本科课程，发挥了良好的示范和辐射作用。

五、总结与思考

"中国政府统计学"课程在课程思政建设方面已经取得了显著成效。我们拥有长期的实践经验，并形成了以"数据思政"为特色的教学模式，这一模式不仅在本课程中得到了成功应用，还带动了整个学科课程群的思政建设发展。未来，我们计划进一步加强课程思政建设，扩大课程的影响力，以使更多的学生能够从中受益。

为实现这一目标，我们计划重点加强以下几个方面的工作：第一，加强课程的共建共享。利用学院承担的国家级虚拟教研室建设平台，我们将组织课程思政建设的研讨和教学方法的分享活动，以推广课程至更多高校。同时，在专属在线课程的基础上，我们将进一步打造一个更加开放的在线课程平台。第二，发挥课程思政的示范作用。通过建设课程思政精品课程平台和案例库，我们将强化"数据思政"方法的复制和推广性，为其他课程的建设提供参考和借鉴。第三，加强团队建设与实践教学。我们将吸引和培养更多青年教师参与课程建设，构建一支强大的课程思政团队。同时，邀请更多业界专家参与课程案例的建设，并继续加强与政府部门和企业的合作，以更好地将教学与政府统计实践相结合。

统计学导论 A

一、课程概况

(一)课程信息

"统计学导论 A"为通识教育必修课，授课对象为本科一年级学生，共计80学时(理论课 48 学时＋上机实践课 32 学时)，4 学分。

(二)课程简介

1. 课程内容

本课程旨在满足提升统计素养的时代需求和对统计人才的迫切社会需求，介绍统计学的思维方式、思想与方法、统计软件的使用。课程内容涵盖概率基础、数据收集、数据初步探索性分析、常用统计方法原理等方面，旨在使学生对统计学有一个初步的整体了解，体会统计学的理论与应用价值，并提升统计学的创新研究能力。

2. 教学方法

课程采用"案例引入问题，统计语言翻译，方法原理讲解，软件解决问题"的授课模式。首先通过案例描述引入统计问题，然后讲解相应的统计方法，以此激发学生的学习热情。最后，通过使用统计软件解决实际问题，提高学习效果。

3. 评估方法

课程评价体系综合了过程性评价与结果性评价、基础理论考核与实际应用能力考核、线下课堂学习与 SPOC 数字资源学习。通过课上课下的学生提问、回答问题和平时作业，及时了解学生的学习状态。通过 SPOC 过程测试、上机课实践和 R 语言作业多角度评价学生的学习成果。通过期末考试考查学生对基础理论知识的掌握水平。总评成绩按百分制计分，其中期末闭卷考试占 60%，平时成绩（包括理论作业、上机作业、课堂互动、SPOC 课程成绩等）占 40%。

4. 课程特色

本课程以实践促教学，以模拟增理解，以理论释奥妙，以过程引创新。课程的统计问题源于实践，结合善于模拟的统计软件，重新诠释了统计思想的呈现方式，帮助学生理解统计方法的本质内涵，发现统计方法的无穷奥妙，并在新知识形成过程中培养创新能力。

(三)课程负责人简介

金蛟，北京师范大学统计学院教授，博士生导师。她的研究方向为应用统计、稳健统计等，主持国家级、省部级科研项目多项，曾获全国统计科研优秀成果奖二等奖。金教授还获得了北京市高等学校教学名师奖、北京教育系统教书育人先锋、宝钢教育基金优秀教师奖等多项荣誉。

二、课程育人目标

本课程旨在满足社会对统计学素养宽口径培养的需求，并响应大数据时代对统计专业人才的迫切需求。在教授统计专业知识时，我们结合时政热点，通过数据的展示和分析，教育学生热爱党和祖国，增强民族自信和文化自信。在加深学生对专业知识的理解和热爱的同时，我们充分展示了社会主义制度的优越性，从而突出了课程思政的育人效果。

课程采用案例式教学模式，注重训练学生的科学思维方法和科学伦理教育，培养学生探索未知、追求真理的责任感和使命感。我们致力于激发学生的家国情怀和使命担当，让专业知识和思想情操深入人心，实现"思政育人，润物无声"的教学效果。

我们致力于培养具有家国情怀、精通统计原理、具备敏锐数据感觉、能解决问题，并且德才兼备的大学生。

三、课程思政案例

案例 1：未来的天气预报问题

1. 结合章节(知识点)

《未知现象的认识过程与统计学》。

2. 案例意义

本课程将马克思主义的立场、观点和方法与科学精神的培养相结合，引导学生运用统计学的视角和数据思维去理解世界。在这个过程中，学生将逐步坚定自己的理想信念和道德情操，并在无形中培养深厚的爱国主义情怀。

中华民族是一个充满智慧的民族，我们的祖先留下了许多流传至今的哲理，其中包含了丰富的统计学思想。我们应拥有文化自信，并将其融入学习和工作中，激励自己在新的征程上不断前进。

随着大数据时代的到来，当代大学生应具备面对巨大变化的勇气和解决问题的能力。通过运用专业知识，学会透过现象看本质，从而成为一位合格的数据分析人才，担负起时代赋予的责任。

3. 案例描述

这是"统计学导论"课程《绪论》部分的引入案例。未来天气预报问题经历了四个阶段：一是神话阶段，古时人们不能解释天气的变化，把它归结为神的支配。二是谚语阶段，人们对气压、湿度、云、雨、冰雹等气象要素有了定性观测的经验总结。三是当地定量观测数据预报阶段，人们用当地天气测量数据预报未来天气。四是台网定量观测预报阶段，人们用全球气象观测网数据预报未来天气。

任务要求

(1)列举跟天气有关的神话故事(如龙王、雷公、电母、风婆婆等)，查找和天气有关的农业谚语(如天上钩钩云，地上雨淋淋等)，并分享个人成长经历中对天气预报准确程度的认知和体会。

(2)理解统计学的内涵，明确其研究对象是未知现象，研究途径是收集数据和分析数据。概括对未知现象的认识过程，梳理出收集观测资料、分析观测资料和实践检验推断结果的三个步骤。绘制出认识未知现象的统计学研究流程图。

(3)揭示统计学认识未知现象的本质特点：频率的稳定性。

延展讨论

以圆周率计算为例，祖冲之计算到小数第 7 位，并使得当时世界上最为精准的圆周率保持了近一千年的纪录。1873 年，英国学者公布了一个共有707 位的值。如何验证这个数值的正确性？

4. 教学效果

通过梳理未来天气预报的发展历程，教师激发了学生的思考，他们随后进行了课堂互动讨论。通过列举不同认识阶段的例子，学生明确了从神话传说、定性分析到定量研究等不同阶段的认识过程，并绘制出了认识未知现象的统计学研究流程图。这个过程体现了通过三个步骤循环逐步实现认识的深化，并强调了通过实践检验推断结果以寻找下一步研究方向的重要性。学生进一步理解了实践是检验真理的唯一标准，而统计学的核心在于解决实际问题。

在延展讨论环节中，学生通过数字频率统计表，基于频率稳定性的观点，对英国学者的计算错误进行了判断。祖冲之对圆周率的计算记录保持了近一千年，圆周率一度被称为祖率。这个例子展示了我们伟大文明的成就，增强了学生的民族自信和文化自信。同时，通过提出问题、思考和解决问题的过程，教师鼓励学生培养质疑的态度和创新精神，大胆怀疑，小心论证，掌握严谨的研究方法。

通过这个案例的讲解，教师有效地引导学生去发现问题、描述问题和解决问题，提升了他们的统计素养，并增强了他们独立思考和独立判断的学习能力。

案例 2：身高和臂展

1. 结合章节(知识点)

《相关关系与回归模型》。

2. 案例意义

自然科学课程强调传授客观真理性的知识，这与马克思主义的唯物论观点相一致。自然科学知识的形成过程具有探索性，这与马克思主义的实践论观点相符。《高等学校课程思政建设指导纲要》明确指出，理学类专业课程应注重科学思维方法的训练和科学伦理的教育。目前，回归分析等相关知识已纳入中学阶段的学习内容，但由于理解不够深入、应用不够灵活，以及机械式理解和公式化记忆，本科一年级学生对这部分内容理解模糊，甚至可能失去进一步学习和应用的动力。通过本案例，我们将清晰讲解回归分析模型的方法原理，以激发学生学习统计模型和探索未知问题的兴趣。

在当今数据驱动的时代，回归分析模型是最广泛使用的模型之一，在推进国家整体发展战略中发挥着重要作用。通过本案例的应用拓展，我们旨在提升学生分析问题和解决问题的能力，增强学生在大数据时代中勇立潮头的责任感和使命感。

3. 案例描述

案例教学设计

根据直观经验，我们普遍认为人的身高和臂展长度相近。在入学体检时，学生都测量了自己的身高，但是否知道自己的臂展长度呢？本案例要求学生收集身边同学的身高和臂展数据(课件中准备了模拟数据)，并探讨能得到哪些分析结果。

(1)绘制散点图。如果数据点主要集中在某条线附近，这表明两个变量之间存在一定的关系，但这种关系并非确定性的。这种关系在统计学中被称为相关关系，我们可以进一步研究三个相关性系数(Pearson 线性相关系数、Spearman 秩相关系数和 Kendall 等级相关系数)。

(2)明确问题。如果一个学生的身高为 180cm，我们能否基于现有数据来估计他的臂展长度？这就需要用到回归分析模型。我们可以进一步探究应该研究两个变量的联合分布、条件分布，还是条件分布的特征。

(3)回归参数估计问题。这可以直观理解为选择最合适的回归线。我们如何衡量点到线的接近程度？为什么我们关注纵向的差异？为什么采用最小二乘法？什么是最小一乘？

(4)得出回归结果。利用统计软件，我们可以得出具体的臂展预测结果。那么，我们如何评估回归模型的拟合效果？残差平方和有何局限性？如果交换解释变量和响应变量，结果会怎样？

延展讨论

近年来，随着我国经济的高质量发展，经济增长保持平稳，教育经费投入也持续增加。我们应该如何分析经济数据和教育经费数据之间的关系？

4. 教学效果

通过案例讲授，学生不仅掌握了回归分析模型的原理和应用，还理解了单变量分析时我们关注统计分布的数字特征，如期望和方差。在处理两个变量的相关关系时，我们研究条件分布，并关注数字特征，如"条件期望呈线性，条件方差等方差"，这正是线性回归模型的核心。我们介绍了参数的最小二乘估计方法，即选择使得所有数据点的残差平方和最小的参数值。除了最小二乘法，还有最小一乘等其他参数估计方法。面对相同数据，不同方法可能导致不同结论，因此我们需要制定标准来比较拟合效果，以找到更优的统计方法。

通过案例及延展讨论，本课程的知识点讲解超越了单纯的知识传授，而是将知识应用于解决实际问题，并服务于国家整体发展战略。通过对经济发展数据的分析，我们增强了学生的民族自豪感和自信心。通过对教育经费数据的分析，学生感受到我国对教育事业的高度重视和大力投入，深刻理解教育是国家和党的重大战略，明确了建设"中国特色社会主义教育强国"的目标。我们引导学生深入学习习近平总书记关于"四有"好老师的重要讲话精神，以及对我校"优师计划"师范生的重要回信精神，鼓励他们践行"学为人师，行为世范"的校训。

通过本案例的讲解，学生不仅提升了数据分析能力，增强了解决问题的信心，还树立了报效祖国的远大目标。

四、课程评价

本课程聚焦课程思政育人的"一中心"培养目标，以"双驱动"加强课程建设，以"三融合"探索教学模式，以"四步法"优化教学设计，以"五建设"打造教学资源，构建了课程思政的"12345"实施方案。

课程注重科学思维方法的训练和科学伦理的教育，牢固树立立德树人的人才培养中心目标。我们建立起以"有理论""懂原理""强数感""重实践"为实现特征的"双驱动"通识课程体系，实现文理贯通。课程探索了讲学研（讲学、自学、研学）三位一体的统计教学模式。课程推进了"实际案例引入—统计问题提出—方法原理讲解—统计软件解决"的案例式教学设计。课程加强了名师、教材、课件、视频和案例建设。在过去6年中，学生对课程的评价分数一直很高，分别为4.86，4.86，4.85，4.88，4.86，4.92。

本课程已被评为国家级一流本科线下课程，并获批成为国家级虚拟教研室建设试点、北京高等教育"本科教学改革创新项目"立项和北京师范大学课程思政建设优秀课程。

五、总结与思考

我们致力于加强国家级一流本科线下课程的建设，提高课程的精品化和系统化水平，并强化慕课的建设。通过国家级虚拟教研室平台，我们将精品课程资源向社会开放，以促进现代信息技术与教育教学的深度融合，推动优质教育资源的共享，服务学习型社会的建设。

在课程建设中，我们注重学以致用，从科研的角度重新审视统计学的基本知识体系，并及时将科研经验整合到教学中，以提高学生统计学素质的教学效率。同时，团队成员之间注重交流合作，共同提升统计学应用研究的整体水平。

立德树人是教育工作者的根本使命。教学团队秉承"学为人师、行为世范"的校训精神，致力于培养党和人民需要的人才。我们专注于统计学专业人才的培养和统计通识课程的建设，在北师大教师教育领先的优势背景下，确立了"一体两翼，全面发展"的目标，进一步发挥引领示范作用。

在重视数据分析的基础上，我们进一步建设课程思政精品案例，引导学生通过现象看本质，发现和解读事物的发展规律，实现德业融合。

生物学野外实习

一、课程概况

(一)课程信息

"生物学野外实习"是专业教育课程中的实践与创新模块。这门课程面向大二年级学生,安排在第二学期,共计 3 学分,要求学生进行大约 24 天的野外学习。作为生物学和生态学相关专业本科生的专业核心课程,"生物学野外实习"是动物学、植物学、生态学、保护生物学等课程课堂教学内容的扩展和深化。

(二)课程简介

1. 课程内容

北京师范大学的"生物学野外实习"课程拥有深厚的历史底蕴,已连续开展超过 40 年。该课程形成了包括山地动物、山地植物和海滨生物学在内的多维度教学体系。教学团队不断加强课程思政建设,将"生命共同体""两山理论"等生态文明建设理念融入野外实习教学活动中,旨在全面提升学生的科学素养，并通过结合家国情怀、生态文明理念和科学精神的培养，实现立德树人的核心培养目标。

2. 教学方法

课程采用"基础知识学习＋小专题探索"的模式。在野外实习的前期，教师带领学生观察自然，识别鸟兽、昆虫和植物，并开展生态调查，让学生全面了解自然生态状况并积累专业知识。课程中期，学生根据自己的研究兴趣开展专题研究，在教师的协助下探究具体的科学问题，培养科研思维和素养。课程后期，学生总结汇报研究成果，并与教师和其他学生进行交流讨论。全环节的教学活动融入思政教育，培养学生勇于探究、崇尚科学、追求真理、善于思考的责任感和使命感。

3. 评估方法

成绩评定涵盖野外学习和调研、实习记录、动植物种类识别测试、动植物标本制作、动植物专题研究汇报以及论文等多个部分。所有学生必须全程参与野外学习和调研，教师将根据学生的实习记录内容和动植物标本制作的完成度来评定实习成绩。

这种多样化的评估方式旨在强调学生对课程的参与度，以及他们对基础知识和研究方法的掌握程度。同时，评估也注重对学生科研能力的培养和考查。

4. 课程特色

在野外实习中，教师和学生都是大自然的探索者，消除了传统课堂的界限。教师与学生同吃同住同研究，以身作则，影响和鼓舞学生，将课程思政有机融入教学，发挥隐形教育的作用。课程注重实践教学，让学生亲身接触自然，观察动植物形态、行为、群落变化和生物与环境的关系，提出科学问题，设计实验并进行讨论和分享，培养他们的科学精神和爱国情怀。

此外，该课程不仅对本院学生进行培养，还积极响应国家"科教兴国"战略，教学团队主编了《北京山地植物学野外实习手册》《种子植物实验及实习》《华北地区常见鸟类野外识别手册》等教材，并建设了包括《鸟类环志虚拟仿真实验》《植被分布的垂直地带性虚拟仿真实验》《植物群落物种多样性的测定虚拟仿真实验》《昆虫标本的采集与制作虚拟仿真实验》《鸟卵标本的制作虚拟仿真实验》《植物识别虚拟仿真实验》在内的多个国家级虚拟仿真实验教学内容，以及生物学野外实习 SPOC 课程。

(三)课程教学团队简介

自开课 40 余年来，在郑光美院士以及贺士元、尹祖棠、宋杰、周云龙、赵欣如、刘彦等老一代学者的引领下，加之张雁云、娄安如、张金屯、刘宁、张正旺、刘全儒、张立、邓文洪、牛翠娟、韩洁、郭冬生、廖万金、董路、王宁、王红芳、魏来、夏灿玮、胡仪、吕楠、何毅等一批中青年骨干教师的不断探索和辛勤努力，生物学野外实习已经建立了一支集合了优良学风、丰富理论知识和卓越教学水平的老、中、青三代相结合的教师队伍。

目前，廖万金教授担任课程负责人，刘全儒、邓文洪、董路分别负责山地植物、山地动物、海滨生物学三个实习教学团队。

二、课程育人目标

本课程致力于将知识传授、素养培养与价值塑造紧密结合。在为学生建立和巩固生命科学理论、知识和技能基础的同时，本课程旨在培养学生的实践能力和创新意识，加强他们对科学、生命和环境保护的热爱，提升他们的科学素养和综合素质，以及对社会和国家的责任担当。

(1)知识传授：帮助学生建立和巩固生命科学理论、知识和技能的基础；培养学生的实践能力和创新意识。

(2)科学素养：培养学生崇尚科学、勇于探究、追求真理、善于思考的责任感和使命感；培育学生的批判性思维、创新思维、理性思维和实证思维。

(3)价值塑造：结合自然实际情况，加强学生对科学、生命和环境保护的热爱；弘扬"生命共同体""两山理论"等生态文明建设理念。

在课程实施过程中，我们将学科教学与家国情怀、生态文明理念和科学精神的培养相互融合，共同促进，以实现立德树人的教育目标。

三、课程思政案例

案例 1：植物性状对自然环境的适应

1. 结合章节(知识点)

理解植物性状如何适应自然环境。

2. 案例意义

该案例通过带领学生在自然界中探索植物表型性状与环境之间的关系，使学生通过亲身观察和思考，深刻理解植物如何以多样的方式巧妙适应自然环境，并展现出生命的丰富多彩。同时，学生也能体会到生命在自然环境中延续的不易，从而激发起保护生物多样性的强烈责任感。

此外，案例还旨在让学生切身感受到生物与环境之间的密切联系和自然界生物的多样性，深入理解"山水林田湖草是生命共同体"的生态文明理念。

更进一步地，通过引导学生比较人类与自然界其他生命体的意义，案例旨在培养学生的社会责任感和家国情怀，提升他们的科学素养。这将使学生能够以科学的态度和方法去探索自然世界，积极参与自然保护，并推动可持续发展。

3. 案例描述

教学设计

本案例通过教师引导学生发现问题、进行开放式讨论，并在实际调查过程中进行验证的方法来完成。

问题发现

在植物学野外实习教学中，教师带领学生实地观察多种植物，并介绍它们的特征。特别关注植物体表毛的类型和分布，以启发学生的思考。在讲解银背风毛菊叶背面毛的形态特征后，教师提出一系列启发性的问题：这种植物背面的毛与其所处的自然环境可能有怎样的关系？这些叶背面的毛可能给植物带来哪些好处？

假说形成

教师鼓励学生从生态因子的角度出发，例如非生物因子如光照、温度、水分，以及生物因子如种间相互作用，来思考银背风毛菊叶背面毛与其环境之间的关系。学生在小组内积极思考和讨论，形成了关于这一问题的科学假说。

实地验证

生物学野外实习为验证生命现象的科学假说提供了便利条件。针对学生提出的假说，如"共同祖先的影响""反射光照以维持体温""防御天敌""引导水流"等，教师在课程后续教学中引导学生展开讨论，通过观察不同物种的相似特征、同一物种在不同环境下的分布情况，并实时采集数据，来验证这些科学假说。

4. 教学效果

在自然环境中，学生们对植物种类和性状的多样性表现出浓厚的兴趣，他们的学习热情十分高涨。通过观察和学习，学生对生命的演化有了更深入的理解，并对生命的珍贵和美好产生了由衷的感叹。这些体验帮助他们形成了珍爱生命、保护生物多样性的生态文明观念。

在实习过程中，学生针对发现的科学问题，例如银背风毛菊叶背面毛的适应意义，进行了热烈而深入的讨论，并提出了多个假说。在实习中，学生还学习了雪白委陵菜、绢柳等类群，这些物种的叶子背面也长有白色的体毛。通过观察它们的花部形态特征，学生明确了这些物种的分类地位，并推断出上述三个物种的亲缘关系较远。因此，他们基于自己的观察结果，排除了体表毛的共同祖先假说。

对于维持体温、引导水流、防御天敌等其他假说，由于课程教学时间有限，教师鼓励学生充分利用生物学野外实习课程"基础知识学习＋小专题探索"的模式。在小专题探索环节中，学生设计了完善的实验，并进行了严格的实验验证。

这一过程不仅帮助学生掌握了"科学问题—科学假说—实验验证"的自然科学研究方法，而且培养了他们勇于探索、勇于创新、理性验证的科学精神。

案例2：鸟类形态结构与功能的关系

1. 结合章节(知识点)

理解鸟类形态结构与功能的关系。

2. 案例意义

本案例旨在通过带领学生在自然环境中观察鸟类，来认识鸟类形态结构与功能之间的相互关系。一方面，我们鼓励学生通过观察和思考，发现鸟类形态结构的独特性，理解生物形态结构与功能相适应这一生物演化的重要原则，感受鸟类的多样性之美，并在此过程中培养辩证思维，树立科学观念。

另一方面，案例通过激发学生的学习动机，采用融合科学与艺术的教学理念，旨在培养学生克服困难、艰苦奋斗的能力。我们引导学生观察现象、提出问题、分析问题，并进行辩证思考，以此培养学生的科学素养。

3. 案例描述

通过课前调研，我们发现许多参加实习的学生已经具备了良好的观鸟或绘画基础，他们认识一些常见鸟类，并掌握了基础的鸟类学知识。这些学生对不同鸟类间的形态差异表现出浓厚的兴趣，并有着强烈的学习动机。

鉴于此，我们在组织鸟类环志小专题研究的实习时，根据鸟类的活动节律来安排活动时间。尽管面临早起晚睡、野外巡网，以及繁重的环志工作等挑战，学生们仍能够克服困难，保质保量地完成环志任务。在环志过程中，学生对鸟类的形态结构进行了观察和种间比较，充分利用野外实习现场丰富的鸟类资源，直观清晰地展示了不同鸟类在骨骼、体型和翅型等方面的区别。

我们引导学生思考形态结构与功能之间的关系，并鼓励他们通过绘画、拍照等多种方式记录下感兴趣的鸟类形态特征。通过小组研讨，学生运用所学知识分析了不同鸟类在形态、行为和分布格局上的差异原因，更深刻地理解了为什么不同鸟类会具有各自独特的形态结构特征，形成了完整的学习闭环。

这一过程不仅以兴趣为指引，调动了学生的学习主动性和积极性，而且巩固了他们的学术基础，实现了课程目标。

4. 教学效果

科学逻辑与艺术灵感是推动人类智慧发展的两大动力，而鸟类的轻盈与多样性背后，也隐藏着丰富的演化机制，这使得鸟类成为开展科学与艺术融合教学的理想对象。在进行鸟类环志活动之后，我们鼓励学生们通过绘画、摄影等多种形式，完成一份个性化的鸟类观察记录。这样的活动将科学知识与个人体验相结合，帮助学生理解生态系统的复杂性与多样性。

在这个过程中，学生不仅对自然产生敬畏之情，还学会了尊重自然、顺应自然，并且通过自己的实际行动来保护自然。我们致力于将生态文明的核心思想融入自然课堂的教学中，使之成为学生学习的一部分。

四、课程评价

北京师范大学的生物学野外实习课程多次荣获本科"专业实习工作先进单位"的称号。该课程培养了众多教学名师，开发了一系列高质量的教材和精品课程，建立了生物学野外实习的杰出模式。课程已经建立了一支年龄结构合理、专业优势互补的高水平教学团队。

娄安如教授、张雁云教授、刘全儒教授这三位北京市高等学校教学名师构成了本课程教学团队的核心力量，他们分别荣获了明德教师奖、宝钢优秀教师特等奖提名奖、首都劳动奖章、北京市师德先锋等荣誉。中青年骨干教师廖万金、董路、魏来也多次获得北京师范大学的教学和课程奖励。

教学团队主编的教材，如《北京山地植物学野外实习手册》《种子植物实验及实习》《华北地区常见鸟类野外识别手册》等，被众多兄弟高校选为实习教材。动物学、生态学、鸟类环志等课程已获批成为国家级一流本科课程。郑光美院士荣获 2021 年全国教材建设先进个人称号。

课程实施了"基础知识学习＋小专题探索"的模式，鼓励本科生作为核心作者发表学术期刊论文。通过开放实习和联合实习的方式，我们接纳了国内其他高校的师生参与实习，将"基础知识学习＋小专题探索"的实习模式逐步推广到国内多所高等院校，为国内其他高校的生物学野外实习提供了可借鉴的范式。

五、总结与思考

生物学野外实习课程在教学和课程思政建设方面取得的显著进步，主要归功于教学团队的不懈努力和持续奉献。具体来说：首先，团队深入挖掘课程思政资源，并将其有机地融入课程教学中。通过结合学科特色和实习基地的特点，精选与学科史、生态文明建设、生物多样性保护成就、科学家奋斗故事、抗日英模事迹等相关的课程思政资源，并巧妙地融入教学过程。这样，知识传授与价值引领、家国情怀等元素相结合，以一种"润物无声"的方式实现了课程思政的目标。其次，强化了实践育人的方式，培养了学生的社会责任和担当。在野外实习中，教师与学生同吃同住同研究，打破了传统课堂的界限。教师通过自身的科学素养和行为规范来影响和鼓舞学生，将课程思政有机地融入教学中，极大地发挥了隐形教育的作用，实现了"不言之教胜于教"的效果。最后，强调野外教学方式，开拓了知识传授、能力培养和思政教育的新领域。生物学野外实习课程将课堂带入大自然中，让学生亲身接触自然，真实地观察动植物等研究对象。这不仅提高了学生的知行统一，还增强了他们的创新精神、创新意识和创新能力。

这些经验对于本课程的建设过程来说是非常宝贵的，也是我们未来持续建设的重点。具体来说：第一，课程思政的建设必须坚定不移地坚持党的领导，持续加强教师队伍的思政建设意识和能力。我们需要深入学习党的教育方针，加大教师队伍的培训力度，不断深入挖掘课程中的思政元素，明确立德树人在教学中的核心地位。第二，要坚持师生一体，深化野外实践教学全方位全过程育人改革。保持教师与学生在野外实习过程中的紧密联系，同吃同住同研究，以良好的思想品德、科学素养、行为规范和人格魅力影响和鼓舞学生。巧妙地将思政教育融入课堂与生活、显性教育与隐性教育的各个环节，实现"润物细无声"的教育效果。第三，坚持立德树人，优化教学团队的学科组成和教学反馈方式。结合学科发展和学生特征的变化，不断调整教学内容和教学方式，提升教学团队的教学引领能力，构建师生共同成长的良性教学反馈循环。

自然灾害与防灾减灾

一、课程概况

(一)课程信息

"自然灾害与防灾减灾"由国家安全与应急管理学院开设,是面向国家安全学专业硕士一年级研究生的选修课程,共计 32 学时,2 学分。

(二)课程简介

1. 课程内容

本课程针对国家对防灾减灾人才培养的需求开设,旨在为国家培养自然灾害防治领域的专业人才。课程主要讲授自然灾害的基本特征、成灾机制与监测预警体系,以及自然灾害对工程结构和城市系统造成影响的基础理论知识,使学生掌握运用理论分析、计算和实验方法进行灾害影响评估、灾害风险评估与防灾减灾工程设计的能力。

2. 教育方法

本课程的教学方式包括讲授法、情景案例法、研讨汇报、课程实践等。

3. 评估方法

授课人每节课布置课后作业,期中请学生围绕学术前沿撰写一篇论文,期末闭卷考试。课程总成绩由平时成绩(占 40%)与考试成绩(占 60%)构成。

4. 课程特色

本课程将价值塑造、知识传授和能力培养三者融为一体,潜移默化地将课程思政内容融入专业知识讲授;针对理工科学生的专业背景,注重对学生科学思维方法、工程伦理的训练,培养学生勇攀科学高峰、为国家防灾减灾事业贡献力量的责任感和使命感,激发学生的家国情怀。

(三)授课教师简介

本课程由国家安全与应急管理学院的刘凯教授授课。在教学领域,刘凯教授荣获了北京市高校最美课堂一等奖、北京高校第十一届青年教师教学基本功比赛(理科组)二等奖、最佳现场演示奖、最受学生欢迎奖,以及北京师范大学第十六届青年教师教学基本功比赛(研究生理工组)一等奖、最受学生欢迎奖、最佳教案奖,并被授予北京师范大学彭年杰出青年教师称号。此外,本课程也被评为北京师范大学校级课程思政建设优秀课程。

二、课程育人目标

"自然灾害与防灾减灾"课程致力于培养具有家国情怀和使命感的防灾减灾领域专业人才,并将课程思政作为教学的核心,以实现立德树人的教育目标。在教学过程中,本课程坚持"三位一体"的教学理念,即知识传授为基础,能力培养为重点,价值塑造为升华。

在《高等学校课程思政建设指导纲要》的指导下,本课程在遵循其建设规律的基础上，按照"系统谋划课程设计，灵活施教润物无声"的原则进行课程思政建设改革。课程结合专业特点和思政理念，融入了习近平新时代中国特色社会主义思想、中华优秀传统文化、社会主义核心价值观和理想情怀教育，构建了四位一体的教学模式。同时，主讲人探索了案例教学、社会实践、辩论讨论、课程设计等多元化教学方法来开展课程思政教育。

本课程将思政元素系统而有机地设计和融入课程中，精准地将价值塑造的元素融入教学。专业知识仍然是课程的主体内容，而思政元素则以"浸润"的方式呈现，悄无声息地影响着学生，从而实现了良好的育人效果。

三、课程思政案例

案例1：防洪案例——都江堰工程

1. 结合章节(知识点)

都江堰工程的工程设计原理。

2. 案例意义

(1)知识传授：学生应理解都江堰防洪灌溉的工作原理，这是一个集成了分水、导流、溢洪和排沙功能的系统性水利工程。学生需掌握弯道动力学理论，包括水面横比降、横向环流、弯道螺旋流的形成以及水沙分流的相关知识。

(2)能力培养：教师通过"分析现象，挖掘理论"的教学过程，提升学生对实际问题的分析能力；通过"提问式"互动教学法，激发学生的思考，提高他们科学分析问题的思辨能力。

(3)价值塑造：本课程旨在增强学生学习自然灾害与防治知识的使命感和社会责任感。都江堰工程的案例，使学生深刻认识到自然灾害防治必须建立在尊重自然、顺应自然、保护自然的基础上，实现人与自然的和谐共生。只有将个人价值与国家需求和民族发展相结合，与时代同步，才能使生命更有价值。通过学习，学生能够充分理解所有伟大的工程都是人民勤劳、勇敢、智慧的成果，历史是由人民创造的。

3. 案例描述

导入

我们从实际的洪涝灾害案例开始，引入本节课程的主题。在与洪水灾害的长期斗争中，中华民族孕育了许多伟大的防洪工程。都江堰，一个建于 2000 多年前的工程，至今仍在发挥着重要作用，为成都平原带来福祉。这引发了我们的思考：它是如何做到的呢？

主要讲授内容

本节课我们将深入探讨都江堰工程的背景和设计原理，了解其功能和科学原理。我们将学习都江堰的三大关键工程：金刚堤、飞沙堰和宝瓶口，它们是如何相互配合，巧妙利用地形地貌，因地制宜，因势利导，科学地解决了分水、引水和排沙的问题，展现了科学与技术的完美结合。

课后作业

请学生分组进行研究，课后查阅相关资料，从选址、设计、修建等多个角度，对比分析都江堰工程和三峡大坝这两个相隔 2000 多年的工程。通过这样的对比分析，学生可以感受到随着科技的进步，现代水利工程的伟大成就。

4. 教学效果

通过学习，学生不仅掌握了都江堰工程的设计原理，还深刻体会到了李冰如何运用智慧巧妙地解决了岷江与成都平原之间的矛盾，将水患转化为水利资源。这一过程不仅树立了现代灾害防治工程应遵循尊重自然、顺应自然、保护自然的理念，也启示我们，只有将个人价值与国家需求和民族发展紧密结合，我们的生命才会更加有意义。

正如李冰父子治水的功绩，不仅造福了当代，也为后世带来了长远的利益。同学们进一步树立了心系人民、心系家国的理念，坚定了将我国的防灾减灾事业推向前进的理想和决心。

案例2：地震的致灾机理

1. 结合章节(知识点)

结构动力学方程与抗震设计。

2. 案例意义

(1)知识传授：本课程旨在使学生理解地震震级与烈度的区别与联系，震级代表地震释放的能量大小，烈度与地震时地面运动的加速度相关，两者既有区别又有联系；掌握地震对建筑结构的致灾机理，通过受力分析，推导地震作用下结构的动力方程，以理解地震的致灾机理；了解造成地震震害特征差异的关键因素。

(2)能力培养：通过学习，学生能够培养从地震灾害现象到本质的思辨能力；培养将理论知识应用于解决实际地震灾害问题的分析能力。

(3)价值塑造：教师通过公式推导、图片展示、教具演示、动画展示等手段，使学生加深对地震致灾机理的理解，提高对自然灾害学习的兴趣；通过地震灾害案例，使学生认识到建筑物倒塌是地震造成人员伤亡的主要原因之一，激发他们深入学习的使命感与责任感。

3. 案例描述

导入

我们从实际地震灾害案例开始，引入本节课程的主题。在地震作用下，建筑物会受到哪些力的影响而遭到破坏？我们又该如何进行抗震设计？这些问题将引导学生的思考。

主要讲授内容

根据学生的知识水平，我们将从基础概念入手，逐步深入到受力分析和公式推导，以增强学生对震害现象背后的物理机制的理解。通过结构动力方程，我们将探讨影响地震震害区域差异的关键因素。在教学过程中，我们将穿插多个灾害案例，以激发学生的情感共鸣。例如，在汶川地震中，四川省彭州市的一所中学就经历了这样的一幕：一条断裂带穿过校园，导致一座新建的教学楼整体抬高了近3米，但依然坚固不倒；而旁边的教师宿舍却完全垮塌，对面的旧教学楼也变成了危房。这些案例自然而然地让学生意识到抗震工程设计的重要性，并传达了"每一个工程的防灾减灾都体现了工程师的责任"的理念，从而培养学生的职业底线思维和风险意识。

4. 教学效果

通过学习，学生不仅掌握了抗震设计的核心理论与方法，而且产生了情感共鸣，切实感受到灾害对人类生命的冲击。通过学习，他们真切地认识防灾减灾事业任重道远，使命感和责任感得到了增强，进一步树立了学好专业知识服务于国家的防灾减灾事业的决心。

案例3：风的致灾机理

1. 结合章节(知识点)

横风向风荷载的产生和致灾机理。

2. 案例意义

(1)知识传授：本课程旨在使学生理解横风向风荷载的成因，包括旋涡脱落的原因和周期；掌握横风向风荷载导致的灾害机制，包括涡街共振和颤振的危害；了解风振控制的基本原理，包括如何通过设计阻尼器来减少结构的风振响应。

(2)能力培养：课程培养学生分析实际灾害问题，从现象到本质的思辨能力；培养学生将理论知识转化为解决实际灾害问题的能力。

(3)价值塑造：教师通过分析风振倒塌案例，增强学生对学习自然灾害与防治知识重要性的认识，培养他们的使命感和社会责任感；通过讲解风振设计案例，激励学生追求科技创新，利用科学知识来减轻灾害风险。

3. 案例描述

导入

我们将通过分析一个实际的桥梁结构在风荷载作用下的破坏事件来开始本节课程。塔科马海峡大桥位于美国华盛顿州，设计风速为45m/s。令人惊讶的是，它在通车四个月后，在18m/s的风速下就遭到了破坏，这还不到设计风速的一半。为什么会发生这种情况？这个问题值得学生深思。

主要讲授内容

横风向风荷载，与顺风向风荷载相比，往往被忽视。流体绕过非流线型物体时，会在物体两侧产生成对的、交替排列的、旋转方向相反的反对称涡旋，这种现象称为卡门涡街。横风向风荷载引起的共振效应是许多桥梁灾害的根源。只有深入理解其背后的物理机制，我们才能设计出更有效的灾害防治措施。

课后作业

请学生分组，课后研究港珠澳大桥的风振控制原理。这项作业旨在培养学生的科技自信，并激发他们科技创新的热情。

4. 教学效果

通过本节课的学习，学生不仅理解了横风向风荷载的成因，还学习了旋涡脱落频率的计算方法，并掌握了涡街共振与颤振的科学原理。通过分析实际案例，学生对风引起的共振现象有了更深入的认识。同时，课程也激发了学生追求科技创新的热情，鼓励他们利用科学知识来降低灾害风险。

四、课程评价

本课程广受学生好评，在教学评价中成绩优秀。主讲教师在授课中注重知识传授与价值教育的结合。学校教学督导团多次随机听课，均给予满分评价，并推荐将这种教学方式推广至全校。主讲教师不仅在北京师范大学2021年课程思政专题培训会上分享了课程思政建设的经验，还在全国第二届课程思政高端论坛上发表了主旨演讲，展现了北京师范大学的影响力。

五、总结与思考

实践表明，"自然灾害与防灾减灾"课程在教学过程中成功地实现了立德树人的教育宗旨，同时，课程思政的融入也显著提升了教学效果。明确课程思政的目标，使得课程内容围绕这一价值导向，赋予了课程深度和活力，从而大幅提高了课程的教育意义和影响力。

土地资源学

一、课程概况

(一)课程信息

"土地资源学"为专业教育必修课程，适用于本科阶段具有一定的地理学、土地科学知识背景或学习经历的硕士研究生，共计 36 学时，2 学分。

(二)课程简介

1. 课程内容

"土地资源学"是北京师范大学地理科学学部自然资源专业的研究生学位专业课程。课程旨在让硕士一年级学生掌握土地利用、土地资源调查、土地评价、土地制度、土地生态等基础理论知识，并能够运用所学知识分析土地资源学领域的热点问题。

2. 教学方法

在课程教学中，我们针对学生的学习需求和课程思政目标，设计了以下教学内容：首先，我们以传授基本理论知识为基础；其次，我们以热点讨论和案例分析为核心；再次，我们以学科前沿为导向；最后，我们以人生思考为补充。课程内容被划分为四个类别：土地热点类、土地技术类、学科前沿类和学术人生类。

在讲解基础理论知识时，我们会深入挖掘学科发展过程中的重大事件和历史节点，以增强学生对学科的自豪感。在土地热点类课程中，我们会围绕征地、房价、生态安全等社会热点话题，引导学生进行深入的社会和人生思考。在土地技术类课程中，我们会通过案例分析和技术应用，帮助学生拓展社会实践经验。在学科前沿类课程中，我们会关注国际最新的研究动态，以拓宽学生的国际化视野。在学术人生类课程中，我们会教授文献分析技巧，并探讨研究生不同阶段的特点，以指导学生合理规划自己的学习生涯。

3. 评估方法

我们建立了一个三级综合考核评价体系，包括诊断性测评、过程性测评和总结性测评。课前，我们通过随机出题和分享课前阅读感悟的方式，快速评估学生对学习材料的理解。课中，我们通过案例分析引导的主题讨论、文献报告会等形式，检验学生的知识理解、分析能力，以及综合应用和创新能力。课后，我们通过期末考试、兴趣小组活动和论文撰写等多种形式进行考评。最终成绩将结合过程性评价和总结性评价，综合多个学习环节的表现来评定。

4. 课程特色

课程内容被精心分类为土地热点类和土地技术类等不同类型，每种类型都采用了与之相匹配的课堂思政授课模式。我们根据这些分类的特点，有针对性地构建了思政教学场景，并巧妙地融入了思政内容。通过"点""线""面"相结合的课程思政方法路径，我们将思政元素全面融入课程教学，实现了思想政治教育与专业知识教学的有机融合。这种方法不仅强化了学生的理想信念和爱国主义情怀，还提升了他们的品德修养、知识水平、奋斗精神和综合素质。

"土地资源学"课程因其在课程思政建设方面的卓越表现，荣获北京市课程思政示范课程(2022年)和北京师范大学课程思政建设优秀课程(2021年)的称号。同时，《土地资源学课程思政的建设模式与途径》也被评为北京师范大学课程思政建设优秀案例(2022年)。

(三)课程教学团队简介

赵文武教授作为课程的负责人和主讲教师，在近5年中，为本科生讲授了"土地管理学"和"土地资源与管理学"课程，共计82学时；为研究生讲授了"土地资源学""土地经济学""现代地理学"课程，共计246学时。赵教授荣获了北京市课程思政示范课程教学名师和教学团队(2022年)、北京师范大学教育教学成果一等奖(2012年)、北京师范大学优秀研究生教学成果二等奖(2014年)、北京师范大学第十四届青年教师基本功比赛二等奖(2014年)以及最佳教态奖(2014年)。

刘焱序副研究员于2019年加入教学团队，负责讲授"土地资源学"研究生课程，专注于土地生态学教学模块，并入选北京市课程思政教学名师(2022年)。

二、课程育人目标

本课程的核心是探讨土地资源的可持续利用与保护，以"山水林田湖草沙冰"生命共同体的理念为指导思想，以传授土地资源学的基础理论知识为基础，关注土地学科的前沿研究，重点讨论土地管理的热点问题，并结合案例分析，同时深入思考土地学术研究。课程内容系统地展现了中国特色社会主义新时代的土地热点、土地技术、学科前沿和学术人生四个方面的思想政治教育。我们致力于将习近平生态文明思想融入专业课程中，实现爱国主义教育、专业思想教育与课程内容的有机结合，以此激发学生投身于建设美丽中国的爱国热情。

课程内容被精心分类为土地热点类和土地技术类等不同类型，每种类型都采用了与之相匹配的课堂思政授课模式。我们根据这些分类的特点，有针对性地构建了思政教学场景，并巧妙地融入了思政内容。通过"点""线""面"相结合的课程思政方法路径，我们将思政元素全面融入课程教学，实现了思想政治教育与专业知识教学的有效融合。这种方法不仅强化了学生的理想信念和爱国主义情怀，还提升了他们的品德修养、知识水平、奋斗精神和综合素质。

三、课程思政案例

案例1：农村土地制度

1. 结合章节(知识点)

农业税。

2. 案例意义

取消农业税标志着我国税收制度的重大变革，并成为推动农业、农村和农民发展的重要策略。这一措施对于实现小康社会的全面建设至关重要，因为这一目标要求我们在经济、政治、文化、社会和生态文明等多个领域取得均衡发展。通过取消农业税，我们能够缩小城乡发展差距，促进农村经济的繁荣，并提升农民的生活质量，这些都是加快小康社会建设步伐的关键因素。同时，这一政策案例也有助于培养学生为全面建设社会主义现代化国家而努力的使命感，加强他们对国家乡村振兴战略的认同感，以及加深他们对专业知识的理解和兴趣。

3. 案例描述

在"土地资源学"课程中，此案例作为课程思政的"点"状元素，教师在讲解时会将相关思政内容自然地融入课程。比如，在讨论农村土地联产承包责任制的环节，教师可能会提问："农民承包土地时是否需要缴纳农业税？"这个问题引出了一个重要的历史转折点："农业税自 2600 年前开始征收，一直是国家财政收入的重要组成部分。2006 年，在中国共产党领导下，我国政府全面取消了农业税，结束了农民长期缴纳农业税的历史。这一重大决策不仅调整了城乡经济和社会发展的不平衡状态，也体现了国家对农村和农民的关怀，彰显了我国社会主义制度的优越性。"

4. 教学效果

该案例使学生意识到，农业税的取消对农村生产力是一种新的释放，它为亿万农民带来了实实在在的利益，显著减轻了他们的经济负担，并提高了他们的生产积极性。这一重大决策是中国农业史上前所未有的，它不仅改变了国家与农民的传统分配方式，也扭转了农民长期负担过重的局面，推动了城乡发展的新步伐，并且农村税费改革取得了显著的阶段性成就。这一切在不知不觉中引导学生坚定地支持党的领导和决策，增强了他们对社会主义道路的自信和爱国情怀。

案例 2：土地制度

1. 结合章节(知识点)

土地制度改革。

2. 案例意义

自中华人民共和国成立以来，我国土地制度经历了三次重要的变革。第一次变革是在新中国成立初期，那时农村确立了土地私有制，而城市则实行了土地国有化。第二次变革发生在改革开放后，分为两个步骤：第一步是明确土地集体所有制和家庭承包经营的体制；第二步是赋予农民长期且有保障的土地使用权和经营自主权，这一措施极大地推动了农业生产的快速增长。第三次变革开始于党的十八大，在这次会议后，我国深化了农村土地制度的改革，通过实施三项试点工作：承包地流转、宅基地自愿退出，以及盘活利用闲置农房和乡村建设用地，探索了"三权分置"的新机制，即土地所有权、承包权、经营权的分离。

这个案例不仅能够增强学生的爱国热情，而且有助于他们理解中国共产党始终以人民为中心的服务宗旨，同时培养了学生在新时代建设国家的责任感和使命感。

3. 案例描述

在土地资源学课程中，此案例作为"线"状的课程思政元素，教师在讲解时会系统地引导学生从时间维度梳理和分析课程内容中的历史演进。例如，在分析农村土地制度的演变历程时，教师会详细介绍从原始社会到奴隶社会、封建社会、民国时期，再到改革开放前后的农村土地制度。通过这种分析，教师将引导学生理解不同时期土地所有制和使用制度的变化，探讨这些变化如何反映了社会制度的发展和演替，以及社会主义制度的明显优势和历史发展的必然趋势。

此外，教师还可以鼓励学生采用跨时间、跨历史的视角，用普遍联系的观点来分析问题，以洞察事物或事件的发展动态和趋势。

4. 教学效果

学生意识到，现行土地制度的形成是历史发展的必然趋势。与历史上的土地制度相比较，他们注意到，自党的十八大以后，诸如承包地流转、宅基地自愿退出以及闲置农房和乡村建设用地的再利用等制度，其明显优势体现在优化资源配置、提高农民收入、加速乡村振兴、促进城乡融合以及提升乡村治理水平等方面。这些制度在推动农业现代化和实现乡村振兴战略中扮演着关键角色。这个案例帮助学生更好地理解了中国共产党始终为人民的根本利益而努力的宗旨，同时增强了他们通过学习、将所学应用于实践，为建设更加美丽的中国和家乡贡献力量的决心和热情。

案例 3：土地利用研究国际比较

1. 结合章节（知识点）

土地利用研究文献检索。

2. 案例意义

土地利用研究已经发展成为一个跨学科的综合性领域，涵盖了生态学、经济学、地理学、社会学等多个学科。各国在土地利用研究上，尽管有着共同的关注点，但由于国情、经济发展水平、社会文化背景以及土地资源的差异，研究内容和方法也呈现出不同的特色。中国的土地利用研究结合了中国特有的国情和发展阶段。例如，中国作为一个人口众多、土地资源相对紧张的国家，更加注重土地资源的节约集约利用和土地制度的改革创新。同时，随着城市化进程的加速推进，中国也面临着城市扩张与耕地保护之间的矛盾，如何在保障粮食安全的同时实现城市化的健康发展，也是中国土地利用研究的重要课题。但是，中国土地利用研究在借鉴国际先进经验的同时，对其他国家土地利用的关注程度相对不足，未能做到知己知彼，不能盲目自信。

3. 案例描述

在土地资源学课程中，此案例作为课程思政的"面"状元素，教师在讲解时会特别关注那些能够促进学生深入思考的议题，并进行深入的专题讲解。例如，在讲解《土地利用研究的国际比较》时，课程内容被划分为四个部分：引言、技术方法、结果分析和启示与思考。

在"引言"部分，教师介绍了土地利用研究的国际背景，包括土地利用变化带来的负面影响和全球土地计划等。"技术方法"部分则讲解了文献检索的具体技巧。在"结果分析"部分，教师不仅展示了计量分析的结果，还揭示了存在的问题，并探讨了相关的热点话题。而在"启示与思考"部分，教师鼓励学生思考当前的挑战和问题，尤其是我国在土地利用研究方面与国际先进水平的差距，以增强学生对进行全球研究和国际比较研究重要性的认识，激发他们的学习热情。

这节课不仅教授了学生如何检索文献，还揭示了中外学术研究之间的差异。

4. 教学效果

学生们认识到，尽管中国已经成为一个科研大国，但在科研领域与强国相比仍有差距，特别是在全球视野方面，与发达国家相比还有较大的提升空间。例如，美国关于中国土地利用的研究文献数量是中国关于美国土地利用研究文献的 10 倍以上；日本关于中国土地利用的研究文献数量也超过中国关于日本土地利用研究文献的 3 倍。课程不仅能够引导学生了解学科的最新发展，还能激发学生的民族自豪感和积极向上的奋斗精神。

四、课程评价

我们构建并实施了一个包含诊断性测评、过程性测评和总结性测评的三级综合考核评价体系。在课前,考评活动包括随机出题和课前阅读感悟分享。课中考评则以案例分析为主导,采用主题开放讨论、文献报告会等形式。课后考评主要通过期末考试、兴趣小组活动和论文撰写等形式进行。课程的最终成绩是多个学习环节成绩的结合。

在"土地资源学"课程的教学过程中,学生给予了非常积极的评价。他们认为教师的教学优点包括:不局限于书本,提供了丰富的实践案例;教学具有很高的启发性;内容新颖;实例与理论紧密结合;讲课内容充实等。学生对课程的整体评价达到了优秀水平。

我们已经逐步建立起一个系统化的课程思政教学体系,并积极开展了课程思政的交流活动。此外,我们的课程还获得了北京师范大学课程思政重点项目的资助,并在2022年被认定为北京市课程思政示范项目。

五、总结与思考

本课程已经建立了"点""线""面"相结合的课程思政方法路径,将思政元素全面融入课程的各个环节,形成了系统化的土地资源学研究生课程思政建设模式和实施途径,为土地资源与管理类课程的思政教学提供了有益的参考。在未来的教学实践中,我们将持续贯彻"润物无声"的教育理念,依据分类设计策略,逐步深化课程思政内容,提升其现实性、前沿性和系统性,致力于培养优秀的社会主义建设者和接班人。

在这个过程中，我们将进一步强化思政要素的提炼，提高思政要素与教学内容的融合度，优化课程思政的教学模式，增强教学的深度、广度和系统性。同时，我们也将探索多元化的教学方法，增加课程反馈，加强合作与交流，以逐步构建高质量的研究生专业思政课程。

城市生态规划学

一、课程概况

(一)课程信息

"城市生态规划学"为专业教育必修课程，面向环境科学、环境工程、人口资源与环境经济学等专业硕士研究生授课，共计 32 学时，2 学分。

(二)课程简介

1. 课程内容

"城市生态规划学"是一门专注于指导生态城市建设的专业课程。本课程内容紧密结合生态文明建设的新理念、新思想和新战略，详细解读城市生态规划的重要性，培养学生树立"生态兴则文明兴"的深刻历史观。课程深入分析城市生态系统的特点，明确"人与自然和谐共生"的科学自然观，通过分享国际生态城市建设的成功经验，让学生感受到"共谋全球生态文明建设之路"的共赢全球观。课程还以中国生态文明示范市的建设实践为例，引导学生理解"绿水青山就是金山银山"的绿色发展观。此外，课程结合城市生态健康、生态足迹、生态服务等概念，深入阐述"良好生态环境是最普惠的民生福祉"的基本民生观和"共同建设美丽中国"的全民行动观。

2. 教学方法

本课程采用线上线下混合式教学模式。依托互联网技术，线上课堂打破了传统的教学模式，理论学习部分通过面对面授课和在线学习相结合的方式完成。在课堂教学中，学生是主体，我们鼓励他们探索新的学习方法，并通过海报展示、实地考察以及线上线下的双重考核等形式来交流和展示他们的学习成果，形成了一种"线下教学＋线上巩固＋课堂汇报"的 MOOC 和 SPOC 混合型教学方法。

3. 评估方法

课程考核体系由三部分组成：课前线上自主学习的评价、课中交流讨论的参与度评价，以及课后学习效果的评价，旨在全面提升学生的知识水平、素养和技能。

4. 课程特色

课程建设紧密结合专业特色，对教学内容和教学模式进行了重构，探索了线上线下混合式教学。课程精选了关键知识点，并通过线上叙事单元串联起城市生态规划的完整课程体系，同时将课堂上师生互动的精华融入线上教学，构建了一个线下与线上互联互通的教学体系。我们还引入了虚拟仿真实验技术来辅助线上教学，以促进理论与实践的结合。通过"城市生态家园"微信公众号的"教书育人——城市生态规划"课程模块推送相关热点话题，并将学生反馈纳入课程的持续改进中，实现了一个"互动—答疑—诊断—改进"的全过程课程思政教学路径。

(三)课程教学团队简介

本课程由徐琳瑜教授主讲，得到杨志峰院士的亲自指导，并且有刘耕源教授等优秀青年教师的加盟，组成了一个经验丰富、分工明确的高水平教学团队。徐琳瑜教授作为课程负责人和主讲教师，负责课程的总体设计、在线答疑及成绩评定等任务。杨志峰院士参与课程的总体设计，并担任国家精品教材的主编。刘耕源教授则负责线上课程的讲授等相关工作。这个团队深入研究城市生态规划领域，紧密合作，确保课程内容的前沿性和实用性，并建立了较为完善的教学体系。

在过去五年中，课程负责人徐琳瑜教授同时承担了该课程的线下和线上教学，吸引了超过三万名线上选课学生。该课程荣获了教育部首批课程思政示范项目（2021年）和国家级一流本科课程（2020年，线上一流课程）等多项荣誉。徐琳瑜教授本人也获得了教育部课程思政教学名师（2021年）、北京市教学名师（2023年）、北京市"育人榜样（先锋）"（2023年），以及宝钢优秀教师（2022年）等称号。

二、课程育人目标

我们结合我校建设"综合性、研究型、教师教育领先的中国特色世界一流大学"的办学定位，精心设计课程思政知识点，践行生态文明教育，力求使学习者全面提升能力水平、深入理解习近平生态文明思想。课程有三个主要的育人目标：立德树人、技能提升、价值塑造。

（1）立德树人——培育生态文明践行者。我们从课堂教学拓展到在线MOOC，坚持公益性和优质课程资源的普及，为促进教育公平、实现更大范围的立德树人服务。课程将生态文明制度建设、生态规划管理、环境生态教育等理念落实在城市层面，确保学习者专业知识和思想政治的"双获得"，为培育生态文明的践行者提供了理想的"沃土"。

（2）技能提升——谱写生态城市新篇章。课程以城市、生态和规划为主线，借助"互联网＋"信息技术平台，串联起生态城市规划建设的理论方法、案例、模型和应用等教学模块，全面培养学习者的系统思维方式，助力学习者专业技能提升，为谱写生态城市新篇章保驾护航。

（3）价值塑造——增强美丽中国认同感。课程内容紧密围绕生态文明建设的新理念、新思想、新战略，在12个知识主题中巧妙引入思政元素。通过不同知识主题的讲解，培养学习者的生态文明观念，增强他们对"美丽中国"的认同感，并鼓励他们向世界讲好美丽中国建设的故事。

三、课程思政案例

案例1：全过程课程思政建设——再现绿水青山

1. 结合章节(知识点)

中国生态城市建设实践。

2. 案例意义

通过课堂教学，学生能够掌握中国生态城市建设的相关类型和实践经验。我们通过开放式讨论，引导学生深入思考城市建设模式，并获取课本之外的最新生态城市建设经验。我们通过研讨和复习，使学生对知识的记忆力和理解力得到加强，培养良好的学习习惯，从而全面提升他们的专业能力。

本案例实现了生态文明教育与课程知识点的紧密结合，帮助学生在心中构建起完整的知识体系，形成对社会主义生态文明建设的认同。教学旨在加强学生对"绿水青山就是金山银山"这一绿色发展理念的认识，拓宽他们对生态文明思想的理解范围，并深化其理解程度，激励学生为实现绿水青山的目标而努力。

我们采用课堂授课、案例学习、SPOC 线上学习、研讨复习等多种教学方式相结合，培养学生的批判性思维、创新思维和问题解决能力。线上学习资源有助于学生扩大视野、提高学习成效，从而全面提升学生的综合素养。

3. 案例描述

本案例是"城市生态规划学"课程的第五讲内容。通过专业知识的学习，学生将了解中国生态城市的建设实践，掌握生态城市建设和生态文明示范市建设的具体指标及其发展演变过程。"绿水青山就是金山银山"是习近平总书记提出的科学论断，它极大地丰富了经济发展与生态保护之间的辩证关系。本案例通过梳理和总结中国生态城市建设的类型和实践经验，描绘城市发展蓝图，优化城市空间布局，修复生态创伤，旨在恢复绿水青山的景象，并以中国生态文明示范市的建设实践来推广"绿水青山就是金山银山"的绿色发展理念。

案例教学设计

我们采用"课堂授课＋线上巩固学习＋线下研讨复习"的教学模式，并结合与课程内容相关的线上测试和互动讨论，将课程思政与专业知识紧密结合，实现课程思政的全过程建设。教师通过综合考量学生在线上 SPOC学习、线下课堂表现以及线上测试和互动讨论的情况，对学生进行评价。

课堂授课

在课堂上，教师将按照时间顺序梳理中国生态城市的建设实践，重点介绍生态市和生态文明示范市的建设实例，并结合具体城市案例来阐释各类城市建设的特点及其变化的侧重点。通过生态规划恢复绿水青山的案例，加深学生对"绿水青山就是金山银山"理念的理解，强调生态文明思想和城市生态规划的重要性，让学生直观感受到专业知识在国家发展和城市建设中的关键作用，从而增强他们的专业认同感。

线上巩固学习

课堂授课结束后，教师通过线上 SPOC 平台，利用教学视频、线上讨论等方式巩固学生的课堂学习成果，引导学生对课堂内容进行深入总结、细致思考和广泛拓展，以促进他们知识体系的完善和思维能力的提升。线上讨论的主题包括"除了课程中介绍的中国生态城市建设类型，还有哪些与生态内涵相关的城市建设模式？"和"比较不同城市建设模式的差异，并列举具体的城市案例"等。

线下研讨复习

在新课开始前，教师根据学生在线学习和课堂学习中对理论知识的掌握程度，鼓励学生分组参与研讨，复习和巩固所学内容，并分享他们的思考和拓展，积极实施以学生为中心的教学模式。

4. 教学效果

在课堂上，教师与学生之间的良好互动促进了学生高效地吸收和掌握知识。通过学习具体案例，学生对"绿水青山就是金山银山"的理念有了更深刻的理解，并且认识到生态文明思想和城市生态规划在塑造城市形象中的重要作用。课堂授课结束后，所有学生都主动学习了 SPOC 平台上的线上教学视频，并完成了相关章节的线上测试题。

此外，学生在 SPOC 的讨论区积极参与了以"比较不同城市建设模式的差别，并列举具体城市案例"为议题的讨论。他们对山水城市、低碳城市、海绵城市等不同类型的生态城市建设模式进行了详细的比较和分析，并提出了各自的实际案例，探讨了这些城市在生态建设方面的经验与特色。

在议题之外，一些学生通过查阅资料，提出了智慧城市、韧性城市、低碳城市等其他生态城市建设模式，并在线下研讨复习时进行了交流和分享。这些讨论不仅拓宽了学生的视野，增加了他们的见识，还促进了学生的自由和全面发展。

案例2：多层次课程思政融入——共建美丽中国

1. 结合章节(知识点)

城市生态规划案例。

2. 案例意义

本案例将思政教育内容自然地融入课程教学中，在专业知识的讲解和实践环节中巧妙地结合相关思政元素，以激发学生的学习热情和增强他们的专业自信。为了提高学生的课程参与度和协作能力，以及加深他们对城市生态规划方法和内容的理解，我们采用了"线下教学＋线上巩固＋课堂汇报"的综合性教学方法。这种教学体系既符合专业课程所需的"自然科学与人文关怀"双重属性，又满足了"广度、深度和温度"三个层面的教学要求，为学生的全面发展和谱写生态城市新篇章提供了支持。

3. 案例描述

案例教学安排

本案例通过线上自主学习与线下教师授课相结合的方式进行，学生通过小组形式进行汇报和海报展示，并根据小组的整体表现进行评价。

线上学习内容

线上SPOC平台提供理论知识教学，深入讲解生态足迹、生态承载力、城市生态系统健康评价和生态系统服务等关键概念和计算方法，这些是城市生态规划中的重要工具。学习目标是让学生掌握这些概念，并鼓励他们主动探索如何将这些理论应用于城市发展的实际规划中。

线下教学互动

线下课程着重于教师的讲解和对学生疑问的解答，旨在帮助学生深入了解城市生态规划与生态环境保护的关系，以及合理规划城市的重要性。课程鼓励学生思考如何通过改善城市规划和促进产业升级等方式，实现城市的可持续发展。

小组汇报和海报展示

学生分组进行，通过研究和讨论，制定城市生态建设的方案，并在课堂上通过汇报和海报展示的方式介绍他们的方案。教师和同学将根据方案的全面性、可行性以及对经济、社会、环境等因素的综合考量来评分。

4. 教学效果

通过小组讨论、汇报和海报展示等互动教学方法，我们旨在激发学生的学习兴趣和主动探索精神。这些活动引导学生从多角度分析城市生态规划的决策过程，并思考如何将所学的知识和技能应用于生态文明建设中，从而增强他们的国家责任感和历史使命感。

在掌握综合评价方法的同时，学生将直观地感受到专业知识在推动国家发展中的重要作用，这有助于加深他们对习近平生态文明思想的理解，并深刻领会生态文明教育的核心内涵及其现实意义。

了解城市生态规划在超大城市发展中的关键作用，学生将树立起"良好生态环境是最普惠民生福祉"的基本民生观。通过引导学生对城市生态规划提出建议，我们旨在培养他们"共同建设美丽中国"的全民行动观，并提高他们的创新意识和实践能力。

学生将学习美丽中国建设的发展历史、演变过程及相关政策规划。在此基础上，他们将探讨不同城市在生态规划方面的实践和经验，重新认识

"绿水青山就是金山银山"的绿色发展理念。将生态文明教育融入课堂教学，帮助学生深入理解人与自然的关系，并鼓励他们为建设美丽中国贡献自己的力量。

四、课程评价

首先，课程考核重点已从传统的"基础知识考核"转变为以"能力素质考核"为核心。我们建立了一个综合考核体系，包括课前线上自主学习情况评价、课中交流讨论参与评价、课后学习效果评价三个部分，重点提升学生在知识掌握、素养提升和技能发展三个方面的能力。

其次，课程在教学模式上进行了积极的创新，形成了包含"线下教学＋线上巩固＋课堂汇报"的 MOOC、SPOC 线上线下混合教学模式，以最大化提升教学效果。最近一次的线下课程获得了 99.04/100 的高评分，学生反馈说"多样化的教学方式提高了学习兴趣和学习效果"。MOOC 的评分为 4.9/5.0，学生认为"课程对教学和工作都有极大的帮助"。厦门大学和北京科技大学等高校引入了城市生态规划 MOOC，认为该课程深入贯彻了生态文明理念，有效激发了学生的创新潜能，受到了师生的广泛好评。

最后，我们已与近十所高校建立了课程共建共享平台，起到了积极的示范作用。众多来自政府部门、企业和一线工作者的学员选修了本课程，促进了课程知识点与思政理念的广泛传播。此外，课程思政的成果被推广到中西部和边远地区的高校，实现了不同地区高校的协同发展，扩大了课程的影响力和覆盖面，被当地教师誉为"教育理念的春雨"。

五、总结与思考

我们在进行课程思政建设时取得了一系列成效，建设经验可以总结为以下几点。

第一，深入挖掘课程思政知识点。通过对知识点的梳理和对课程思政元素的挖掘，课程巧妙地将契合的思政知识点融入各个知识主题之中，实现知识与思想的有机结合与和谐共鸣。

第二，全面锻造学生能力素养。通过课前自主学习、课上交流讨论、课后线上巩固这一全过程学习能力的培养，课程致力于提高学生正确认识问题、理性分析问题和科学解决问题的能力，点燃学生心中创新的火焰。

第三，深度创新课程体系。课程坚持以学生为中心，从教学内容和教学模式两方面重构课程体系，不仅在教学内容中巧妙融入思政元素，而且选取多个典型城市进行案例教学，不断丰富教学内容。MOOC、SPOC的引入打破了传统教育在时空上的限制，线上互动形成了"互动—答疑—诊断—改进"的全过程思政教学路径。

课程思政建设是一场永无止境的探索之旅，未来我们将继续在课程思政领域精耕细作，通过持续推进思政元素和知识点的更新，保证课程的时代性和前沿性；通过不断探索与时俱进的教学方式，增强课程趣味性和互动性；通过融入典型城市案例教学，加深学生对知识的理解和应用，培养学生的实践能力和批判性思维。道阻且长，行则将至。课程思政建设一直在路上。

环境地学

一、课程概况

(一)课程信息

"环境地学"课程是北京师范大学环境科学与工程一年级本科生的专业基础课,共计 48 学时,3 学分。另外,该课程还配套有野外教学实习,共计 96 学时,3 学分。为了阐释习近平生态文明思想,贯彻落实"坚持节约资源和保护环境"的基本国策,北京师范大学面向全校本科生开设了环境地学通识春季学期课程,每周 3 学时,共计 3 学分。

(二)课程简介

环境地学起源于北京师范大学,早在 1916 年学校的教学资源中就有"运用消毒法清除土壤中的有害细菌,使土地依然恢复健康的本体""将来必有一种专治土壤的医士"的论述。在改革开放初期,著名学者刘培桐教授牵头,联合多位专家进行课程建设和高层次人才培养。1982 年,《中国大百科全书·环境科学》的出版,确立了北京师范大学在环境地学教育和研究领域的领先地位。

1. 课程内容

环境地学课程分为三大板块：(1)基础理论：介绍生态文明理论，探讨人与环境的关系及其演变，以及环境地学的基础理论、研究方法和发展趋势。(2)专题剖析：基于生命共同体理论，阐释环境地球系统中六大要素的物质组成、形态特征及其时空分布规律。(3)技能实训：探究自然资源、自然灾害、物质循环与人类的关系，实践环境地学调查的高新技术和方法，培养学生的创新意识和科研技能。

本课程的主题包括"人类与环境""生命共同体"，子主题包括"地球圈层结构及动态过程"，关键概念有"环境地球系统""地域分异规律""自然环境背景""环境自净过程"。

2. 教学方法

本课程基于建构主义教育理论和多元智能理论，采用互动研讨、探究式、抛锚式、BPL等教学方法，指导学生小组研读高质量论文、参与实际科研工作、进行社会调查，撰写学习报告并进行课堂交流。

3. 评估方法

课程学习评估由期末考试和过程性考核两部分组成，各占50％。同时重视学生在课堂互动研讨、文献研读、学术交流等方面的情况。

4. 课程特色

课程教学强调跨学科知识的融合，以生命共同体理论剖析环境地球系统各圈层及其时空分异规律，运用三元交互理论和思维导图教学法，帮助学生将零散的环境知识整合成一个完整的理论－知识－技能体系。

(三)课程教学团队简介

授课团队由赵烨教授领衔，他担任课程负责人和主讲教师。沈珍瑶、马玉坤、姚云军、陈磊、孙可、李阳、战金艳等教师负责学术指导、专题讲授、实习指导、互动研讨和答疑辅助工作。

赵烨教授是博士、二级教授、博士生导师，同时也是北京市教学名师和课程思政教学名师，担任学院教学指导委员会主任。他长期致力于环境地学、土壤污染诊断与修复、南极土壤环境等领域的研究和教学工作。赵教授曾获得国家基础科学研究与人才培养基地建设先进工作者称号、全国宝钢教育基金优秀教师奖、北京市优秀教师和师德先进个人称号、北京师范大学"四有"好老师金质奖章，两次被评为最受本科生欢迎的十佳教师，以及多次获得市级和校级暑期大学生社会实践调研优秀指导教师称号。

二、课程育人目标

课程教学以立德树人、培养党的优秀接班人和国家栋梁之材为根本目标，以促进学生全面发展为核心，以培养创新能力和塑造正确价值观为导向。课程内容融入了习近平生态文明思想、生命共同体理论、中国传统文化中的地学经典，以及绿色中国建设的新成就，旨在加强教学在塑造正确价值观、激发创新精神、提升思维高度、深化知识理解、展示实践技能方面的作用。通过这样的教学，我们致力于将学生培养成为具有扎实学科基础、强烈创新意识和优秀科研技能的卓越人才，以适应新时代中国特色社会主义建设的需求。

三、课程思政案例

案例1：研读《平语近人》中的典故，阐释人类与环境的辩证关系

1. 结合章节（知识点）

第一章中的环境问题。

2. 案例意义

本课程基于习近平生态文明思想，探讨环境地球系统的演变以及人类活动与环境之间的相互关系，分析环境问题的类型和成因。课程旨在让学生理解从人与自然和谐共生的角度规划生产力发展的重要性。

通过《平语近人》中的典故，课程展示了社会发展、文明进步以及生产和生活方式的转变，以及人们对环境问题认识的演变。这有助于学生体验到中华传统文化的深厚底蕴，并在无形中培养他们的家国情怀。

在学习国家的基本国策和中国古代的《天问》的基础上，课程阐释了人类与环境的辩证关系以及中国的资源环境特点，鼓励学生在日常生活中积极参与"光盘行动"，传承"适度获取，节俭使用"的中华传统文化及其良好的生活习惯。

3. 案例描述

教师导入

教师利用新闻图片等资料，讲解《平语近人》节目如何成为传播党的创新理论的重要渠道。节目中的"天人合一"和"万物并育而不相害，道并行而不相悖"等典故，已经深入中国人的文化血脉，成为中华民族的行为准则之一。通过师生共同探讨这些典故，学生可以更深刻地理解人类与环境的辩证关系。

课堂研讨

教师介绍地球的演化简史，包括近 38 亿年来自然环境的变化，指出这些变化未超出生命体的生态幅，以及近 400 万年来的变化，这些变化未超出人类的生态幅。教师引导学生回顾上学期所学内容，即近 300 多年的全球工业化进程对环境造成的影响和产生的环境问题，并组织学生小组讨论，探讨未来人类生存可能面临的威胁。

课堂自主查阅文献

学生通过自主查阅文献，学习并领会陈述彭院士关于环境问题的论述：环境问题是人类始终面临的挑战，由于人类认识的局限性和环境地球系统的复杂性，人们对环境地球系统和人类与环境相互作用的理解仍有待提高。这一过程旨在激发学生积极参与环境地学的教学和科研工作，探索解决环境问题的方法。

4.教学效果

以 2022 级的通识教育课程为例，95 名学生自由组成 18 个小组，围绕教学内容进行了深入讨论，并完成了学习报告，还将其制作成了 PPT 形式。文学院本科生李梓璐、魏陈蕊、侯呼雷等同学进行了更进一步的拓展学习，他们使用环境地学的理论对《天问》中的诗句进行了阐释，并在课上进行了分享。这种跨学科和课程思政相结合的教学方式，取得了显著的教学成效，并获得了师生的一致好评。

案例2：研读中华传统文化中地学经典，阐释土壤污染诊断与修复技术

1.结合章节(知识点)

第六章中的土壤污染修复技术。

2.案例意义

(1)科学精神：通过师生共同观察教学实物标本，学生能够深入了解人与土壤之间的紧密联系，以及土壤污染的基本特征。这种互动促进了学生培养勇于探索、开拓创新、追求卓越和团队合作的科学精神，并训练了学生的逻辑思维和系统性的科学思考方式。

(2)家国情怀：课程中引入了中国南宋学者陈旉的"来之于土，归之于土"的"地力常新壮"理论，帮助学生体会到土壤污染修复的复杂性和挑战

性，同时感受到中华传统文化的深厚底蕴。

3. 案例描述

案例教学设计

课程以教师讲授当前国家关注的议题作为教学导入，通过手把手工程和综合比较分析教学实物标本，帮助学生掌握土壤污染的基本特征，并探讨土壤污染诊断与修复的技术方法。在教学过程中，教师通过观察学生的参与度来进行过程性考核评价。

教师导入

教师利用报刊展示"十分珍惜、合理利用土地和切实保护耕地"的基本国策，以及 2016 年国务院颁布的《土壤污染防治行动计划》，使学生了解土壤污染诊断与修复在国家建设和环境地学教学中的重要性。

课堂研讨

师生共同观察广东省受重金属污染的土壤剖面盒、水稻根系、秸秆、水稻籽粒样品后，教师解释土壤污染的隐蔽性、滞后性、累积性、差异性、受损功能的不可逆转性、污染治理难度大见效慢等特点，以及土壤污染与修复工程的复杂性。借助南宋陈旉的"地力常新壮"理论和地球系统科学理论，师生探讨土壤污染修复的原则与途径。

课堂总结性阐释

所有修复工作必须在切断污染源的条件下进行，确保土壤生物多样性及其活性不受损害；保持土壤正常物质组成、结构和理化性质的稳定性；有效控制耕地土壤中重金属元素随径流进入水体；对于土壤重金属污染的生物修复必须使用非食源性生物。土壤污染修复的基本途径包括：将局部过度聚集的污染物通过适当的途径扩散到更广阔的环境中；通过各种物理化学方法固化、钝化或净化土壤中的污染物，或降低土壤污染物的生物有效性，以减轻其危害。

4. 教学效果

以 2022 级专业基础课程为例，30 名学生自由组成了 10 个小组，对课程内容进行了深入的回顾和讨论，并完成了学习报告。例如，环境学院的本科新生吴怡苗(中国香港籍)在课后与同宿舍的化学学院本科新生黄伊雯(中国香港籍)合作，通过拓展学习撰写了《港籍学生对中华传统文化及自然生态循环理念读后感》。文章展现了她们对中华文化的深切感受，同时，她们也认识到了实施生态文明建设和绿色中国的重要性，这是马克思主义唯物史观的理论与实践创新的体现。从中国古代的"地力常新壮理论"，到 19 世纪李比希的土壤养分"归还学说"、马克思的农村与城市"物质变换理论"，再发展到习近平总书记提出的人类生命共同体理论，这些学习成果展现了课程良好的教书育人效果。

案例 3：通过野外教学实习体验绿色中国和京郊生态建设的新成就

1. 结合章节(知识点)

环境地学野外教学实习——技能实训。

2. 案例意义

通过在多个野外教学实习基地进行观察、参与互动研讨和技能实训，学生亲身体验了近年来京郊生态环境建设的新成就。这些活动不仅增强了学生对环境保护的认识，也坚定了他们致力于建设绿色中国、实现人与自然和谐共处的信念。

在野外教学实习的过程中，许多学生开始自发组队，计划运用所学的知识和技能申请"本科生科研训练与创新创业"项目。这展现了学生对自己学习成果的信心，以及他们追求独立实践和应用知识的愿望。

3. 案例描述

案例教学设计

教师讲解心理学家班杜拉提出的三元交互理论(即环境因素、个体因素和个体行为三者相互联系、相互影响),并阐述在复杂多变的野外环境中,采用特定的环境调查技术与方法的有效性和重要性。

教师导入

在实习之前,教师通过课堂讲授帮助学生了解实习区域及其沿途的环境地学特征、可能遇到的环境问题,以及可以观察到的生态环境建设的新成就。同时,强调掌握环境地学调查技术与方法对于学生未来深造和研究的重要性。

野外手把手实训

以北京市水土保持科技示范园区为例,学生8~10人一组(根据观测器械的数量而定),每个小组专注于一个特定的地形部位,即小样区(教师进行巡视和指导)。学生需要学会阅读地形图、确定站立点、实地测量母岩类型、成土母质、地表坡度、坡向、植被覆盖度、优势种及其生长状况、土壤质地、结构类型、土壤容重、土壤蒙氏颜色、土壤碳酸盐反应等,以获取环境参数,并采集代表性的土壤剖面盒样品。

综合比较分析

3~5个小组将各自的小样区观察结果进行集中汇总,在实际操作和综合比较分析中检验学生对环境调查技术与方法的掌握程度。此外,结合园区遥感影像判读,学生小组需陈述区域环境地学特征对社会经济发展、人们生活的潜在影响。野外实习的评价将根据实操过程的规范性、观测结果的准确性、综合分析的合理性进行。

4. 教学效果

多年的野外实习不仅培养了学生们的环境地学野外调查和观察技能，还增强了他们积极参与绿色中国建设的主动性和热情。例如，在野外实习的基础上，环境学院本科生吴英杰组织团队申请了"首都高校社会实践工作"项目，对北京市门头沟区的两个村庄进行了实地调查和综合比较分析，并撰写了报告《京郊生态涵养区的可持续发展模式探究——以门头沟区樱桃沟村南庄两村为例》，该项目荣获"首都高校社会实践优秀成果奖"。

环境学院 2022 级的本科生们在 2023 年暑期，尽管面临 41℃ 的高温，仍然顺利完成了教学实习。其中，马心妍同学随后组织团队成功申请了"本科生科研训练与创新创业"项目，对国家级乡村振兴示范区——北京市房山区周口店镇黄山店村的资源环境特征和社会经济发展进行了调查。她提出了在宣传"红背篓精神"等红色资源的同时，应推动产业的高质量融合，并积极发展基础教育事业的对策与建议，这些建议受到了相关领域专家的高度评价。

四、课程评价

课程在秉持思政元素与专业内容相融合的基础上，通过课堂理论互动研讨式教学、科技文献研读与报告、实景中手把手实训技能，使课程教学内容展现出高阶性、创新性和挑战度。

多年来，学生在网上的匿名评价中均给出了优秀反馈。有学生评价道："老师上课内容清晰，讲解深入，能够结合自己的经历，让我们对专业知识有更深的理解。"还有同学通过邮件分享了自己的经历：她在暑期旅游时，向父母讲解了当地的环境地学特征和景点历史，得到了父母的赞扬，称她从过去的沉默寡言变成了现在有知识、有文化、善于表达的大学生。学校教学督导周云龙教授（国家级规划教材主编，多项教学奖获得者）在随机听课后通过邮件反馈："你的授课方式灵活，能够联系实际，注重启发学生思考。"

中国科学院大学张镱锂教授认为，环境地学教学融入了生态文明理论、国家生态环境建设的新成就与现代环境地学的新成果，其教学的思想导向性、科学性、知识性、实用性强，教学质量高，推进了课程教学的普及化。悉尼大学教育专家麦克·金（Mike King）认为，无论从人际交往能力还是教学策略上看，赵烨教授都是胜任教育教学改革项目的理想人选。

五、总结与思考

在课程建设过程中，赵烨教授受邀在北京市高等学校师资培训中心为60余名高校青年教师进行了题为《面向多学科专业的课程思政建设实践与思考》的报告；在智慧树教学平台和校内进行了多场关于课程思政建设的报告；参加了北京师范大学党委组织的"中央和国家机关司局级干部专题研修班"的授课，其中部分课件被选入全国政协机关干部学习网和高教研修网；发表了包括《课程思政与环境地学教学内容的协同途径》在内的多篇论文。

赵烨教授积极参与中央高教援疆工作，于2017—2019年期间三次赴新疆大学为少数民族大学生授课，并带领新疆大学的教师团队建立了《土壤地理学》慕课。

2022年，国务院启动了全国第三次土壤普查工作。作为北京市第三次全国土壤普查的技术专家，赵烨教授在线上进行了"土壤普查的基础理论"

培训；在野外亲手指导了"土壤剖面诊断－采样实操方法"；随后前往北京、西藏等地，全程指导土壤普查与采样工作。

未来课程思政方面的持续建设重点有两项：一是进一步充实和完善思政元素与专业教学内容的融合，积极推动课程思政的教学交流与教学改革，在广泛的教学实践中建立"为党育人，为国育才"的新型教学模式。二是将环境地学专业教学内容与习近平新时代中国特色社会主义思想、绿色中国建设的新成就、中华传统经典相融合，形成具有正确价值导向、科学性和逻辑性强的新型教材，致力于通过育人及教学实践更好地服务国家建设。

循环经济与可持续发展型企业

一、课程概况

(一)课程信息

"循环经济与可持续发展型企业"为北京师范大学本科生通识选修课程，隶属于"数理基础与科学素养"模块，它服务于文、理、工多个专业的各年级学生，共计 32 学时，2 学分。

(二)课程简介

1. 课程内容

课程沿革经历了以下三个阶段：第一，课程初建阶段(2013-2015 年)。为了满足国家生态文明建设的重大需求，以"循环经济"为节约资源和减少排放的策略，响应教育部提升教育质量的倡议，我们采用研讨式教学方法，并于 2013 年创设了本课程。在这一阶段，我们整合了课程大纲、教学课件等必要的教学资源。第二，金课改善阶段(2016-2022 年)。为了满足金课建设的要求，我们持续将新的思政元素融入教材和教学实践中。课程因此荣获多个奖项，包括国家精品在线开放课程（2019年）、国家级一流本科课程（线上线下混合式，2020年）、北京市课程思政示范课程（2022年）。第三，新任务升级阶段（2022年至今）：面向党的二十大提出的"人与自然和谐共生"的愿景以及绿色低碳发展的新任务，我们依托"十四五"规划教材建设和"'互联网＋教育'改革创新行动计划项目"，将碳循环、双碳管理等时代主题纳入课程内容，并实现了课程资源的升级。

课程以"循环经济"为主题，采用"讨论式"教学法，逐步探讨以下课程议题：当前的环境状况如何？应如何进行环境管理？物质、能量和价值的流动方式是什么？如何实施循环经济？在企业层面应如何落实？等等。课程旨在通过科研分享的方式传授知识，并建立了以物质在人类社会经济系统中的循环流动为核心的知识体系，内容涵盖了可持续发展管理、物质循环流动、循环经济的保障措施、构建可持续发展型企业等方面，并结合绿色低碳案例进行分析。

2. 教学方法

本课程采用"研讨式"和"线上线下混合式"教学方法，强调科学问题的导向性。我们设定了11项课程主要议题，并以"分享科研过程"的方式取代传统的知识传授，以此强调数理逻辑与创新思维，并构建课程的理论体系。我们利用国家精品在线课程作为线上资源，引导学生预习、自测、开展专题讲座和科研实践，以此提升学生的自主学习和创新能力。

3. 评估方法

课程评分采用综合评价体系，包括过程评价（即平时成绩，占比60％）与终结评价（即期末论文，占比40％）。平时成绩的构成是线上自测成绩（占总平时成绩的30％）和线下课堂汇报的师生共同评价成绩（同样占总平时成绩的30％）。

线上自测由在线平台随机抽取题目组成考卷，系统自动评分。线下评价则基于学生课堂汇报和交流的表现，由师生共同打分。期末论文的评分由教师根据学生的写作和研究能力进行评定，重点考查学生综合运用所学知识的能力。

4. 课程特色

本课程面向新时代人与自然和谐共生的重大需求，围绕"循环经济"的共识性"源头"治理措施，深入研讨其理论体系与实施路径。课程旨在体现我国社会主义核心价值观与人才培养战略，将思想意识、知识体系、能力建设和视野格局融入选题、内容设计、教学模式、实践应用的各个环节，致力于实现"为党育人，为国育才"的教育目标。

本课程涵盖文、理、工多学科知识，由不同领域的教师共同打造，服务于30余种专业的学员，展现出典型的交叉学科课程特色。在课程研讨中，不同专业的异质性促进了思想的碰撞，激发了知识的复合与创新。课程内容结构采用"苹果树"模式，形象地展示了知识点间的内在逻辑，引导学生认识到自己的责任，形成"擅任"的知识体系。

课程强调科学问题的导向性，整体设计分为问题提出、理论分析、实践应用三个层次，并细化子议题，构建多级议题网络，突出逻辑性。课程将科研过程融入教学，通过分享科研经验激发学生兴趣，塑造科研品质。采用线上线下混合教学模式，引导学生自主学习和实践，实现思考力、创新力、执行力的三力合一。

循环经济课程以"物质循环流动"为核心，涵盖了两种经典方法，这两种方法分别由中国的陆钟武院士和美国耶鲁大学的托马斯·格雷德尔（Thomas Graedel）院士创建，并由课程负责人进一步完善，具有源头创新性。课程负责人曾是这两位院士的博士生和博士后合作者，通过课程，将这些学术成果传递给新一代，体现了学术与科学精神的传承和发扬。

(三)课程团队简介

毛建素是本课程的主持人,负责课程的整体设计、主讲、组织、资源建设、维护运行及升级更新等工作。作为环境科学专业和人口、资源与环境经济学专业的博士生导师,以及热能工程专业的高级工程师,她曾在东北大学陆钟武院士、耶鲁大学托马斯·格雷德尔院士、北京师范大学杨志峰院士的指导下学习,拥有20余年在物质人为流动基础研究和循环经济应用研究方面的经验。她的一系列国际一流原创性科研成果,为构建本课程的核心内容打下了坚实的基础。

课程还特别邀请了环境工程专业的裴元生教授、资源经济学专业的金建君教授、水资源管理专业的李春晖教授,他们分别负责生态调控与工程应用、资源可持续评估与案例分析、水资源综合管理等实践和延伸资源的建设工作。

二、课程育人目标

本课程面向新时代的新需求,秉承"以人为本"的教育宗旨,结合中国特色和学生多样性,为各专业本科生提供服务。课程包含在思政、素质、知识、能力方面的教学目标如下。

(1)思政目标:使学生了解新时代生态文明建设和人才培养的新需求,熟悉中国社会经济与资源环境的新特点及绿色低碳发展的新策略,启发学生将个人专业理想与高质量发展相结合,服务于祖国建设的伟大使命。

(2)素质目标:通过线上自学和自测,培养学生的自制力和自主学习习惯;通过线下科研过程分享、学生研讨和小组科研活动,提升学生的科学素养。

（3）知识目标：从多学科视角提升学生对循环经济的核心理论、企业实践、最新成果、未来趋势的全面认识，弥补现有理论与实践之间的脱节，以及不同专业间的隔阂，引导学生构建"知其然"的复合型知识体系。

（4）能力目标：分析人类需求驱动下物质在社会经济系统中的基本过程，引导学生深入参与循环经济各个知识点的科研活动，激发他们的兴趣，使其"知其所以然"，提高知识应用能力和科研能力。

三、课程思政案例

案例1：可持续发展管理

1. 结合章节（知识点）

人类与环境间关系、环境性能变化曲线。

2. 案例意义

通过分析人类与环境间对立统一关系，启发学生构建人类与自然和谐共生的世界观。

通过阐释可持续发展战略，激发学生使命感；借助环境负荷变化曲线上的分离点、涨停点、下降点、恢复点、中和点，深入解释"碳达峰、碳中和"管理目标，激发学生责任感。

依托案例分析，引导学生了解国情与现实需求，展示我国新型工业化思路和近20年来环境治理伟大成果，增强学生对社会主义道路自信心。

3. 案例描述

案例教学设计

本课程采用线上线下混合式教学模式。学生在课前需要完成"环境问题"的线上自测、"环境现状研究"的实践作业，并预习"可持续发展管理"的线上资源。课堂上，学生将汇报他们的实践作业，教师则面对面讲授的科研方法，包括重点和难点问题，并引导学生讨论"兴趣区域的环境管理规划研究"，最后布置相关作业。

课程导入

在上课时，教师会挑选资源耗尽、生态破坏等典型环境问题，通过选择题、判断题的形式检验学生对上一讲内容的掌握情况以及课前预习的效果。接着，教师引导学生代表汇报他们对"兴趣区域环境现状研究"的成果，师生共同进行点评和提出建议。这个过程旨在帮助学生了解国际和国内的情况，激发他们的使命感。

课程讲授

鉴于环境问题现状的严峻性，课程引入了"可持续发展管理"的主题。从人类与环境之间定性的对立统一关系，到定量的 IPAT 方程和 ISE 方程，再到人口、社会福利、科学技术等对环境影响的人为因素，课程内容层层递进，启发学生认识到人与自然的密切联系，并激发他们对人与自然和谐共生的愿望。

教师基于 ISE 方程，推导出环境性能变化曲线，确定分离点、中和点等 5 个关键特征点，并结合双碳管理案例，加深学生对可持续发展管理关键节点的理解，鼓励他们将所学知识应用于实际，服务于生态文明建设。

教师引导学生了解中国铁、铜、煤炭等矿产资源的现状，以及人口、消费等社会经济现状。通过展示 2003—2021 年的生态效率、二氧化硫、大气颗粒物等的变化，突出中国在科技进步和大气治理方面取得的巨大成就，从而增强学生对中国特色社会主义道路的自信。

小组作业

教师给学生布置议题"兴趣区域的可持续发展管理规划"，引导他们进行小组讨论，选定典型区域和管理对象，并制定研究方案。学生需要在课后进行科研实践，并将研究成果形成报告。

4. 教学效果

在学生作业分享中，大多数学生选择自己的家乡作为研究兴趣区域。例如，2023级汉语言文学专业的周美帆同学，以她出生地成都的"母亲河"府河为案例，分享了题为"四川省成都市府南河治理报告"的作业。她展示了府河如何从严重污染的"腐烂河"，通过实施河道整治、污废水循环再生、旧城改造等一系列综合治理措施，响应习近平总书记提出的"绿水青山就是金山银山"的发展理念，转变为亲民、宜居的成都活水公园。这样的分享有效激发了学生们的家国情怀和科技兴国的责任感。

通过讲解环境性能变化曲线，课程使学生理解到只有当生态效率的增长速度超过社会经济的增长，环境负荷才能减少。生态效率的提升反映了科技水平的提高。这种理解进一步激发了学生们致力于科技强国的志向。

案例2：物质的循环流动：追踪法物流分析

1. 结合章节(知识点)

科学模型构建，物质人为流动规律。

2. 案例意义

物质循环流动是循环经济的核心。课程通过展示科学问题的提出、确定研究对象、提出假设、构建数理模型、推演基本规律、指导实践的整个科学研究过程，来提高学生的科学素养。

基于物质循环流动的基本规律，我们得到了数学表达式，从中发现在理想状态下，循环率为1，污染排放率为0，环境效率与资源效率呈现出对称变化的45度角直线。这些发现引导学生体验科学规律中数学之美。

追踪法是研究物质流动的两大经典方法之一，最初由陆钟武院士创立，在毛建素攻读博士学位期间得到进一步完善，并从中得出资源效率的变化规律。这个过程跨越了师生两代人，鼓励学生继承科学精神，为未来的福祉继续努力。

3. 案例描述

案例教学设计

本课程采用线上线下混合式教学模式。学生在课前需要完成《物质循环流动：概念与分类》的线上自测，进行科研实践作业，并预习《追踪法物流分析》的线上资源和基本概念。课上，学生进行汇报和交流，教师面对面讲授追踪法的科学研究过程，重点和难点知识，并引导学生讨论"兴趣物质的追踪法分析"，最后布置科研实践作业。

课程导入

在上课时，教师首先挑选2～3个代表物质自然流动和人为流动特征的典型知识点，通过选择题和判断题的形式来检测学生对上一讲内容的掌握程度和课前预习情况。然后，教师引导学生代表展示他们对"兴趣物质的自然循环与人为流动"的研究报告，学生之间进行互评。最后，教师进行点评并提出建议。这一过程旨在激发学生的科研兴趣，增强自主学习的动力，并拓展他们的知识视野和思维角度。

课程讲授

教师利用课程的总图来承前启后，引出本讲的核心议题"物质是怎样流动的"，并分享识别这一流动的基本特征的方法，构建科学研究的基本过程流程图。从提出科学假设到发现基本规律，再到根据这些规律进行管理实践，教师需要清晰地展示科学过程的内在逻辑，激发学生的科研思维和兴趣，并以追踪法的创建者的作为典型人物，感召学生继承科学精神。

小组作业

在下课前，教师会提出研讨议题，引导学生制定追踪法的研究方案。课后，小组成员将分工合作，各司其职，共同完成实践作业。

4. 教学效果

每位学生至少有一次机会担任小组代表，负责组织和领导小组完成科研实践作业。例如，在 2017 年，来自外文学院的刁梦波澜同学作为第 6 小组的代表，主导了一项题为《人为干预下的物质循环——走过一棵树的一生》的研究。她分享了"种子—树木—种子"的循环过程，树木如何通过光合作用和呼吸作用参与碳循环，以及树木作为造纸原料在纸产品生命周期中的循环再生过程。每位学生需要独立查找文献以获取自己负责部分的相关数据，同时还要负责监督小组的整体进展，确保小组科研的科学性、完整性和规范性。这种做法有效地激发了学生的自主能力、科研能力和组织能力。

在学生的科研实践中，有的学生选择研究对国民经济至关重要的钢铁、稀土等金属物质，也有的选择研究碳、氮等国际热点或典型的营养物质。通过这些科学实践活动，学生不仅增强了对现实需求的感知，还主动了解和接触了国内外的专业组织，有效地拓宽了学术视野，并激发了他们服务国家需求的强烈愿望。

四、课程评价

北京师范大学教务系统的教学质量评价显示，自 2017 年以来，在各学期的混合式教学中，学生对教师和课程的总体评分在 4.85 到 5 分之间；网络教学的评分更是达到了 4.9 分以上。课程先后荣获北京师范大学首批"课程思政建设优秀课程"（2020 年）和北京市课程思政示范课程（2022 年）的称号。

本课程的线上资源是国家精品在线开放课程，由本课程团队建设，社会评分为 4.9 分。该课程已被北京理工大学等多所大学纳入网络教学体系。学员们评价该课程"教学方式独特"，"好大学没有围墙"，"课程框架清晰，逻辑条理明确，专业又不枯燥"。

线上资源的运用提高了学习方式的灵活性，同时增加了内容的广度和深度，使学生能够根据需求选择学习内容。线上成绩的评定激励学生自主和自律地学习知识。而线下的独立科研和汇报活动则有效提升了学生的科研能力。学生的角色由被动的"听众"转变为教师的同僚，这增强了他们服务国家需求的意识，并吸引了社会力量参与到生态文明建设中。

课程思政的成果不仅在本课程中得到应用，还辐射到了共建新课程"产业生态学"中，并荣获了第二批国家级一流本科课程（线上课程，2023 年）的称号，同时也应用于团队成员主持的"水资源评价与规划""资源与环境经济学"等课程中。此外，这些成果还被用于教材编写，《循环经济与可持续发展型企业（第一版）》荣获 2020 年北京高校"优质本科教材课件"，并升级建设与出版了"十四五"规划教材《产业生态学》（2022 年）、《循环经济与可持续发展型企业（第二版）》（2023 年）。

五、总结与思考

长期以来，我们坚持不懈地深入学习习近平总书记、党中央、教育部的重要文件，思考国家的忧虑和需求，将课程视为"责任田"，从主题选择、内容设计、教学模式和现实应用等多个角度出发，及时将新形势、新任务、新方法融入课程教学中，以培养学生的爱国情怀、强国志向，鼓励他们为国家出谋划策、承担责任。

从受教育和施教两个方面出发，强调以人为本的教育理念。以育人为核心，深入了解学生的学习动机，根据需求设计课题，根据学生的特质进行教学，全面提升学生的思想意识、知识体系、生存活力和全球视野。同时，加强课程团队的建设，专注学术研究，借助科研深化教学内容；保持内心的平静和智慧，精心教学，不断为课程注入新的活力。以"师心"培养"生心"，传承师德师风，实现立德树人的教育目标。

面向人与自然和谐共生的宏伟愿景，未来课程思政的重点建设内容如下：第一，持续跟进"十四五"新政新策新规，不断将最新的时政要素融入课程教学中。第二，针对我国在温室气体管理、水足迹等国家标准方面的不足，及时将国际标准转化为课程内容的一部分。第三，关注新启动的首批碳达峰试点城市和园区建设，鼓励学生积极参与，提升他们服务社会的能力。

产业地理与规划

一、课程概况

(一)课程信息

"产业地理与规划"是为本科人文地理与城乡规划专业三年级和四年级学生的专业选修课。该课程自 2017 年秋季学期首次开设,共 2 学分,包含 32 学时的课程内容,其中课堂授课占 28 学时,野外实习 2 次,共计 4 学时。

(二)课程简介

1. 课程内容

产业地理与规划是经济地理学的一个重要分支。本课程旨在使学生深入理解产业地理学的基本理论和方法,并培养其在产业空间规划领域的实践能力,以满足社会对空间规划人才的需求。

课程从全球到地方的视角出发,分析农业、制造业和服务业等主要部门的区位特征和全球空间结构,探讨市场需求、技术创新、企业战略、国家和区域政策等因素如何影响产业空间格局的形成和变化。在深化产业地理学核心概念的同时，课程引入国际产业地理研究的前沿，注重与实际发展相结合，提升学生的综合分析能力、应用能力和科学思辨能力，为研究生阶段的企业地理学研究奠定理论基础。

2. 教学方法

本课程强调理论与实践相结合，采用案例分析、分组研讨、项目制学习、野外实习和调查研究等多种教学方式。通过师生互动、自主学习和创新实践，学生可以巩固产业地理的理论基础，并提高产业空间分析和规划的实践能力。

3. 评估方法

本课程将课程思政元素融入考核中，采用过程和结果相结合的评估方法(各占 50%)，以全面检测学生的学习成果。过程性评估包括课前阅读与课堂主题讨论(占课程综合成绩的 10%)、项目制学习(占 15%)、课程论文(占 15%)和实习报告(占 10%)；结果性评估通过期末考试进行，采用闭卷笔试的方式，使用反映当前国家产业发展和竞争战略的材料，考查学生运用理论知识的能力。

4. 课程特色

(1)教学理念：科政融通，知行合一。根据课程内容的科学体系设计课程思政教学，将思政教育、专业社会实践和课堂理论教学相结合，传授专业知识，提升专业素养，同时引导学生将所学知识和技能转化为内在的德行和素养，构建具有特色的专业素质培养课程。

(2)内容体系：有限有为，三向融通。课程负责人从课程基础理论体系、全球－地方尺度关联、EMIT 分析框架三个维度出发，设计、优化和完善课程思政的教学内容体系，将课程教学的认知目标和能力目标与 8 个思政教学目标点相对应。

（3）教学模式：细语重声，多方并举。课程以学生为中心，采用案例教学法、研讨式教学、翻转课堂等多种教学方法，实施"课前—课中—课后"的课程思政全过程学习，引导学生自觉寻找和发掘思政元素，增强思辨能力，理解国家产业空间规划的科学性，培养学生将个人发展与社会发展、国家发展相结合的意识。

（4）考核方式：双向评价，注重效果。课程负责人通过"教""学"双向评价，利用课程评价系统、学习反思和课程考试三个维度，综合评价思政教学效果。

(三)课程负责人简介

朱华晟，北京师范大学教授负责，他拥有近 20 年的高校教学经验，同时担任国家一流专业、国家一流课程和北京市一流课程的负责人，以及北京市虚拟教研室的负责人。朱教授独立创建并承担本课程的教学工作已有 8 年。针对本课程面向大学本科中高年级专业学生的特点，他自开课以来一直坚持小班研讨式教学，注重案例分析、地理综合思维和野外实践能力的培养，并先后在北京及周边的固安等地开展课程实践项目。

二、课程育人目标

本课程旨在帮助学生深入理解产业地理学的学科特点，掌握其基本理论和分析方法，理解主要产业的空间分布、动态变化和形成机制；通过文献阅读、课堂讨论、课外实践和探索等活动，提高学生从全球到地方的互动视角分析产业空间发展的能力，培养学生运用产业地理学理论和方法解决实际规划问题的能力。

课程负责人依据课程特色及知识、能力两个维度的教学目标，设定包括"立德树人""家国情怀""专业情感""科学精神""合作精神""创新精神"在内的六个方面的思政教学目标，以期激发学生的研究热情和家国情怀。

三、课程思政案例

案例1　新零售业区位

1. 结合章节(知识点)

新零售业区位——产业区位分析框架的应用。

2. 案例意义

通过学习本案例，学生能够理解并应用市场—技术—制度(MIT)三要素在不同空间尺度下如何影响具有中国特色的城市新零售业区位的形成；理解"以人为本、建设人民的城市"的理念如何在中国城市规划建设中得到贯彻和落实。

3. 案例描述

课前准备

教师确定案例研讨为本次课程的教学方式，围绕"市场—技术—制度"三位一体产业区位分析框架的重点和难点，选择城市菜市场的新变化视频及相关文字材料作为案例素材。教师将这些素材与本环节的知识与能力目标结合，挖掘其思政内涵，并设计思考题，明确学生的学习要求和准备工作。

课堂讨论

教师组织学生分组讨论，各小组通过头脑风暴和无领导讨论的方式进行。教师和助教观察各组成员的参与程度与功能分工。在讨论结束后，各组推举代表汇报讨论结果，并对其他组的汇报内容进行提问或点评。教师总结各方汇报要点，并进行综合评价。

课后作业

学生课后以家乡研究对象，完成个人作业，培养对家乡的情感，巩固对产业区位分析框架的深入理解和熟练运用。

教师评价

教师将课堂讨论与个人作业均作为过程性评价计入学生个人成绩中，考查学生对市场机制、技术创新与制度设计对产业区位形成影响的理解。成绩分为差、及格、良、优四等。

4. 教学效果

从课堂讨论来看，各小组都能从 MIT 框架的三个基本要素和原则进行分析，但侧重点有差异。例如，1 组考虑了年轻消费群体的现实需求对新零售业的区位选择与空间形成的影响，而 2 组则关注中老年消费群体的可进入性与便捷性问题，对新零售空间的批判性思考，体现出对弱势群体的人文关怀。两组都从各自的视角和立场出发，对空间规划者如何利用新技术手段，建设一个符合中国人生活习惯与文化心理的绿色、洁净、便捷的新零售市场提出了合理的制度设计建议。本次分组研讨教学达到了预期目标。

案例 2：战略性产业空间格局

1. 结合章节(知识点)

战略性产业空间格局。

2. 案例意义

教师选择"国之重器"领域的案例，通过项目制学习，让学生在自主学习和小组合作中探索战略性产业的空间格局，增强国家意识和文化制度自信，同时培养团队合作精神和创新精神。

3. 案例描述

任务设计

教师在完成产业地理基本理论教学后，布置项目制学习的主题、目标和分组。

学习过程

教师在确定学习主题后，定期跟踪学习进展，及时解决学生遇到的问题，确保学习进度。

期末汇报

学生期末进行分组汇报，每组在规定时间内陈述研究成果并回答提问。汇报结束后，教师进行点评和提供修改意见，学生完善报告并提交。

教师评价

教师以项目制学习成果作为过程性评价对象，成绩根据组内成员互评和教师评价综合得出。评价标准包括研究的规范性、逻辑性、深度和科学性，分为差、及格、良、优四等。

4. 教学效果

从学生的学习反思来看，本课程达到了知识、能力和思政三个方面的预期目标。

蔡同学(2020级)："产业地理的项目制学习让我深刻理解了神威太湖之光超级计算机及其产业链。我了解到超算对国家信息技术竞争力的重要性，以及中国超算产业的发展历程。这让我深受启发，期待中国超算未来取得更多成就。"

钟同学(2020级)："我国民机产业的发展与国家政策和综合实力提升紧

密相关，展现了我国在全球生产中提升价值链地位的努力。同时，国产大飞机的发展对民航运输和航空航天领域至关重要。"

彭同学(2020级)："无论是市场导向还是政策导向的产业，市场、制度和技术的结合都是成功的关键。以'蛟龙'号为例，制度的影响不容忽视。比较不同国家的政策对产业发展的影响，可以为我国产业发展提供有益的借鉴。"

四、课程评价

本课程采取"教""学"双向评价，从学校课程评价系统、学生学习反思及期末试卷的相关内容三个维度出发，将课程思政纳入课程评价之中。2022—2023学年本课程评教得分为4.81分。学生认为，"教师重视与学生交流"，"教师有自己的教学风格和特色"，"教师的品格对学生产生了积极的影响"，并普遍反映教师能调动大家的学习积极性，使得他们对本课程的兴趣比以前高，并获得了能力的提高。

五、总结与思考

课程思政赋予了本课程更丰富的内涵、更开阔的视野与更理性的思辨力，激发了学生对专业知识产生更有层次的理解、兴趣与信心，使得他们加深了对社会实践与意识形态的关注与辨识。教学无止境，课程思政亦是任重而道远，尤其在以下几个方面亟须有所突破。

第一，增强课程思政的系统设计。未来，教师将进一步完善本课程的思政目标，精准思政点映射，建立思政教案框架体系，建设思政教学资源库(包括教学知识点、素材以及作业资料库等),尤其要将近年来中央出台的各项产业发展与空间开发政策、重大产业发展动向事件作为思政资源引入课堂。

第二,提高教学方式创新效果。课程将采取线上线下混合式教学,增强师生协同与课堂活力,引导学生在社会经济热点中树立正确的规划价值观。通过教学方法优化,推动思政成果形式多样化,使课程思政的教学质量更上一层楼。

第三,完善课程评价考核方式。在加强考核标准化方面,课程负责人将运用教学信息化平台,为学生的课外学习提供过程性记录,及时发现并解决学生的问题,并培养学生查阅资料的主观能动性,为科学制定和加强过程性评价提供客观依据。

第四,加强教学交流与改革。课程负责人将进一步发挥虚拟教研室的平台功能,加强与同行间的交流、研讨,促进课程思政的高质量建设,让学生取得更满意的学习效果。

图书在版编目（CIP）数据

北京师范大学课程思政优秀案例集／汪明主编.
北京：北京师范大学出版社，2024.10. -- ISBN 978-7-
303-30273-4

Ⅰ.G641

中国国家版本馆 CIP 数据核字第 2024B4T016 号

营　销　中　心　电　话　010-58805385
北 京 师 范 大 学 出 版 社
主题出版与重大项目策划部

BEIJING SHIFAN DAXUE KECHENG SIZHENG YOUXIU ANLIJI

出版发行：北京师范大学出版社　www.bnupg.com
　　　　　北京市西城区新街口外大街 12-3 号
　　　　　邮政编码：100088
印　　刷：北京盛通印刷股份有限公司
经　　销：全国新华书店
开　　本：730 mm×980 mm　1/16
印　　张：26
字　　数：350 千字
版　　次：2024 年 10 月第 1 版
印　　次：2024 年 10 月第 1 次印刷
定　　价：98.00 元

策划编辑：祁传华　　　　　责任编辑：钱君陶
美术编辑：王齐云　　　　　装帧设计：王齐云
责任校对：陈　荟　　　　　责任印制：马　洁　赵　龙